TEORIA LIBERAL
DA DESOBEDIÊNCIA CIVIL

Editora Appris Ltda.
1.ª Edição - Copyright© 2024 do autor
Direitos de Edição Reservados à Editora Appris Ltda.

Nenhuma parte desta obra poderá ser utilizada indevidamente, sem estar de acordo com a Lei n° 9.610/98. Se incorreções forem encontradas, serão de exclusiva responsabilidade de seus organizadores. Foi realizado o Depósito Legal na Fundação Biblioteca Nacional, de acordo com as Leis n°s 10.994, de 14/12/2004, e 12.192, de 14/01/2010.

Catalogação na Fonte
Elaborado por: Josefina A. S. Guedes
Bibliotecária CRB 9/870

B927t 2024	Budib, Alexandre Carlos 　Teoria liberal da desobediência civil / Alexandre Carlos Budib. – 1. ed. – Curitiba: Appris, 2024. 　191 p. ; 23 cm. – (Ciências sociais). 　Inclui referências. 　ISBN 978-65-250-5534-3 　1. Desobediência civil. 2. Liberalismo. 3. Desobediência ao governo. 4. Dworkin, Ronald, 1931-2013. 5. Rawls, John, 1921-2002. I. Título. II. Série. 　　　　　　　　　　　　　　　　　　　　CDD – 981.64

Livro de acordo com a normalização técnica da ABNT

Appris editora

Editora e Livraria Appris Ltda.
Av. Manoel Ribas, 2265 – Mercês
Curitiba/PR – CEP: 80810-002
Tel. (41) 3156 - 4731
www.editoraappris.com.br

Printed in Brazil
Impresso no Brasil

Alexandre Carlos Budib

TEORIA LIBERAL DA DESOBEDIÊNCIA CIVIL

FICHA TÉCNICA

EDITORIAL	Augusto Coelho
	Sara C. de Andrade Coelho
COMITÊ EDITORIAL	Andréa Barbosa Gouveia - UFPR
	Edmeire C. Pereira - UFPR
	Iraneide da Silva - UFC
	Jacques de Lima Ferreira - UP
	Marli Caetano
SUPERVISOR DA PRODUÇÃO	Renata Cristina Lopes Miccelli
PRODUÇÃO EDITORIAL	William Rodrigues
REVISÃO	Stephanie Ferreira Lima
DIAGRAMAÇÃO	Renata Cristina Lopes Miccelli
CAPA	Sheila Alves
REVISÃO DE PROVA	William Rodrigues

COMITÊ CIENTÍFICO DA COLEÇÃO CIÊNCIAS SOCIAIS

DIREÇÃO CIENTÍFICA: Fabiano Santos (UERJ-IESP)

CONSULTORES:
- Alícia Ferreira Gonçalves (UFPB)
- Artur Perrusi (UFPB)
- Carlos Xavier de Azevedo Netto (UFPB)
- Charles Pessanha (UFRJ)
- Flávio Munhoz Sofiati (UFG)
- Elisandro Pires Frigo (UFPR-Palotina)
- Gabriel Augusto Miranda Setti (UnB)
- Helcimara de Souza Telles (UFMG)
- Iraneide Soares da Silva (UFC-UFPI)
- João Feres Junior (Uerj)
- Jordão Horta Nunes (UFG)
- José Henrique Artigas de Godoy (UFPB)
- Josilene Pinheiro Mariz (UFCG)
- Leticia Andrade (UEMS)
- Luiz Gonzaga Teixeira (USP)
- Marcelo Almeida Peloggio (UFC)
- Maurício Novaes Souza (IF Sudeste-MG)
- Michelle Sato Frigo (UFPR-Palotina)
- Revalino Freitas (UFG)
- Simone Wolff (UEL)

A terra tão rica

e – ó almas inertes! –

o povo tão pobre...

Ninguém que proteste!

(Cecília Meireles)

PREFÁCIO

A desobediência civil é um tema antigo na história da filosofia política, embora a expressão seja mais recente. Ela ocorre quando um grupo de cidadãos entende que uma determinada lei ou a ausência dela produz injustiça, podendo ser classificada como uma ação que desrespeita à lei, visando promover a justiça social. Assim, desobediência civil pode ser entendida como um ato político, não violento e consciente, contrário à lei (ou ilegal), cometido publicamente e respeitando a moldura do estado de direito, com o objetivo de protestar contra a injustiça de certas leis ou políticas, sendo um ato que desobedece à lei em razão de uma causa justa.

É importante fazer referência à concepção de desobediência civil como a apresentada por Rawls e isso em razão dele destacar um aspecto que vejo como fundamental para a compreensão do fenômeno: a desobediência deve estar conectada com o senso de justiça da maioria da comunidade, tendo o papel de declarar que os princípios da cooperação social entre pessoas livres e iguais não estão sendo respeitados. Por isso, os casos de desobediência civil estariam limitados às circunstâncias de clara e substancial injustiça, como seria a situação de se negar o direito de votar a certas minorias ou negar que elas possuam propriedade. A ideia geral é que essa desobediência seria um apelo aos agentes para reconsiderarem sua posição, para se colocarem no lugar dos outros e reconhecerem que eles não podem esperar que se aceite indefinidamente os termos impostos por serem injustos. Nesse sentido, é importante identificar que essa desobediência é diferente de um ato de objeção de consciência, que apenas apela para princípios morais e convicções religiosas pessoais, como seria o caso de recusar em servir às forças armadas para não lutar em uma dada guerra por acreditar no pacificismo. Para Rawls, esse fenômeno estaria restrito aos princípios políticos que expressam uma concepção pública de justiça de uma sociedade democrática. E, por isso, a desobediência em tela dependeria de uma fidelidade à lei que é expressa pela natureza pública e não violenta do ato, exigindo uma disposição para aceitar as consequências legais da conduta, bem como exigindo que todos os meios legais já tenham sido tentados anteriormente (John Rawls, *A Theory of Justice*, p. 319-343).

É importante observar que os casos de desobediência civil nos apontam fortemente para as ideias de responsabilidade e autonomia que todos os cidadãos que fazem parte de uma sociedade democrática e que não é extremamente injusta devem ter. E essa responsabilidade estaria ligada ao compromisso da melhor interpretação dos princípios públicos de justiça e sua conduta à luz deles. Por essa razão, apenas apresentar uma objeção de consciência a uma certa injustiça poderia caracterizar a autonomia do agente, mas dificilmente isso expressaria o comprometimento com os valores sociais comuns. Parece ser por essa razão que a punição aos desobedientes civis geralmente é diferenciada em relação aos que descumprem a lei sem reivindicar sua injustiça. Em geral, essa punição é enfraquecida. O relevante nesses casos é que eles parecem fazer uso do senso de justiça que é socialmente compartilhado como uma referência normativa central para a identificação das injustiças. Por exemplo, que seria injusto não assegurar a todos os agentes os valores centrais que são defendidos nos princípios públicos de justiça de uma sociedade democrática, como os valores de liberdade e igualdade.

O livro que agora vem a público trata com maestria desse fenômeno da desobediência civil, desde o texto *Antígona*, de Sófocles, em que Antígona defende o direito natural em contraposição ao direito positivo, até os trabalhos dos teóricos contemporâneos que investigam os atuais movimentos contestatórios e os limites do modelo liberal de desobediência. Seu objetivo é apresentar a teoria liberal da desobediência civil, a partir das concepções de John Rawls e Ronald Dworkin, para examinar suas possibilidades e seus limites. Segundo o autor, o conceito liberal de desobediência civil não sofreu grandes contestações até o advento de novos movimentos de enfrentamento à ordem nestas duas primeiras décadas do século XXI. Ele pondera que, entretanto, com os novos movimentos, tais como o *Los Indignados* ou 15-M, *Occupy*, *DREAMers* e *Black Lives Matter*, entre outros, volumaram-se as críticas à definição liberal, a ponto de alguns teóricos a compreenderem pouco útil para o exame da contestação contemporânea.

O valioso neste trabalho é que, além de fazer uma radiografia das teses liberais sobre a desobediência civil, analisa, também, os recentes fenômenos de enfrentamento à ordem e os filósofos críticos à teoria liberal de desobediência civil, como Celikates e Delmas. Por fim, advoga que, embora com algumas limitações, o arcabouço liberal da desobediência civil ainda é bastante útil para o exame do rico cenário contestatório deste início de século.

Denis Coitinho

Doutor em Filosofia. Professor do Programa de Pós-Graduação em Filosofia da Unisinos-RS

SUMÁRIO

INTRODUÇÃO 11

1
UMA APROXIMAÇÃO HISTÓRICA ACERCA DA DESOBEDIÊNCIA CIVIL 15
   1.1 A desobediência na Antiguidade Clássica 17
   1.2 Medievo: como São Tomás de Aquino tratou a desobediência política 25
   1.3 A desobediência na Modernidade: a obra de Boétie 27
   1.4 Thoreau e a desobediência civil na contemporaneidade 30
   1.5 Gandhi e King: a prática da desobediência civil no século XX 36
   1.6 Arendt e Habermas: outras formas de se enxergar a desobediência 45
   1.7 Por que Dworkin e Rawls? 51

2
A DESOBEDIÊNCIA CIVIL EM DWORKIN E RAWLS 53
   2.1 A desobediência civil em Dworkin 53
   2.2 A desobediência civil em Rawls 72

3
NOVOS FENÔMENOS DE DESOBEDIÊNCIA E A CRÍTICA À TEORIA LIBERAL 87
   3.1 Há algo novo no ar 90
   3.2 Robin Celikates e a Ampliação do Conceito de Desobediência Civil 105
   3.3 Candice Delmas e a Desobediência Incivil 119

4
EM DEFESA DA TEORIA LIBERAL DA DESOBEDIÊNCIA CIVIL: UMA RELEITURA 131
   4.1 Narrativa liberal, crise da democracia e sua interface com a desobediência civil 131
   4.2 A teoria liberal da desobediência civil e o exame dos fenômenos contemporâneos de contestação à ordem: movimentos 15-M e Occupy 140

4.3 A teoria liberal da desobediência civil e o exame dos fenômenos contemporâneos de contestação à ordem: DREAMers, técnicas digitais de desobediência, movimentos ambientais e BLM 159

CONSIDERAÇÕES FINAIS 179

REFERÊNCIAS 181

INTRODUÇÃO

O debate sobre a obediência aos governos e às leis, portanto, à ordem, parece tão antigo quanto a História. Em todas as épocas, rebeliões sacudiram os povos. Embora a paz e a estabilidade sejam objetivos sempre socialmente desejáveis, por que razão as revoltas são tão comuns? A resposta mais óbvia é reputar a constância das insurreições à baixa preocupação dos governos com a liberdade e o bem-estar de seus súditos ou concidadãos ou, em outros termos, as lutas frequentes estão intimamente ligadas à tirania no exercício do poder. A célebre Declaração de Independência dos Estados Unidos da América (1776) cristaliza essa ideia ao apontar que os homens foram dotados de direitos inalienáveis, dentre os quais destacam-se a vida, a liberdade e a procura da felicidade, e que governos são instituídos com o objetivo de assegurar tais direitos; quando os governos põem-se em marcha contra os citados objetivos, cabe ao povo o direito de alterá-los na busca de outro que possa perseguir aqueles objetivos de forma mais conveniente. Ademais, os convencionais estadunidenses ainda advertem que governos não devem ser mudados por motivos banais, mas apenas em caso de violações graves e reiteradas que demonstrem a intenção de reduzir a população ao despotismo.

Se, *prima facie*, faz sentido contrapor-se a um Estado tirânico, liberticida e violador de direitos basilares de sua população, não se pode dizer o mesmo, pelo menos com a mesma ligeireza, da oposição a um Estado Constitucional. Aqui, rememorando os preceitos do iluminismo e dos desenvolvimentos posteriores do constitucionalismo, define-se como Estado Constitucional aquele em que há limitação do poder estatal e atribuição de um plexo de direitos aos cidadãos. Assim, em tese, o Estado Constitucional, limitador de suas próprias prerrogativas, com sistemas funcionais de controle (*checks and balances*) e respeitador de garantias inalienáveis da população é, por definição, contrário a práticas de opressão. Portanto, desobedecer a seu ordenamento jurídico poderia ser visto como incentivo à insegurança social e fator de deslegitimação de um poder derivado da vontade do povo e respeitador de balizas institucionais.

Com isso em mente, um dos objetivos deste livro é demonstrar o fenômeno que junta todas as pontas do anteriormente narrado: resistência, por parte da população, a leis ou a atos governamentais em um Estado Constitucional[1]. Esse fenômeno é conhecido na filosofia política como desobediência

---

[1] Ao longo do livro, ficará claro que o que interessa é o fenômeno de contestação à ordem em sociedades democrático-constitucionais, não em sociedades regidas por Estados autoritários.

civil e teve grande desenvolvimento acadêmico entre as décadas de 60, 70 e 80 do século XX, sobretudo com os autores do que veio a ser, posteriormente, conhecida como teoria liberal da desobediência civil. O modelo liberal funcionou como parâmetro de explicação de movimentos contestatórios que lutaram, mormente de forma pacífica e aberta, contra as políticas — em Estados democrático-constitucionais — de tolerância à segregação racial, contra a obrigação do alistamento militar para combate na Guerra do Vietnã e contra a instalação de armas nucleares (as duas primeiras ações ocorreram nos EUA e a última em países da Europa Ocidental, sobretudo). O exame da desobediência civil por parte da elite intelectual, enxergando-a — desde que cumpridos certos requisitos — como algo natural em democracias e, até mesmo, como fator de estabilização social, certamente foi importante para a aceitação, tanto do público em geral, como dos governos em particular, de determinadas ações de desacato à lei, evitando-se a consolidação da máxima que a leniência com o incumprimento normativo levaria ao caos, à anarquia. Com isso, não se está a diminuir a importância dos líderes e dos inúmeros partícipes nos atos contestatórios; apenas é chamada a atenção para a relevância das teses que buscavam fornecer base teórica para compreender aqueles que estavam em processo de embate contra as autoridades.

Entre os variados pensadores que fizeram aporte à teoria liberal da desobediência civil, utilizaremos a obra de dois filósofos estadunidenses: Ronald Dworkin e John Rawls. Enquanto este tratou do tema da desobediência, sobretudo, no Capítulo VI (seis) da obra *Uma teoria da justiça*, aquele expôs longamente sobre o assunto nos Capítulos 7 (sete) e 8 (oito) de *Levando os direitos a sério* e no Capítulo 4 (quatro), da Parte Um, do livro *Uma questão de princípio*. A explicação a respeito do porquê da escolha desses dois autores é muito singela: os trabalhos de ambos no domínio da desobediência são notáveis e influenciaram demasiadamente os debates sobre a questão na segunda metade do século passado; ademais, desde então, têm servido como base para os desenvolvimentos teóricos posteriores da matéria, sempre em uma perspectiva democrática, no interior dos Estados Constitucionais. Evidente que os autores liberais escolhidos divergem em alguns pontos, o que é absolutamente natural na área filosófica, mas convergem naquilo que é o fundamental para este trabalho: eles deram densidade intelectual ao analisarem a desobediência nos marcos constitucionais e democráticos.

Todavia, aqui não há o desejo de meramente expor a desobediência civil sob a égide da teoria liberal; pretende-se também demonstrar as principais correntes contemporâneas críticas ao enfoque liberal, como as vocalizadas por Robin Celikates e Candice Delmas. Ademais, o que se intenta, precipuamente, é verificar se a teoria liberal da desobediência civil — tão vergastada pelos seus mordazes críticos — ainda guarda pertinência, com razoável poder explicativo diante dos novos movimentos de contestação à ordem nas sociedades democráticas do século XXI. Tais movimentos são amplos e diversos, variando dos grupos que contestam a forma de funcionamento do aparelho burocrático-estatal e suas decisões no campo político e econômico (*Los Indignados* ou 15-M, na Espanha, e *Occupy*, nos EUA) até aqueles que se revoltam contra a inoperância ou falta de urgência governamental para a proteção ambiental e a defesa dos direitos dos animais (*Greenpeace* e *SunRise*, por exemplo); dos que se levantam contra o tratamento dispensado a imigrantes (*DREAMers*) até os inconformados com a atuação do sistema criminal (Polícia/Poder Judiciário) em relação a minorias (*Black Lives Matter*); dos que se insurgem contra a excessiva concentração da propriedade urbana e rural (MST/MTST) aos que utilizam instrumentos digitais para denunciar possível violação, por parte dos governos, da vida privada de pessoas comuns (Snowden).

Nossa hipótese é que a teoria liberal da desobediência civil, mesmo que apresente certas limitações, ainda conserva poder explicativo em relação a muitos dos movimentos contemporâneos de contestação à ordem. Isso ocorre pois, além de estar solidamente fundada na limitação do poder e na promoção dos Direitos Humanos, tem abertura — dada pelo pensamento dworkiano — para lidar com questões além daquelas atinentes às liberdades fundamentais.

Excluindo esta introdução e as considerações finais, o livro apresenta-se estruturado em quatro blocos bem definidos: "Uma aproximação histórica acerca da desobediência civil", como capítulo um; "A desobediência civil em Dworkin e Rawls", como capítulo dois; "Novos fenômenos de desobediência e a crítica à teoria liberal", como capítulo três, e "Em defesa da teoria liberal da desobediência civil: uma releitura", como capítulo quatro.

Oxalá consiga-se demonstrar, com a clareza e a profundidade necessárias, que a teoria liberal da desobediência civil, embora inicialmente pensada em cenário muito diverso, é ainda uma fonte de explicação para os fenômenos contestatórios destas décadas iniciais do século XXI.

1

UMA APROXIMAÇÃO HISTÓRICA ACERCA DA DESOBEDIÊNCIA CIVIL

O objetivo deste capítulo é demonstrar como, historicamente, a desobediência é fenômeno constante, sendo tratado por inúmeros pensadores ao longo das eras, e com efeitos práticos bastante relevantes. Consiglio Filho (2020, p. 10) afirma que existem "antecedentes seculares no pensamento filosófico acerca do tipo de ação política que hoje costumamos denominar de desobediência civil, ainda que sem o uso dessa nomenclatura [...]", apesar de trabalhos acadêmicos específicos e aprofundados sobre a área serem mais recentes, mormente a partir da década de 60 do século XX, citando como exemplos os de Woodcock (1966), Zinn (1968), Bedau (1969) e, sobretudo, Rawls (1971), que se tornou uma referência inconteste sobre o assunto (CONSIGLIO FILHO, 2020, p. 11). Evidentemente, aqui não se pretende fazer levantamento completo, estudando todos os autores e todas as obras que trataram sobre a temática, nem estudar, obstinadamente, cada um dos variados exemplos históricos, recentes ou antigos, em que a desobediência foi instrumentalizada para fomentar mudanças. Isso não se coadunaria com o propósito central do trabalho. Todavia, é imperioso dizer que, ainda assim, perpassa-se um intervalo temporal muito amplo, englobando desde a Antiguidade Clássica até a cena contemporânea. É preciso consignar, igualmente, que, neste capítulo, serão usadas, indistintamente, as expressões resistência e desobediência civil, justamente pelo motivo já mencionado de que o termo "desobediência civil" é de emprego mais recente.

Bobbio (BOBBIO; MATTEUCCI; PASQUINO, 1998), no verbete "desobediência civil", de seu monumental *Dicionário de Política*, lembra que a desobediência é forma intermediária de resistência coletiva propugnadora de reforma em que a ilegalidade cometida pretende-se justificada por um fundamento ético e que essa alegada justificação[2] é um dos principais fatores que a diferencia de outras figuras de não conformação ao ordenamento

---
[2] "A fonte principal de justificação é a ideia originariamente religiosa e, posteriormente laicizada na doutrina do direito natural, de uma ideia moral, que obriga todo o homem enquanto homem e que como tal obriga independentemente de toda a coação [...]" (BOBBIO, 1998, p. 338).

jurídico-político. Ademais, a desobediência não advoga a transformação por meios violentos, típica da linguagem e da ação revolucionária (BOBBIO, 1998, p. 335-338). Bobbio também chama a atenção para a característica "civil" da desobediência, já que os inconformados não consideram que sua militância transgressora viole a obrigação geral de cidadania e de cooperação que devem cumprir perante o Estado e os demais concidadãos. Leciona o filósofo italiano:

> Chama-se "civil" precisamente porque quem a pratica acha que não comete um ato de transgressão do próprio dever de cidadão, julgando, bem ao contrário, que está se comportando como bom cidadão naquela circunstância particular que pende mais para a desobediência do que para a obediência (BOBBIO, 1998, p. 335).

A desobediência civil é, assim, uma manifestação ou reivindicação contra alguma injustiça, o que releva, geralmente, uma forte conexão entre moral e direito. Scheuerman, professor da Universidade de Indiana (EUA), em trabalho recente, destaca quatro abordagens para o fenômeno da desobediência civil: a) a religiosa ou espiritual, tendo como expoentes Mohandas Gandhi e Martin Luther King Júnior; b) a liberal, sendo Rawls sua figura principal; c) a democrática ou política, com Arendt e Habermas como peças notáveis; e d) a anarquista. O autor estadunidense ainda relata que, apesar das abordagens distintas, há algo que as une — notavelmente as correntes espiritual, liberal e democrática — como elemento comum: a infração à legalidade se dá por motivação moral ou política, demonstrando, contudo, fidelidade aos fundamentos do ordenamento jurídico, por mais que isso pareça incongruente em uma análise perfunctória (SCHEUERMAN, 2018, p. 27-30).

Por óbvio, ao longo do livro, o conceito[3] de desobediência civil — que é disputado — irá ganhando densidade, até que se chegue a uma definição suficientemente clara e robusta, sob a perspectiva liberal, para que seja viável examinar tanto o pensamento de seus críticos, quanto a sua atualidade na prática contestatória contemporânea, que é o objeto central deste trabalho. Adianta-se, todavia, que a desobediência, pelo menos em sua visão liberal clássica, terá como característica nuclear a resistência pacífica, com a finalidade de alterar algum ato governamental ou alguma legislação específica,

---

[3] Como o conceito de desobediência civil é disputado, poderíamos dizer conceitos de desobediência civil, a depender da perspectiva adotada: liberal, democrática, democrático-radical, anarquista etc.

sem a disposição de abalar todo o sistema político-jurídico. Assim, aspectos revolucionários amplos não serão abordados ou serão de forma muito pontual.

O presente capítulo, com teor mais descritivo, está estruturado em sete itens: 1.1 "A desobediência na Antiguidade Clássica"; 1.2 "Medievo: como São Tomás de Aquino tratou a desobediência política"; 1.3 "A desobediência na Modernidade: a obra de Boétie"; 1.4 "Thoreau e a desobediência civil na contemporaneidade"; 1.5 "Gandhi e King: a prática da desobediência civil no século XX"; 1.6 "Arendt e Habermas: outras formas de se enxergar a desobediência"; e, por fim, 1.7 "Por que Dworkin e Rawls?".

1.1 A desobediência na Antiguidade Clássica

Sófocles, importante dramaturgo da antiga Grécia, mais precisamente da cidade-estado de Atenas, compôs inúmeras peças teatrais, mas poucas chegaram aos nossos dias. Dentre as peças sobreviventes, uma vai nos interessar mais de perto: *Antígona*. Nela, o tema central é a desobediência em face de uma ordem ou ato ordenado pelo soberano. O pano de fundo para a trama é a luta política intestina na cidade de Tebas, onde dois irmãos — filhos do falecido rei Édipo — duelam pelo poder: Etéocles e Polinice. Na refrega, ambos acabam morrendo. Quem assume o trono é o parente masculino mais próximo dos falecidos: Creonte. Este, convocada a assembleia de anciãos, decreta que Etéocles receberá um funeral com as honras do Estado, ao passo que Polinice permanecerá insepulto, servindo de alimento para aves e cachorros.

Aqui, é preciso fazer uma breve explicação. Embora Sófocles, em *Antígona*, não traga detalhes do que teria antecedido a briga dos irmãos pelo poder tebano, Eurípedes (2005) — na peça *As Fenícias* — informa que Etéocles e Polinice teriam feito um pacto em que haveria uma alternância no poder: cada um deles reinaria por um ano, enquanto o outro exilar-se-ia. Dessa forma, Etéocles começou a reinar e Polinice saiu de Tebas. Após um ano, Polinice voltou para reclamar o poder. Todavia, Etéocles recusou-se a entregar-lhe o trono. Revoltado, Polinice juntou-se com guerreiros da cidade de Argos e atacou Tebas, ocorrendo o desfecho trágico e a morte de ambos os irmãos (SOUSA JR., 2017, p. 129-130). Independentemente da justeza inicial da reclamação de Polinice, Creonte o vê com desprezo por uma razão objetiva: aliou-se a estrangeiros para atacar sua própria terra, causando guerra e destruição. Portanto, quando Creonte ordena que Polinice ficaria sem sepultura, ele o faz como um último e definitivo sinal de desprezo a alguém que agrediu a pátria, considerando-o um traidor.

Ocorre que Antígona, também filha do rei Édipo e, pois, irmã dos duelantes falecidos, revolta-se contra a ordem do soberano em manter insepulto o corpo de Polinice. Desesperada, Antígona procura sua irmã Ismene para que a ajude a enterrar Polinice. O diálogo entre ambas é impactante e bem define as dificuldades do desobediente para convencer a outros da integridade e da viabilidade de sua causa, com Ismene considerando loucura enfrentar as ordens emanadas do Estado. Também o diálogo contém muitas aspectos ainda hoje celebrados por importantes filósofos contemporâneos para fixar os parâmetros da desobediência civil: aspecto público, não violento e que assume o risco de ser punido, mostrando a sinceridade da crença daquele que resiste, ou seja, ficando claro que a resistência se faz não por interesses menores, mas para demonstrar a seus concidadãos a iniquidade do ato estatal contra o qual se insurge[4]. Vejamos um excerto da conversa:

>ANTÍGONA
>
>Não conheces o decreto de Creonte sobre nossos irmãos?
>
>A um glorifica, a outro cobre de infâmia.
>
>[...]
>
>O assunto lhe é tão sério
>
>que, se alguém transgredir o decreto,
>
>receberá sentença de apedrejamento dentro da cidade.
>
>É o que eu tinha a te dizer; mostrarás agora
>
>se és nobre ou se, embora filha de nobre, és vilã.
>
>[...]
>
>Ajuda-me a levantar o corpo. Quero teus braços.
>
>ISMENE
>
>Queres sepultá-lo contra as determinações da cidade?

---

[4] Por exemplo, o conceito defendido por Rawls em *Uma Teoria da Justiça* (RAWLS, 2016, p. 453-454).

> [...]
>
> somos dirigidas por mais fortes,
>
> temos que obedecer a estas leis e a leis ainda mais duras.
>
> De minha parte, [...]
>
> obedecerei a quem está no poder; fazer
>
> mais que isso não tem nenhum sentido.
>
> [...]
>
> Pelo menos não reveles a ninguém
>
> teus propósitos, age em segredo, também eu
>
> me calarei.
>
> ANTÍGONA
>
> Fala, peço-te! Muito mais odiosa me serás
>
> calada. Declara tudo a todos (SÓFOCLES, 2015, p. 8-12).

A trama tem continuidade quando um guarda, em grande aflição, comunica ao rei que alguém levou o corpo de Polinice, cobrindo-o com uma leve camada de pó. Nessa altura, o corifeu — chefe do coro no antigo teatro grego — sugere ao rei Creonte que aquele ato talvez viesse dos deuses. O monarca não gosta da sugestão do corifeu e afirma que os deuses não estão preocupados com aquele morto, sugerindo que as sentinelas teriam sido corrompidas por alguém cuja intenção era se opor aos decretos régios, desacreditando a nova autoridade. Em seguida, Creonte ameaça o guarda com castigos, caso não encontrasse o culpado pela afronta à ordem real. Algumas cenas depois, Creonte tem seu desejo atendido e o guarda apresenta a transgressora: Antígona.

Assim que é informado sobre a autoria da desobediência, Creonte — que era parente da acusada duplamente, pois ela, além de pertencer a sua família consanguínea, era também noiva de seu filho Hemon — passa a interrogá-la. Diante da confissão de Antígona, Creonte libera a sentinela de qualquer responsabilidade e continua a indagá-la, em uma das mais belas passagens da dramaturgia clássica:

> CREONTE
>
> [...]
> Sabias que eu tinha proibido essa cerimônia?
>
> ANTÍGONA
>
> Sabia. Como poderia ignorá-lo? Falaste abertamente.
>
> CREONTE
>
> Mesmo assim ousaste transgredir minhas leis?
>
> ANTÍGONA
>
> Não foi, com certeza, Zeus que as proclamou,
> nem a Justiça com trono entre os deuses dos mortos
> as estabeleceu para os homens.
> Nem eu supunha que tuas ordens
> tivessem o poder de superar
> as leis não escritas, perenes, dos deuses,
> visto que és mortal.
> Pois elas não são de ontem nem de hoje, mas
> são sempre vivas, nem se sabe quando surgiram.
> Por isso, não pretendo, por temor às decisões
> de algum homem, expor-me à sentença
> divina. Sei que vou morrer.
> Como poderia ignorá-lo?
> [...] Tuas ameaças não me atormentam.
> Se agora te pareço louca,
> Pode ser que seja louca aos olhos de um louco.
>
> CREONTE
>
> [...]
> Esta já se mostrou insolente
> ao transgredir as leis estabelecidas.
> Insolência renovada é orgulhar-se

e rir, cometida a transgressão.
Agora, entretanto, homem não serei eu,
homem será ela,
se permanecer impune tamanho atrevimento.
[...]

ANTÍGONA

[...]
Contudo, onde poderia procurar renome mais
fulgente do que na ação de dar a meu irmão
sepultura? Todos estes[5] o aprovam,
e o declarariam se o medo não lhes
travasse a língua.
Mas a tirania, entre muitas outras vantagens,
tem o privilégio de fazer e dizer o que lhe apraz.

CREONTE

Isto, entre todos os filhos de Cadmo[6], só tu o vês.

ANTÍGONA

Também estes o veem, mas, intimidados por ti,
mordem a língua (SÓFOCLES, 2015, p. 33-37).

Essa talvez seja a parte da peça mais relevante para o tema do presente trabalho. Percebe-se claramente que não é mera burla à ordem legal, como faria um criminoso comum, mas algo muito mais complexo. As palavras de Antígona revelam que a desobediência teria um fundamento moral relevante, já que, na concepção dela, o destino do corpo de Polinice deve ser aquele fixado pelos deuses, ou seja, a ele também estaria destinado o zelo funerário padrão a ser recebido por qualquer ser humano falecido. Portanto, está delineado um verdadeiro conflito entre normas: a oficial ou positiva, editada pela autoridade pública e a norma de direito natural, mais elevada, na qual a lei positiva deveria buscar inspiração. Aristóteles, na *Retórica*, cita a obra de Sófocles em duas oportunidades, expondo — exatamente — o conflito

---

[5] Referindo-se aos demais cidadãos, na peça representados pelo coro.
[6] Forma poética de se referir aos tebanos, visto que a lenda atribuía a fundação da cidade de Tebas ao herói Cadmo.

entre a lei particular, o que hoje convencionamos chamar de positiva, e a lei natural. Na primeira menção de Aristóteles, ele está discutindo os critérios de justiça e injustiça; já na segunda alusão, o Estagirita tratava sobre a retórica judicial. Colacionemos as passagens, *in verbis*:

> Distingamos agora todos os atos de justiça e de injustiça, começando por observar que o que é justo ou injusto foi já definido de duas maneiras em relação a dois tipos de leis e a duas classes de pessoas. Chamo lei tanto a que é particular como a que é comum. É lei particular a que foi definida por cada povo em relação a si mesmo, quer seja escrita ou não escrita; e comum, a que é segundo a natureza. Pois há na natureza um princípio comum do que é justo e injusto, que todos de algum modo advinham mesmo que não haja entre si comunicação ou acordo; como, por exemplo, o mostra *Antígona* de Sófocles, ao dizer que, embora seja proibido, é justo enterrar Polinice, porque esse é um direito natural[...] (ARISTÓTELES, 2006, p. 144).

***

> Falemos primeiro das leis, mostrando como elas devem ser usadas tanto na exortação e na dissuasão, como na acusação e na defesa. Pois é óbvio que, se a lei escrita é contrária aos fatos, será necessário recorrer à lei comum e a argumentos de maior equidade e justiça. E é evidente que a fórmula "na melhor consciência" significa não seguir exclusivamente as leis escritas; e a equidade é permanentemente válida e nunca muda, como a lei comum (por ser conforme à natureza), ao passo que as leis escritas estão frequentemente a mudar; donde as palavras pronunciadas na *Antígona* de Sófocles, pois esta defende-se dizendo que sepultou o irmão contra a lei de Creonte, mas não contra a lei não escrita [...] (ARISTÓTELES, 2006, p. 149).

Como ficou consignado alhures, o desobediente civil, a exemplo de Antígona, não desobedece por desobedecer, ele o faz contrapondo ao cumprimento de determinada lei ou de ordem emanada do governante algo alegadamente superior e, portanto, com precedência às determinações oficiais, chame-se isso de direito natural, de tradição, de princípios morais ou de valores constitucionais abrangentes. Também é observável que o desobediente, como Antígona, alega que sua opinião não é solitária, mas de muitos, ainda que não se manifestem por medo da sanção. Wiviurka chega mesmo a assinalar que *Antígona* tem um papel proeminente na Filosofia do Direito pelo fato de trazer à memória uma disputa permanente entre a segurança jurídica, típica atribuição do direito positivo, e a necessidade de conformidade desse direito posto com os valores maiores da sociedade (WIVIURKA, 2018, p. 77-78). Veremos, mais à frente, que Gandhi e Martin Luther King Júnior destacaram-se como ativistas, porque souberam, em suas respectivas realidades históricas, mostrar esse conflito de forma muito cristalina e conquistar, paulatinamente, a opinião pública.

Mas, retomemos à narrativa de Sófocles, que traz outros pontos de nosso interesse. Ditada a sentença de morte à transgressora, Hemon, filho do rei e noivo da condenada, vem falar com o pai, na tentativa de demovê-lo de tal desiderato. Creonte[7], contudo, reafirma a decisão tomada e faz um vigoroso discurso a favor da austeridade, com as seguintes ponderações: a) a transgressora desrespeitou abertamente a lei e, se governante tolera desmando, perde a autoridade diante de todos os súditos; e b) não há nada pior que a anarquia, ela destrói cidades, vidas e propriedades, sendo de acordo com a razão apoiar quem defende a ordem. Hemon, então, traz ao debate a suposta opinião do povo de Tebas, que seria favorável à jovem rebelde, uma vez que não achava adequado a prescrição real para que uma pessoa morta — Polinice — ficasse insepulta; outrossim, destaca que a flexibilidade dos que governam pode ser um ato de sabedoria, exemplificando com os comandantes náuticos que, se não souberem levar a embarcação de acordo com as circunstâncias que se apresentam, podem acabar por afundá-la. Aqui, outra vez, nos diálogos de Hemon e Creonte estão inquietações que perpassam a desobediência até os dias atuais: a) o perigo às instituições que o desrespeito à ordem legal pode trazer; b) a função que a pressão popular pode exercer junto aos governantes; e c) a conveniência de a autoridade demonstrar certa flexibilidade com os reclames e os reclamantes.

Enfurecido, o monarca permanece alheio aos argumentos do filho e mantém a condenação. Porém, a morte viria de uma maneira indireta e mais cruel. Antígona seria enviada a uma prisão isolada e rochosa, lá ficaria a pão e água e viveria até que não mais pudesse aguentar as duras privações. Antes de ser recolhida à desditosa enxovia, a condenada ainda ouviu, de forma lamentosa, as palavras do corifeu, atestando que "quem detém o poder não admite insubordinação, teu lance ousado te aniquilou" (SÓFOCLES, 2015, p. 62).

---

[7] É curioso que Creonte, agora representante da ordem, teve — na peça Édipo Rei, também de Sófocles — um diálogo com Édipo em que defendia, em determinadas circunstâncias, a desobediência. Vejamos: Édipo: "Pretendes então ser rebelde? Recusas-te a obedecer? Creonte: Sim, quando te vejo perder o senso" (SÓFOCLES, 2016, p. 40).

Na derradeira parte da peça, Tirésias, um adivinho, adverte Creonte do erro que ele estaria a cometer, não perdoando a jovem Antígona que teria se rebelado por uma causa nobre e defensável. O monarca, na presença de Tirésias, permanece irredutível em seu entendimento pela condenação. Todavia, mais tarde, pressionado também pelo corifeu, que desempenha um mister parecido com a da opinião pública hodierna, resolve rever sua posição, mandando sepultar o corpo de Polinice e retirar a jovem da prisão na gruta subterrânea. O final da tragédia se aproxima. Quando Creonte chega para libertar Antígona, esta já se encontrava morta. Hemon, filho do monarca e noivo da falecida, em um surto incontido de raiva, acaba por suicidar-se. Eurídice, a mãe de Hemon e esposa de rei, diante do falecimento de seu filho, também atenta contra a própria vida. Creonte, atônito e desesperado, finaliza a peça com amargo arrependimento por suas pretéritas decisões e pela tardia reversão de seus decretos.

Assim, a obra dramatúrgica *Antígona* é emblemática na abordagem do tema desobediência frente a determinações do poder constituído e, ainda que de forma sutil, é firme na defesa de certa tolerância com a insubordinação, desde que esta tenha algum fundamento válido. Evidente tratar-se de ficção literária, sem pretensões argumentativas no campo da filosofia política, mas o fato é que traz alguns marcos bem definidos para a resistência tolerável na pólis, como as características já anteriormente apontadas do aspecto público, não violento e da assunção, pelo desobediente, do risco de ser punido, mostrando a sinceridade daquele que resiste de que o faz para demonstrar à sociedade a inadequação de um determinado ato estatal. A propósito, Wiviurka, citando Ost, sustenta que, apesar do antagonismo exposto em *Antígona*, entre opostos sempre é possível haver algum entendimento e, apesar das dificuldades, deve-se — em decisões — conciliar "o que o Direito posto manda e o que os valores reclamam [...]" (WIVIURKA, 2018, p. 78-79). Em acréscimo, na peça também está plasmada a dinâmica do protesto: angariar apoio público para convencer o poder político a mudar a postura inicialmente adotada, em razão de o ato estatal ser tomado como injusto. Se Antígona não tivesse demonstrado, de forma aberta e corajosa, a insatisfação com a decisão de Creonte em relação ao não sepultamento do corpo de Polinice, tal decisão não teria sido revista. Percebe-se, também, que só houve a revisão porque mais pessoas foram alertadas e convencidas, pela desobediência original de Antígona, acerca do desacerto da ordem real. Com mais pessoas dispostas — Tirésias, Hemon, Corifeu (repita-se, ainda outra vez, figura que funciona como uma espécie de representante da população) — a apoiar a transgressão, aumenta a pressão exercida sobre o aparelho governamental. Este, por sua vez, deve fazer um cálculo de natureza política sobre manter ou mudar sua postura original, a depender da perda de prestígio e legitimidade junto a parcelas importantes da comunidade. De qualquer modo, do ponto de vista dos desobedientes, há — sempre — uma intrigante tensão entre resistir e acatar e é certo que, amiúde, as normas devem ser observadas na preservação da ordem social. Todavia, o grande busílis é quando e como, excepcionalmente, deixar de prestar as continências, de costume, devidas ao ordenamento político-jurídico. Esse é, na verdade, o motivo pelo qual vários autores voltaram, em distintos contextos, a pensar sobre o delicado assunto.

1.2 Medievo: como São Tomás de Aquino tratou a desobediência política

Nunca é demasiado afirmar que a chamada Idade Média engloba muitos séculos e a ela pertencem pensadores de grande relevância, alguns dos quais[8] trataram sobre a desobediência política. Aqui, como representativo do período, escolheu-se Tomás de Aquino, filósofo e teólogo italiano. Por óbvio, por pertencer à ordem eclesiástica, ele era bem atento ao que o apóstolo Paulo consignou sobre o dever de obediência ao poder político, na Epístola aos Romanos, *in verbis*:

> Todos devem sujeitar-se às autoridades governamentais, pois não há autoridade que não venha de Deus; as autoridades que existem foram por ele estabelecidas. Portanto, aquele que se rebela contra a autoridade está se opondo contra o que Deus instituiu, e aqueles que assim procedem trazem condenação sobre si mesmos. Pois os governantes não devem ser temidos, a não ser por aqueles que praticam o mal. Você quer viver livre do medo da autoridade? Pratique o bem, e ela o enaltecerá. Pois é serva de Deus para o seu bem. Mas, se você praticar o mal, tenha medo, pois ela não porta a espada sem motivo. É serva de Deus, agente da justiça para punir quem pratica o mal. Portanto, é necessário que sejamos submissos às autoridades, não apenas por causa da possibilidade de uma punição, mas também por questão de consciência

---
[8] Como João de Salisbury (1120-1180), na obra *Policraticus*, e Coluccio Salutati (1331-1406), em *Sobre o Tirano*.

> É por isso também que vocês pagam imposto, pois as autoridades estão a serviço de Deus, sempre dedicadas a esse trabalho. Deem a cada um o que lhe é devido: se imposto, imposto; se tributo, tributo; se temor, temor; se honra, honra (Bíblia Sagrada, Romanos, 13, 1-7).

O Doutor Angélico, em sua *Suma Teológica*, mais precisamente na segunda parte da segunda parte, artigo 2, da questão 42, versa sobre a sedição. Ele fixa que a sedição "implica um tumulto que leva à luta", mas que nem toda luta corresponderia a pecado mortal, pois ela poderia ser justa, lícita e louvável nos casos em que livra a comunidade da tirania. Mas, pergunta-se o filósofo, como coadunar isso com o pensamento do Apóstolo Paulo? Para enfrentar o problema, ele define que a sedição pecaminosa seria aquela dirigida contra a justiça e a utilidade geral. Ora, autoridades retas normalmente preocupam-se com o direito e a utilidade comum e, portanto, nesses casos, a oposição a essas autoridades seria um atentado aos íntegros valores por ela representados, sendo malfeitores tanto os que provocam a rebelião, como aqueles que os seguem. Todavia, há a luta não pecaminosa, voltada para a promoção do bem comum, ou seja, para a utilidade geral. Ele, então, exemplifica com os regimes conduzidos por tiranos. Ora, regimes que tais não objetivam o bem geral, mas apenas os interesses privados do governante. Sedicioso e pecaminoso, no caso, seria o tirano, não aqueles que a ele resistem, concluindo que "[...] a perturbação desse regime não tem natureza de sedição; salvo talvez quando o regime do tirano é perturbado tão desordenadamente, que a multidão a ele sujeita sofre maior detrimento da perturbação consequente que do regime tirânico" (AQUINO, 2017, p. 2009). Poderíamos entender, desse último trecho, que o remédio não pode ser pior que a enfermidade.

Ainda na *Suma Teológica*, é mister mencionar que, na primeira parte da segunda parte, pontualmente no artigo 4, da questão 96, aventa-se o problema das leis justas e injustas. As leis humanas podem ser justas ou injustas. As leis podem ser justas, de acordo com a seguinte classificação: a) pela finalidade – aquelas que são destinadas ao bem geral; b) pela autoria – se a autoridade da qual se origina a lei não exorbitou de seus poderes ordinários; c) pela forma – se não houve imposição a seus destinatários de ônus desproporcionais. Por sua vez, as leis seriam injustas: a) se não forem destinadas ao bem comum do povo, mas antes ao bem próprio do governante; b) quando a autoridade que impõe a norma excede seu poder ordinário; c) quando impõe ônus desproporcionais entre os governados; e d) quando forem contrárias à ordenação divina e impuserem a idolatria. O filósofo italiano, então, afirma que as leis injustas por obrigarem à idolatria (d) não devem ser, de modo algum, acatadas; as demais leis injustas — hipótese (a), (b) e (c) — também podem ser desobedecidas, pois são antes violência que dever, a menos que a insubmissão gere distúrbios tais que o homem considere mais prudente segui-las (AQUINO, 2017, p. 1544-1545).

Assim, o Aquinate parece justificar a hipótese da resistência[9], desde que lançada contra leis ou governantes que se afastam dos deveres da justiça e que o povo se acautele de que a desobediência não vai trazer mais males do que o mal original. Esses postulados, de algum modo, influenciaram no desenvolvimento posterior da desobediência civil.

1.3 A desobediência na Modernidade: a obra de Boétie

No início da Idade Moderna, o francês Etienne de La Boétie[10] (1530-1536) escreveu uma pequena obra que, ainda hoje, é lida e influencia tanto ativistas políticos, como pensadores que tratam sobre a resistência política: *Discurso da Servidão Voluntária*. Nela, Boétie descreve o estado de sujeição em que os homens, em sua larga maioria, encontram-se diante do ocupante do poder. Ademais, procura estabelecer os motivos que levam à perda tão significativa da liberdade e dá um norte para sair dessa situação tão semelhante ao cativeiro. Vejamos com mais vagar, cada um desses pontos.

A pergunta central do autor é como um só — o tirano — pode dominar a tantos, uma vez que "[...] aquele que vos oprime tem só dois olhos, duas mãos, um corpo, nem mais nem menos que o mais simples dos habitantes do número infinito de nossas cidades" (BOÉTIE, 2009, p. 38). Então, começa a delinear a resposta. Embora considere a liberdade como condição natural do ser humano (BOÉTIE, 2009, p. 41), este pode ser privado dessa dádiva natural pela força ou por engano, citando exemplos de ambos os casos: pela força Alexandre, o Grande, tomou Esparta e Atenas e, por engano, o governo ateniense foi entregue a Pisístrato (BOÉTIE, 2009, p. 43, 44). Mas, uma vez na servidão, o povo parece acostumar-se com ela, e "os que vêm depois servem sem relutância e fazem voluntariamente o que seus antepassados fizeram

---

[9] Tomás de Aquino também disserta sobre o tema na obra *De Regno*. Como as considerações são muito semelhantes àquelas presentes na *Suma Teológica*, preferiu-se não as tratar aqui.

[10] Casemiro Linarth, na introdução feita ao *Discurso da Servidão Voluntária*, editado pela Martin Claret, informa que Boétie tinha formação jurídica e era um apaixonado pela história greco-romana, foi Conselheiro do Parlamento de Bordeaux e amigo muito próximo do filósofo Michel de Montaigne, que mais tarde publicou, postumamente, as obras de Boétie.

por imposição" (BOÉTIE, 2009, p. 45), o que pode ser explicado pela força do hábito. Assim, se um cidadão nasce em um sistema opressivo e nunca gozou de um governo de liberdades, pode achar que o ordinário e rotineiro é, miseravelmente, servir. Exemplifica a questão com a narrativa dos cães de Licurgo, conhecido legislador de Esparta, que a contava para demonstrar ao povo a importância que a educação tem na conformação do caráter. Dois cachorros nascidos da mesma mãe e amamentados na mesma época foram criados, depois do desmame, de maneira distinta: um na cozinha e outro no campo. Em praça pública, Licurgo expôs os cães diante de um prato de sopa e de uma lebre. O que fora criado na cozinha dirigiu-se à sopa, enquanto o outro perseguiu a lebre (BOÉTIE, 2009, p. 46). Dessa forma, é compreensível que alguém educado na servidão acabe reproduzindo o comportamento de um lacaio, prestando mesuras e obediência a seu senhor.

Todavia, o hábito adquirido, pelo costume e pela educação recebida, de aquiescer não é a única explicação. Boétie avança na razão para muitos obedecerem, bovinamente, ao tirano: a criação de um sistema de poder e benesses. O tirano não está só, é rodeado de alguns poucos homens que gozam, pelo menos durante um certo lapso temporal, de sua confiança e de amplos ganhos devido a sua posição. Tais homens, que atuam como forças ancilares do tirano, efetivamente, respondem pela alta gestão da máquina governamental. Por sua vez, esses poucos não estão isolados, tendo muitos outros sob seu comando, subordinados que também desfrutam de algumas vantagens. Cada subalterno, por sua vez, possui outros subalternos que também recebem algum benefício, formando uma imensa cadeia de interesses. Essa cadeia de interesses liga um número muito expressivo de pessoas que, em maior ou menor escala, julgam-se beneficiar do *status quo*. Nesse sentido, expõe o pensador francês:

> Isso sempre aconteceu porque cinco ou seis obtiveram a confiança do tirano e se aproximaram dele por conta própria, ou foram chamados por ele para serem cúmplices [...]. Esses seis têm seiscentos à sua disposição [...]. Esses seiscentos têm sob suas ordens seis mil, que elevaram em dignidade. É enorme a fileira daqueles que os seguem. E quem quiser destrinchar os fios dessa meada verá que, não seis mil, mas cem mil e milhões estão ligados ao tirano por esta corda [...]. Em suma, com os ganhos e favores que se recebem dos tiranos, chega-se ao ponto em que são quase tão numerosos aqueles para os quais a tirania parece proveitosa quanto

> aqueles para quem a liberdade seria agradável. [..] É assim que o tirano subjuga os súditos - uns por meio dos outros [...] (BOÉTIE, 2009, p. 64, 65).

Boétie completa que, no entanto, os benefícios recebidos por aqueles que colaboram com a tirania são sempre duvidosos. Uns, que estariam longe do centro do poder, ficam com pouco e não percebem que muito mais deles foi retirado, citando como modelo as decúrias romanas, festas em que trigo e vinho eram "ofertados" ao povo (BOÉTIE, 2009, p. 57); e os que estão mais próximos do tirano, embora recebam mais, ficam sempre amedrontados com os caprichos daquele, podendo tudo perder a qualquer hora, já que déspotas não conhecem nem a amizade nem a lei, só os próprios apetites (BOÉTIE, 2009, p. 71).

O diagnóstico e a sugestão de Boétie, para a superação do estágio de servidão, é cristalina:

> O que ele [tirano] tem a mais são os meios que lhe destes para destruir-vos. De onde tira tantos olhos que vos espiam, se não os colocais à disposição dele? Como tem tantas mãos para vos bater, se não as empresta de vós? [...] Como se atreveria a atacar-vos, se não tivesse tanta conivência? Que mal poderia fazer-vos, se não fôsseis os receptadores do ladrão que vos pilha, os cúmplices do assassino que vos mata e os traidores de vós mesmos? [...] Ficais mais fracos para que ele se torne mais forte e vos mantenha com rédea curta. [...] Sede resolutos em não querer servir mais e sereis livres. Não vos peço que o enfrenteis ou o abaleis, mas somente que não o sustenteis mais, e o vereis, como grande colosso do qual se retirou a base, despencar e despedaçar-se debaixo do próprio peso (BOÉTIE, 2009, p. 38, 39).

A ênfase de Boétie na educação para a servidão e nos mecanismos sociais e econômicos que a tirania usa para se perpetuar são deveras instigantes e guardam grande poder de explicação, mesmo depois de quase 500 anos da data em que a obra foi escrita. Como não vislumbrar uma miríade de ditadores dos séculos XX ou mesmo XXI que alongaram ou alongam seus governos por meio da propaganda sistemática — educar para naturalizar a dominação — e da distribuição de migalhas à população e de cargos e prestígio a alguns apaniguados, solapando a liberdade e a autonomia de seus povos? Todavia, o que mais se destaca neste texto e que será importante para fases posteriores deste trabalho é a sugestão da forma de luta política veramente emancipatória e que objetiva a recuperação da fustigada liberdade: **a desobediência**. Nos dizeres de Newman, o poder, de certa maneira, atrai e enfeitiça os indivíduos, dependendo menos da coerção que do assentimento (NEWMAN, 2011, p. 24). Boétie ataca o consentimento, mostrando como ele pode ser vil e contrário à razão ao reforçar o governante tirânico em detrimento da independência inerente aos seres humanos. Percebe-se que o pensador francês não indica técnicas violentas de levante e não prega o uso da força física contra o tirano, apenas acentua a necessidade de resistência pacífica por intermédio da recusa, em vários níveis, de seguir as ordens dele emanadas. Quanto maior for a recusa, desde os pequeninos do povo até os funcionários do Estado, mais forte será o brado por liberdade e menor será a capacidade de reação do déspota. Ou seja, sem a docilidade da população não é possível o domínio de tantos por um único; sem a participação passiva do povo na tirania, esta não se sustenta. Daí as óbvias conclusões: a desobediência, desde que articulada e crescente, pode ser mais efetiva que um exército bem treinado e o tirano é menos poderoso do que se supõe. Bem, parece truísmo afirmar que esses postulados são fundamentais no desenvolvimento do conceito e das práticas de desobediência civil contemporâneas, ainda que usadas em ambientes mais plurais e democráticos.

1.4 Thoreau e a desobediência civil na contemporaneidade

O estadunidense Henry David Thoreau (1817-1862) escreveu, dentre outras, a obra *A Desobediência Civil* e renovou, no início da Idade Contemporânea, a preocupação da filosofia política com a questão da resistência.

Thoreau também é o responsável **involuntário** pela popularização do termo "desobediência civil", usado, amiúde, até os dias de hoje. Digo involuntário porque o título *A Desobediência Civil* não foi dado por Thoreau. Na verdade, inicialmente, o autor teria proferido duas palestras sobre sua prisão — em decorrência do não pagamento de tributo — em Concord, sua cidade natal: uma, em janeiro de 1848, chamada "A relação do indivíduo com o Estado", e outra, em fevereiro do mesmo ano, nomeada "Os direitos e deveres do indivíduo em relação ao Estado". Só em 1849, o conteúdo da palestra foi originalmente publicado pela revista *Aesthetic Papers*, de Boston, agora sob o título "Resistência ao Governo Civil. Uma palestra proferida em 1847", embora, como já observado, as palestras são do início de 1848. Apenas após a morte de Thoreau, na reedição da obra, junto com outros escritos do autor, compilados em *A Yankee in Canada with Anti-Slavery and Reform*

Papers, o título passou a ser *A Desobediência Civil*. Destaque-se que a edição foi realizada pela irmã do autor, Sophia, e pelos amigos William Channing e Waldo Emerson, mas o porquê da opção pela expressão "desobediência civil" e quem a escolheu não são sabidos (MEDEIROS, 2020, p. 8-9).

De qualquer maneira, seja quem for que lhe tenha dado o nome e os motivos para tal, a pequena obra, com poucas páginas, influenciou pessoas e movimentos contestatórios os mais distintos e se afirmou como um texto deveras impactante, valendo citar a seguinte observação:

> O ensaio de sua autoria que ficou mundialmente conhecido com o título "A Desobediência Civil" é, de longe, o seu trabalho de intervenção política mais propagado. E faz parte do seleto conjunto de textos de largo impacto da filosofia política escritos deste lado do Atlântico, seja na virada da primeira para a segunda metade do século XIX, seja nos dias que correm mais próximos de nossa memória e experiência política. O ensaio de Thoreau serviu como referência para movimentos tão variados quanto o fabianismo socialista britânico, para os anarquistas na Rússia, para Martin Luther King e Mahatma Gandhi, para a resistência dinamarquesa na Segunda Guerra Mundial e a luta do *Apartheid* na África do Sul (MEDEIROS, 2020, p. 7-8).

É útil, ainda, antes de adentrar nos detalhes da obra, jogar alguma luz sobre o cenário histórico vivenciado por Thoreau e que, em parte, ajuda a explicar tanto a breve experiência do autor na prisão, quanto a motivação do famoso opúsculo. Após a rebelião que colocou fim, em 1776, ao domínio colonial britânico na América do Norte, as colônias emancipadas viveram em Confederação, até que a criação de uma união mais efetiva, a chamada Federação, nascesse com a Constituição, aprovada pela Convenção da Filadélfia, em 1787, e, posteriormente, ratificada pelos Estados. O novo país prosperou economicamente e, lentamente, fortalecia suas instituições, mas um problema, que já germinava desde sua fundação, agigantava-se: a escravidão. Como coadunar uma república que nasceu bradando pela liberdade com a presença de escravos? Como tornar compatível a propalada democracia com as aviltantes práticas do cativeiro? Acrescente-se que a escravidão não refluía, parecia crescer e sempre renovar suas demandas, expondo as fragilidades da federação e da república. A expansão territorial e a aprovação da entrada de novos Estados na União traziam consigo imensos desafios relacionados à permissão ou não das práticas escravagistas nessas novas áreas. Assim, cresceram — no norte dos Estados Unidos — os grupos pró-abolição[11]. Agremiações favoráveis e contrárias à manutenção da escravidão faziam duelos cada vez mais acirrados, com vitórias de lado a lado. Por exemplo, no Compromisso de 1850, embora o comércio de escravos[12] tenha sido finalmente proibido na capital federal (Washington), foi também aprovada a chamada Lei do Escravo Fugido[13], que obrigava os nortistas a cooperarem com a captura de escravos que fugiram dos Estados do Sul (WEST, 2016, p. 152). Todos esses conflitos desaguariam na Guerra da Secessão (1861-1865). Pois bem, Thoreau — originário do nortista Estado de *Massachussets* — é fruto desses duros embates, dessa tensão sobre a escravidão em uma sociedade que se fundava na igualdade e que, pelo compromisso dos fundadores, tinha a liberdade como bandeira. Assim, Thoreau, abolicionista de uma região progressivamente contrária à manutenção e à expansão da servidão, vai se posicionar de forma muito aguerrida contra o que ele via como um flagelo, um acinte liberticida. Ademais, não concordava com a expansão territorial por meio do que ele enxergava como guerra de conquista, nos choques com o México. Juntam-se, portanto, as duas razões que justificariam a sua resistência pacífica contra o Estado norte-americano ou, mais precisamente, demonstrariam a correção de sua recusa ao pagamento de tributo: escravidão e expansão violenta. Afinal, seria um imperativo moral não financiar um Estado que cometia ou que, ao menos, permitia tais absurdos. O não recolhimento do imposto o levaria a ser preso e, por sua vez, a prisão o motivaria a refletir — por palestras e, depois, pelo ensaio escrito — sobre a experiência de ser enclausurado por defender a liberdade.

Aqui, torna-se curioso ponderar — ainda que mui brevemente — sobre o imposto que acarretou o cárcere do pensador e seu *quantum debeatur*. John Broderick[14], citado por Medeiros, relata que o *pool tax* era um imposto[15], cujo valor máximo era 1 dólar e 50 centavos (U$ 1,5), cobrado — anualmente — dos homens no Estado de Massachussets, a partir de uma determinada idade; essa idade, inicialmente em 16 anos, foi alterada, em 1843, para 20 anos (MEDEIROS, 2020, p. 3-4). Ainda de acordo com Medeiros, se a informação de Thoreau — em *A Desobediência Civil*, de que não pagava o imposto há 6

---

[11] A mãe e as irmãs de Thoreau eram simpáticas a esses grupos (MEDEIROS, 2020, p. 12).
[12] Foi proibido o comércio de escravos, não a escravidão.
[13] Essa lei, considerada aviltante por muitos nortistas, motivou o afamado livro *A Cabana do Pai Tomás*, de Harriet Stowe.
[14] Em *Thoreau, Alcott, and the Poll Tax* (1956).
[15] Segundo o próprio Thoreau (2016, p. 63), esse imposto era requisito para votar.

(seis) anos — estiver correta, considerando que a prisão ocorreu em 1846, o valor máximo devido era de U$ 9 (nove dólares); corrigida a inflação do período (1846-2019), o valor atualizado do débito anual seria de U$ 42,59 (quarenta e dois dólares e cinquenta e nove centavos), montante considerado baixo (MEDEIROS, 2020, p. 3-5). Isso faz com que seja muito difícil discordar do autor brasileiro, ao afirmar que "[...] nunca tão pouco dinheiro fez tanta diferença para a história da filosofia política" (MEDEIROS, 2020, p. 4).

Feitos esses apontamentos iniciais, passemos, sem mais delongas, para o conteúdo de *A Desobediência Civil* e, depois, faremos análise do legado da obra para o tema da resistência. Thoreau começa o ensaio mostrando desconfiança, em geral, com governos, que deveriam ser apenas a maneira que o povo escolheu para realizar sua vontade, mas são muitas vezes manipulados por poucos, independentemente do consentimento da população, advertindo, contudo, que não defende, de imediato, o fim dos governos[16], e sim governos melhores (THOREAU, 2016, p. 48-49). Diz que o importante para os governantes é agir guiado pela consciência, independentemente de maiorias eventuais, sendo a regra também aplicável a cada homem individualmente, uma vez que "[...] não é desejável cultivar um respeito pela lei maior do que um respeito ao que é correto" (THOREAU, 2016, p. 50), reclamando, inclusive, da postura de certos funcionários do Estado que se colocavam como máquinas a serviço do governo, abstendo-se de pensar em seus atos (THOREAU, 2016, p. 51). Afirma que deve ser permitida a resistência contra governos que sejam tirânicos ou demonstrem vasta ineficiência e, se isso era válido em relação ao governo colonial britânico na América do Norte, também o seria no tocante ao governo dos Estados Unidos, pois:

> Em outras palavras, quando um sexto da população de uma nação, que se comprometeu a ser o refúgio da liberdade, é formado por escravos e um país inteiro é injustamente invadido e conquistado por um exército estrangeiro e submetido à lei militar, acredito que está na hora de os homens honestos se rebelarem e fazerem uma revolução. O que torna esse dever mais urgente é o fato de que o país invadido não é o nosso, mas nosso é o exército invasor (THOREAU, 2016, p. 52).

Tirando a questão do campo teórico-abstrato, o pensador pergunta o que fazem, efetivamente, as pessoas que dizem ser contrárias ao regime de escravidão e à guerra com o México (THOREAU, 2016, p. 54), apontando a

---

[16] Pauta de variadas correntes anarquistas. Thoreau (2016, p. 49) os chama daqueles que "se intitulam homens sem governo".

necessidade de, ao menos, não ofertarem seu apoio prático a atitudes governamentais das quais divirjam fortemente (THOREAU, 2016, p. 57). Passa, então, a discutir a questão da obediência a leis injustas, perguntando se deve haver o acatamento delas até que, por formação de maioria legislativa, consiga reformá-las ou, contrariamente, devem ser rejeitadas de imediato. Thoreau opta pela rejeição da lei quando o homem que dela discorda, ao obedecê-la, torna-se ele próprio "um agente da injustiça" e do mal que o repugna (THOREAU, 2016, p. 57-58). Dessa forma, sustenta que os abolicionistas não podem colaborar com o governo, material ou pessoalmente. Os cidadãos deixam de prestar apoio material ao governo quando não recolhem os impostos que mantém o aparato estatal, enquanto aqueles que são funcionários do Estado devem renunciar a seus postos, não dando cumprimento a ordens injustas. Tudo isso, devidamente conjugado, pode dar origem à revolução pacífica, ainda que admita a possibilidade da violência:

> Se mil homens deixassem de pagar seus impostos neste ano, isso não seria uma medida violenta e sangrenta como a ação de pagá-los e de permitir que o Estado cometesse violência e derramasse sangue inocente. Isso é, na verdade, a definição de uma revolução pacífica, se tal for possível. Se o coletor de impostos ou qualquer outro agente público pergunta-me, tal como já o fez, "Mas o que devo fazer?", minha resposta é, "Se você realmente deseja fazer qualquer coisa, renuncie a seu cargo". Quando o súdito recusa a oferecer sua lealdade e o funcionário renuncia a seu cargo, então a revolução é realizada. Mas, suponhamos que haja sangue; não haveria também um tipo de sangue derramado sempre que a consciência é ferida? (THOREAU, 2016, p. 61).

Para aqueles que temiam a oposição ao Estado, tanto por si, quanto por seus bens e familiares, Thoreau responde que, na opinião dele, o pior é obedecer quando tal gesto significa anular-se e fazer-se fiador de patifarias (THOREAU, 2016, p. 62); e não há autonomia de consciência sem riscos. Relata a noite que passou na cadeia pública e o quanto aquilo o fez enxergar melhor o Estado e a sociedade em que estava inserido e que não houve recusa de recolhimento do imposto (*pool tax*) por alguma especificidade na configuração do tributo em si, mas para demonstrar que a ele era impossível ser leal a um Estado que não se conduzia pela justiça (THOREAU, 2016, p. 67). Finaliza o ensaio, expondo que a evolução da monarquia absoluta para as formas de limitação do poder (monarquia constitucional e democracia) implicou em mais consideração pelos indivíduos e que essa evolução ainda está inconclusa, registrando que é o respeito pelo indivíduo o pilar de um Estado que se pretende, verdadeiramente, livre (THOREAU, 2016, p. 72).

Cabe, agora, fazermos algumas considerações sobre o legado de Thoreau para a resistência política. Primeiro, é fato que ele coloca, antes de tudo, a desobediência como uma questão individual de consciência. É o ser humano, em um exame pessoal do que é correto ou incorreto, que deve posicionar-se sobre os temas de seu tempo e sobre sua relação com o poder público. Segundo, deve haver uma ação concreta daquele que está em desconformidade com a lei ou com o governo; desconformidade como mera opinião é inútil, já que — na prática — acaba chancelando os atos estatais que, no íntimo, rejeita. Terceiro, a negativa de financiar o Estado, com o não recolhimento de impostos, deu ênfase a aspectos de rechaço às autoridades, sem o uso da violência e com alcance potencialmente alto. Quarto, embora não pregue uma ação coletiva coordenada contra governos injustos — Thoreau importa-se, sobretudo, com o agir individual —, ele intui que, se muitos deixarem de prestar — simultaneamente — suas obrigações para com o Estado, isso adquire um potencial revolucionário. Mas repita-se: a preocupação central de Thoreau é que o indivíduo não viole suas próprias convicções para manter uma suposta lealdade, acrítica e aética, com o poder público; o que o move não são reformas sociais abrangentes, ainda que elas possam ocorrer em decorrência dos muitos atos de resistir, de múltiplas pessoas. Arendt não olvidou essa particularidade do pensamento de Thoreau, assinalando que "[...] ele debate sua causa [...] no campo da consciência individual e do compromisso moral da consciência" (ARENDT, 2015, p. 57) e que tal forma de raciocinar traz inconvenientes, dentre o qual se destaca o seguinte fato: o que afeta a consciência de um, pode não significar nada para outro (ARENDT, 2015, p. 61). Assim, a filósofa alemã vai concluir que, em termos políticos, só vai se tornar relevante a consciência opositora nos moldes de Thoreau se:

> [...] acontece de coincidir um certo número de consciências, e os objetores de consciência resolverem ir à praça do mercado e se fazerem ouvir em público. [...]. O que foi decidido *in foro conscientiae* tornou-se parte da opinião pública, e apesar de que este grupo especial de contestadores civis possa ainda alegar a validação inicial – suas consciências – eles na verdade já não contam mais somente com eles mesmos. [...]. E a força da

opinião não depende da consciência, mas do número de pessoas com quem está associada [...] (ARENDT, 2015, p. 63-64).

Várias das mencionadas características da resistência de Thoreau foram utilizadas por ativistas do século XX — como o apelo, pelo menos em um momento inicial, ao exame individual de consciência, a resistência pacífica e os atos concretos de desafio ao Estado —, todavia, com uma diferença pronunciada: havia a coordenação coletiva para atingir transformações sociais amplas. Gandhi e King, que serão examinados mais detidamente no próximo item, são exemplos de líderes reformistas que, apoderando-se das ideias de Thoreau, usaram-nas para forçar mudanças em suas respectivas sociedades.

1.5 Gandhi e King: a prática da desobediência civil no século XX

Gandhi e King foram dois extraordinários ativistas do século XX que, usando a desobediência civil como instrumento, ousaram desafiar o *status quo* e provocaram profundas transformações. Contudo, é inexata a afirmação de que eles foram apenas ativistas, pois, de alguma forma, teorizaram sobre a resistência pacífica. Nesse sentido, Scheuerman afirma, sobre Gandhi e King, que "[...] com vigor modelaron, por médio de sus acciones y escritos, muy relacionados com ellas, lo que rapidamente se convertió em el ejemplo canónico de desobediência civil religiosa" (SCHEUERMAN, 2018, p. 35). Vamos, individualmente, contextualizar a vida de ambos e o objetivo político de cada um deles; depois, faremos a análise conjunta de seus legados no campo da desobediência.

Mohandas Gandhi (1869-1948), como é de amplo domínio, foi o líder do movimento pela independência da Índia em relação ao domínio colonial britânico. Formado em Direito em Londres, no Reino Unido, depois de um breve começo nas lides advocatícias em sua Índia natal, foi profissionalmente enviado à África do Sul, para defender interesses comerciais de indianos que moravam naquela região, também sob o poder colonial britânico. Lá, todavia, percebeu as enormes privações de direitos e as constantes humilhações a que seus conterrâneos estavam submetidos. Em território africano, logo em seu primeiro mês, depois de ter adquirido uma passagem de primeira classe, foi expulso do trem por recusar-se a abandonar seu vagão, já que um branco não quis dividir o espaço com um *coolie* (LELYVELD, 2012, p. 23), termo pejorativo com o qual designavam, à época, os trabalhadores indianos em geral (ERAS, 2018, p. 187-188). O episódio o fez experimentar toda a dor causada pelo racismo e despertou sua vocação de liderança no combate a injustiças (ERAS, 2018, p. 186), ou seja, para além da defesa técnico-jurídica em processos judiciais ou na consultoria jurídica a seus concidadãos, Gandhi veio a organizar, politicamente, os indianos na África do Sul, promovendo manifestações variadas de contestação da ordem opressora, com o intuito de conquistas efetivas de direito. Na região austral africana, Gandhi é preso algumas vezes, destaca-se e ganha corpo a pregação do que viria a ser conhecida como resistência não violenta. Lelyveld assevera, sobre o período que Gandhi passou na África do Sul, que:

> Sua estada no país seria temporária, no máximo de doze meses. No entanto, nada menos que 21 anos se passaram antes que ele enfim retornasse à pátria, em 14 de julho de 1914. A essa altura, estava com 44 anos, era um político e negociador tarimbado, líder de um movimento de massa recente, criador de uma doutrina específica para esse tipo de luta, autor prolífico de panfletos vigorosos e mais que isso: um evangelista autodidata sobre assuntos espirituais, nutricionais e até médicos. Ou seja, estava bem encaminhado para se tornar o Gandhi que a Índia viria a reverenciar e, vez por outra, seguir (LELYVELD, 2012, p. 21).

O Gandhi forjado em território africano, resistente e disposto a lutar, mas sem apelar a expedientes violentos, retorna à Índia e enfrenta os britânicos na luta pela independência, recorrendo, inclusive, a greves de fome e, novamente, sofrendo alguns encarceramentos por descumprimento da legislação. O episódio mais marcante liderado por Gandhi, até pelo simbolismo que carregou, foi a denominada "Marcha do Sal" (1930). Os indianos, pelas leis coloniais, estavam proibidos de fabricar o tradicional tempero, tendo, pois, de comprar o produto dos britânicos, sobre o qual, ainda, incidia uma taxa, o que o encarecia deveras. Gandhi envia uma carta ao governador britânico da Índia e pede a alteração na política do sal, não obtendo resposta favorável. Inicia, assim, uma marcha de cerca de 400 quilômetros até o litoral. Em cada lugar que passava, atraía mais gente. Ao chegar ao litoral, pega um pouco de sal no mar, como representação de que o país deveria ter autonomia, sobretudo em itens tão importantes para a dieta da população mais pobre. O gesto de Gandhi é seguido por outros tantos indianos que, aos milhares, burlam a lei colonial. Vários manifestantes, inclusive o próprio Gandhi, são presos. Todavia, a marcha é um passo na união dos indianos e um grande chamariz para a imprensa ocidental que dá, para os padrões da época, grande cobertura ao evento, provocando debates até em terras britânicas acerca das questões coloniais[17]. Martínez pinta com cores vívidas a importância da marcha:

> Con la Marcha de la Sal, Gandhi descubrió al mundo que no sólo la noviolencia era la respuesta para atajar o aminorar la violencia física, sino que podría ser un arma eficaz para liberarse de la violencia estructural. Quizá pueda parecer exagerado pensar como el físico indio D.S. Kothari, el cual señaló que los dos acontecimientos más importantes del siglo XX fueron: la bomba atómica y la Marcha de la Sal, en el juicio de que ambos son símbolos de dos formas muy diferentes de concebir la fuerza y la lucha pero, sobre todo, de construir el mundo (MARTÍNEZ, 2012, p. 81).

Cabe, aqui, observar que Gandhi, apesar de ter estudado o cristianismo[18], formulou sua teoria da resistência com espeque, sobretudo, em ensinamentos religiosos orientais, mormente os do hinduísmo, tradição espiritual em sua terra. Ele colocou, como um dos pilares de sua teoria, a chamada *satyagraha* (fortaleza advinda da verdade), respaldada na *ahimsa*, ou seja, na não violência (MIGUEL, 2011, p. 89). Gandhi não apreciava a expressão "resistência passiva", já que poderia soar, sobretudo para os europeus, como instrumento utilizado por pessoas frágeis; resistir por intermédio de métodos pacíficos, ao contrário, é a opção de indivíduos verdadeiramente fortes. Assim, o líder indiano, por concurso, estimulou a cunhagem de uma nova expressão que traduzisse todo o vigor da luta que liderava. Desse concurso surgiu a expressão *satyagraha* (*sat* – verdade; *agraha* – firmeza), lembrando que o termo é mais do que mero *slogan*, é uma forma de vida e de filosofia (ERAS, 2018, p. 211).

Foi justamente a luta pacífica de Gandhi que, algumas décadas depois, chamaria a atenção de um jovem pastor, com boa formação intelectual, pertencente à comunidade negra do sul dos Estados Unidos. Era luta porque, afinal de contas, apresentava demandas concretas e politicamente organizadas que abalavam ou feriam o *status quo*; mas era pacífica, visto que os mecanismos utilizados não toleravam a violência, objetivando uma maior integração social e racial. Como já destacado alhures, na parte referente a Henry David Thoreau, os Estados Unidos nascem — apesar de toda a inegá-

---

[17] Pesquisado em: https://www.britannica.com/event/Salt-March. Acesso em: 30 jul. 2020.
[18] Lelyveld (2012, p. 27) faz um pequeno relato da aproximação de Gandhi com o cristianismo. Eras afirma que o Sermão da Montanha, sobretudo a parte em que Jesus diz ser necessário oferecer a outra face, em Mateus 5, 39-42 e em Lucas 6, 29-30, teria tocado profundamente a Gandhi (2018, p. 189).

vel e avançada pregação favorável à república, à democracia e às liberdades públicas — com um "pecado original": a tolerância em relação à escravidão, presente, sobremodo, no sul do país. A questão referente ao escravismo criou, na jovem nação, uma série de fortes tensões na primeira metade do século XIX. Tais inquietações acabaram por levar, entre 1861-1865, a uma guerra civil. Com o resultado do conflito bélico interno, a escravidão em território estadunidense foi finalmente abolida com a Décima Terceira Emenda à Constituição e os ex-escravos conquistaram, em teoria, alguns direitos básicos. Todavia, o sul dos EUA, marcado profundamente pelos muitos anos de regime escravocrata, não se transformou de maneira plena; depois de um período de intervenção federal mais direta na política sulina, apelidado de Reconstrução (1865/1877), as forças austrais mais conservadoras uniram-se e conseguiram bloquear algumas das conquistas da população negra. Susan Grant explica esse bloqueio de forma bastante didática: começando por restringir, na prática, a participação eleitoral dos afro-americanos, a situação caminhou para a formação de legislação estadual[19] fortemente segregadora (*Jim Crow Laws*), em que brancos e negros ficavam rigidamente separados nas mais diversas atividades cotidianas. Aqui, para melhor compreensão do dantesco cenário, torna-se importante citar a mencionada historiadora britânica:

> Taxas para votar e testes de alfabetismo, embora também impedissem que muitos brancos pobres ou analfabetos pudessem votar, eram o meio legislativo preferido para restabelecer o domínio da elite branca no Sul pós-Guerra Civil; por meio deles, via-se que a "causa perdida" da Confederação tinha sido perdida apenas temporariamente. Ao começar a Segunda Guerra Mundial, somente cerca de 3% dos sulistas negros aptos a votar estavam registrados para fazê-lo.
>
> O efetivo afastamento dos afro-americanos da comunidade política [...], abriu caminho para uma série de leis estaduais, conhecidas como as leis "Jim Crow", que criaram acomodações separadas e supostamente iguais para americanos negros e brancos. Em 1896, a doutrina "separados, mas iguais" foi codificada em um dos casos judiciais mais famosos da América, *Plessy vs. Ferguson*. Nessa decisão, a Suprema Corte confirmou a legalidade da segregação, contanto que as instalações separadas em questão fossem iguais de fato. Obviamente, a maioria não era. Em estradas de ferro e restaurantes, em escolas e

---

[19] Os parlamentos estaduais eram dominados pela elite branca supremacista.

ônibus, em hotéis e residências, uma "linha de cor" cada vez mais rígida foi traçada após a decisão de *Plessy*. Até a morte, a grande igualizadora, era forçada a respeitar a linha de cor: os cemitérios também eram segregados (GRANT, 2014, p. 259).

Esse era, pois, o contexto em que King Jr. nasceu e cresceu: exclusão política e eleitoral, exacerbada segregação racial e, na prática, negativa de certos direitos sociais e econômicos para a população negra, apesar da vitória oficial do norte antiescravista contra o sul na guerra civil e da Constituição dos Estados Unidos que, por intermédio de emendas, declarava a igualdade de direitos independentemente de aspectos raciais. Em plena década de 50 do século XX, no país que foi essencial para a derrota do nazismo na Europa e para a vitória dos Aliados na Segunda Guerra Mundial, havia cidadãos tristemente de classe "inferior"; no Estado que liderava o bloco de países ocidentais, orgulhosamente cognominado líder do "mundo livre", alguns de seus nacionais — em suas próprias fronteiras — eram rotineiramente oprimidos. É contra esse estado de coisas que a comunidade negra vai se opor e, nessa oposição, um de seus líderes mais destacados será King Jr. Como bem ressaltou Alain Foix (2016, p. 15):

Não, a Guerra de Secessão ainda não terminara, mesmo um século após a abolição da escravatura. Transmutara-se em um combate cultural em que os reféns continuavam sendo os mesmos: os negros [...]. Sim, tratava-se realmente, para o jovem pastor Martin Luther King [...] de colocar a América branca face a face com sua consciência.

Pastor evangélico, com formação tanto teológica (Seminário Crozer – Pensilvânia e Universidade de Boston), quanto sociológica (*Morehouse College*, em Atlanta, sua cidade natal), King Jr. viu seu cotidiano completamente transformado ao ser indicado para pastorear uma Igreja Batista em Montgomery, capital do Estado do Alabama. Por coincidência, nessa mesma cidade, no ano posterior a chegada de King Jr., mais precisamente em dezembro de 1955, Rose Parks, uma mulher negra, recusou-se a ceder seu lugar no ônibus a passageiros brancos, desafiando as leis estaduais de segregação racial. A partir desse evento inesperado, que marca o movimento pelos direitos civis nos Estados Unidos, o pacato reverendo será forjado como um ativista político em prol da igualdade e da integração racial. Na verdade, alguns dias após a detenção de Rose, ele foi eleito presidente da associação afro-americana de Montgomery e, como tal, tornou-se um dos líderes do boicote contra o sistema de transporte público da capital do Alabama, o que chamou a atenção de todo o país. É preciso dizer que essa primeira luta foi exitosa, já que um ano depois do ato de resistência de Parks, com pronunciamento da Suprema Corte, houve mudanças nas regras nos ônibus de Montgomery, com o fim da segregação (MATTOS, 2006, p. 73-75).

Depois dessa vitória inicial, a luta antissegregacionista tomou corpo e a figura de King Jr. agigantou-se, o que viria a lhe causar alguns dissabores, como prisão e atentados. Recuperando-se de um atentado sofrido em Nova York, o líder do movimento negro norte-americano, convidado pelo então primeiro-ministro da Índia, Jawaharal Nehru, dirigiu-se ao país asiático, onde pode conhecer melhor a história de Gandhi, condutor da resistência pacífica indiana, a quem já admirava desde os tempos em que estudava no Morehouse College (MATTOS, 2006, p. 73-75). Essa influência de Gandhi no pensamento do líder da luta pelos direitos civis é realçado por Scheuerman (2018, p. 51, tradução nossa), que cita uma passagem de *Stride Toward Freedom*, de lavra do próprio King Jr, onde se lê "Cristo contribuiu com o espírito e a motivação, enquanto Gandhi contribuiu com o método". Na sequência de lutas pelos direitos civis dos afro-americanos, King Jr. encontrou-se com presidentes da República e congressistas, participou de marchas e greves, fez discursos convincentes, chamou a atenção para a situação de exclusão dos negros e conseguiu, junto com sua comunidade, conquistas importantes, como a promulgação da **Lei dos Direitos Civis** (*Civil Rights Act*, 1964) e a **Lei dos Direitos de Voto** (*Voting Rights Act*, 1965). É relevante informar que o reconhecimento internacional pelo trabalho de King Jr. foi coroado com o Prêmio Nobel da Paz, em 1964.

Bem, brevemente traçadas as circunstâncias histórico-sociais em que Gandhi e King Jr. estavam inseridos e dados alguns aspectos relevantes de suas biografias, agora temos que examinar o aporte que eles fizeram ao tema da "desobediência". O primeiro ponto a ser salientado é que, para eles, "[...] la desobediencia civil no constituye ni uma infracción corriente de la legalidad ni um mero acto criminal" (SCHEUERMAN, 2018, p. 37). Assim, a desobediência civil não é um ordinário ato de infringir a lei, pois quem o faz deseja, com seu descumprimento ao preceito legal, que a sociedade reflita sobre aspectos de seu ordenamento jurídico ou sobre determinadas práticas legais, fugindo do comportamento criminal comum. Peguemos, como exemplo, a Marcha do Sal ou as manifestações em *Birmingham*, Alabama. Em casos que tais, os desobedientes não podem ser denominados, simplesmente, como infratores, pois eles pretendem provocar, acima de tudo, um debate sobre a justiça de determinadas regras; em um caso, a inadequação de proibir os indianos de produzirem o próprio sal e, no outro, o despautério da vexatória segregação racial. Enxergam-se, pois, como reformadores que agem com o intuito da transformação social, como promotores de mudanças que não pretendem destruir os valores comunitários, mas, sim, aprimorá-los. Gandhi entendia que infringir a legislação baseado em critérios de moralidade implica, na verdade, em reverenciar e prestigiar a legalidade, já que pode elevá-la de padrão (SCHEUERMAN, 2018, p. 47, 49). No mesmo sentido, King Jr. lecionava que a desobediência que objetiva a eliminação da opressão "[...] contribuía para a criação de uma ordem legal mais justa, merecedora do respeito universal" (SCHEUERMAN, 2018, p. 61, tradução nossa).

Segundo ponto, bastante ligado ao primeiro, é que a desobediência deveria ser civil, ou seja, seu objetivo seria promover alterações na ordem social sem o uso de métodos violentos. Embora a desobediência tivesse que ser exercida com firmeza, deveria se distanciar da cultura do ódio; os adversários não seriam derrotados ou humilhados, mas convencidos (SCHEUERMAN, 2018, p. 52). É elementar que Gandhi e King Jr. sabiam que as manifestações que lideravam — as greves e os boicotes, por exemplo — causariam, possivelmente, desarranjos que seriam sentidos por seus adversários; contudo, defendiam que os meios não poderiam ser excessivos, já que os fins não envolviam apenas objetivos imediatos[20], mas a construção de uma ordem fundada no amor e na solidariedade (CONSIGLIO FILHO, 2020, p. 6).

Terceiro ponto, movimentos de desobediência civil devem ser precedidos de extensa negociação e só devem ser iniciados se os canais convencionais de mudança forem insuficientes. Scheuerman aponta que Gandhi, consciente de que o rompimento da ordem jurídica — realizada irrefletidamente — poderia gerar perigosos distúrbios sociais, propunha, primeiramente, o esgotamento de todas as possibilidades ordinárias de ação (2018, p. 41). King Jr., em sua militância, também deixa isso claro, ponderando as quatro etapas necessárias antes de se deflagrar os atos de desobediência: a) investigar se, de fato, existe injustiça; b) entabular negociações – geralmente com as autoridades, mas não só com elas – para eliminar ou minorar a injustiça presente; c) frustradas as negociações, realizar a autopurificação[21] dos futuros desobedientes para que eles estejam cônscios de que, ainda que provocados ou feridos, não devem responder com violência; e d) realizada a autopurificação e imbuídos — os desobedientes — dos princípios da

---

[20] A independência da Índia, no caso de Gandhi. O fim da segregação racial, no caso de King Jr.

[21] Percebe-se, intuitivamente, os fortes laços com a espiritualidade.

resistência pacífica, partir para a desobediência aberta. Essas lições, por exemplo, estão postas em *Carta de uma Prisão em Birmingham*[22], em que o líder estadunidense declara que:

> **Em qualquer campanha pacífica, há quatro passos básicos: coleta dos fatos para determinar se existem injustiças; negociação; autopurificação; e ação direta. Efetuamos todos esses passos em Birmingham.** Não pode haver nenhum ganho em enunciar o fato de que a injustiça racial engole essa comunidade. Birmingham é provavelmente a cidade mais completamente segregada dos Estados Unidos. [...]Esses são os fatos duros e brutais do caso. Com base nessas condições, os líderes negros tentaram negociar com as autoridades da cidade. Mas os últimos recusaram-se consistentemente a tomar parte em negociações de boa-fé.
>
> Então, no último mês de setembro, surgiu a oportunidade de falar com os líderes da comunidade econômica de Birmingham. No decorrer das negociações, certas promessas foram feitas pelos comerciantes – por exemplo, de remover os sinais raciais humilhantes das lojas. [...] Com o passar de semanas e meses, percebemos que éramos as vítimas de uma promessa quebrada. Alguns sinais, removidos por pouco tempo, retornaram; outros permaneceram. Como em muitas outras experiências anteriores, nossas esperanças tinham sido destruídas, e a sombra de uma decepção profunda caiu sobre nós. Não tínhamos alternativa a não ser nos prepararmos para a ação direta [...] Cientes das dificuldades envolvidas, decidimos empreender um processo de autopurificação. Iniciamos uma série de oficinas sobre o pacifismo, e repetidamente nos perguntávamos: "Vocês são capazes aceitar golpes sem retaliar?" "Vocês são capazes de resistir à provação da cadeia?" Decidimos marcar nosso programa de ação direta no período de Páscoa, percebendo que, exceto pelo Natal, é o principal período de compras do ano (KING JR., 1963, s/p, grifo nosso).

Quarto ponto, em estreita consonância com as características *supra* apontadas, a desobediência deve ser publicizada porque essa é a única e verdadeira forma de exortar seus contendores a mudar de opinião e a convencê-los do desajuste das normas vigentes[23]. Sem ampla publicidade

---

[22] A versão aqui utilizada encontra-se sítio eletrônico pertencente à Prefeitura de Salvador. Disponível em: http://www.reparacao.salvador.ba.gov.br/index.php/noticias/822-sp-1745380961/. Acesso em: 2 ago. 2020.

[23] Scheuerman (2018, p. 43-44) indica que a necessidade de a desobediência ser pública deriva da possibilidade da persuasão dos oponentes, mas também de um aspecto religioso, já que a fé não se coaduna com a mentira e o engano.

das ações dos grupos de desobediência civil, eles jamais lograriam qualquer êxito: não mostrariam, às claras, o acerto de suas posições e não abririam canais de diálogo com outros setores da sociedade e com o Estado. Não à toa, King Jr. apontava que as transformações políticas só se materializariam caso os desobedientes clamassem "[...] à opinião pública e à consciência moral da nação" (SCHEUERMAN, 2018, p. 61), e não pode haver clamor ao povo às escondidas.

Quinto ponto, os desobedientes devem estar dispostos a sofrer as penas impostas pelo sistema legal por descumprirem a legislação. Ademais, não podem mostrar resistência quando estiverem em privação de liberdade ou de outro direito. Os criminosos, rotineiramente, tentam fugir de punições e evadir-se das autoridades; todavia, os desobedientes são firmes na defesa de seus princípios e aceitam os rigores da lei, ainda que a reputem injusta e pretendam modificá-la. Isso demonstraria, aos demais membros da sociedade e ao Estado, a retidão dos desobedientes (SCHEUERMAN, 2018, p. 50).

Enfim, as características da desobediência assinaladas por Gandhi e King Jr. influenciaram todo o desenvolvimento posterior da matéria, seja nas vertentes liberais, anarquistas ou democráticas, ainda que abstraindo os aspectos religiosos muito acentuados desses dois memoráveis ativistas (SCHEUERMAN, 2018, p. 37). Saliente-se, outrossim, que embora os objetivos imediatos das lutas de Gandhi (independência da Índia frente ao Reino Unido) e de King Jr. (o fim da segregação racial nos EUA, com a ampliação de direitos civis aos afro-americanos) tenham sido atingidos, ambos foram assassinados por fanáticos: o líder indiano por um nacionalista hindu[24] que acreditava ser Gandhi demasiadamente dócil com os muçulmanos, e o ativista estadunidense por um concidadão[25] que o considerava traidor da pátria, desejando enfraquecê-la. Muito apropriadas, nesse momento, as palavras de Thoreau sobre a incompreensão que cerca aqueles que ousam discordar, ainda que as tenha usado, originalmente, em direta crítica ao comportamento do Estado:

> Por que ele não incentiva seus cidadãos a estar alertas para apontar suas falhas e fazer melhor do que eles? **Por que ele sempre crucifica o Cristo, excomunga Copérnico e Lutero e declara Washington e Franklin como rebeldes?** (THOREAU, 2016, p. 58, grifo nosso).

---

[24] Nathuram Godse.
[25] James Earl Ray.

Depois do exame da desobediência sob o ângulo Gandhi/King Jr., no próximo item, faremos a exposição do pensamento de Arendt e Habermas sobre a desobediência civil, tendo como certo que esses dois filósofos fizeram contribuições importantes para a compreensão e o desenvolvimento do tema.

1.6 Arendt e Habermas: outras formas de se enxergar a desobediência

Arendt e Habermas são pensadores demasiadamente conhecidos no cenário filosófico internacional. Ambos analisaram uma gama de assuntos filosóficos e políticos, mas, por óbvio, vamos destacar apenas as contribuições desses autores ao tema da desobediência civil. Scheuerman (2018, p. 28) classifica os dois filósofos alemães como proponentes da desobediência civil democrática, para diferenciá-la de outras vertentes, como a liberal, a anarquista e a religiosa, sustentando que tais autores veem a democracia como um processo em constante construção e, dentro desse processo, a desobediência civil cumpriria um papel de revitalizadora das instituições e das práticas democráticas (SCHEUERMAN, 2018, p. 111-112).

Hannah Arendt (1906-1975), filósofa alemã, de origem judaica e radicada nos Estados Unidos, escreveu sobre a desobediência civil em um dos capítulos da obra *Crises da República,* publicado no ano de 1972. É preciso dizer que Arendt trata da desobediência no contexto de lutas, dos afro-americanos, por direitos civis e dos embates contra a Guerra do Vietnã. Ela começa descrevendo que, para os especialistas em Direito é sempre espinhoso compatibilizar a desobediência civil com o ordenamento jurídico, pois, em tese, a legislação não poderia autorizar o seu próprio descumprimento. No movimento dos direitos civis, ela observava uma maior tranquilidade, já que se poderia justificar o incumprimento da lei estadual em face da disposição de lei federal ou da Constituição; todavia, o mesmo não poderia ser dito dos movimentos de contestação do conflito vietnamita, que não tem essa dubiedade a seu favor, já que violam legislação federal e que a Suprema Corte recusou-se a declarar a ilegalidade da guerra por entender a questão como de alçada política (ARENDT, 2015, p. 53-54). Ela teoriza que parte das dificuldades com a desobediência civil está assentada em entender a real natureza do fenômeno (ARENDT, 2015, p. 54).

Nessa tarefa, autoimposta pela filósofa, de entender a natureza da desobediência civil, ela enumera alguns pontos, dentre os quais destacamos:

a) que o esfarelamento das organizações políticas antecede as revoluções; b) que o sinal mais claro desse esfarelamento é a deterioração da autoridade política; c) a perda de prestígio social da autoridade política, por sua vez, deriva da incapacidade governamental de operar de forma apropriada, deixando demandas significativas sem respostas; d) que, embora as transformações sempre estivessem presentes nas sociedades humanas, a velocidade em que elas se apresentam no mundo contemporâneo é maior e, tremendamente, mais desafiante, o que impacta nas demandas sociais dirigidas aos governos; e) que, tradicionalmente, as sociedades humanas construíram estruturas de estabilidade que, de maneira mais organizada, permitem que as torrentes de transformação ocorram; f) que os ordenamentos jurídicos destacam-se nas chamadas estruturas de estabilidade; g) que, aumentada a velocidade das transformações, cresce a pressão sobre a adequação das respostas dos governos e, consequentemente, sobre os ordenamentos jurídicos; h) que, nas democracias, existem canais ordinários para o processamento dessas demandas mudancistas, mas que — muitas vezes — a letargia caracterizaria a ação estatal e obstaculizaria as necessárias alterações; e i) sendo assim, a pressão extralegal é fundamental para os governos modificarem a legislação e promoverem respostas mais prontas aos anseios de seus cidadãos (ARENDT, 2015, p 64-73). Diante dos pontos levantados, Arendt (2015, p. 68) pontifica que "[...] a desobediência civil aparece quando um número significativo de cidadãos se convence de que [...] os canais normais para mudanças já não funcionam, e que as queixas não serão ouvidas nem terão qualquer efeito [...]". Assim, a desobediência poderia figurar como instrumento de reforma e de renovação das práticas governativas e, citando Freeman, prediz que — diante das velozes transformações da sociedade — a desobediência civil poderá ter crescente importância nas democracias (ARENDT, 2015, p. 74).

Arendt salienta que, nos Estados Unidos, por força das convicções de seus fundadores, o pacto social não é do tipo vertical, de matriz hobbesiana, mas horizontal, próximo das ideias de Locke. Portanto, o fundamento da ordem jurídica estadunidense estaria repousado não em um Estado agigantado e poderoso, e sim na deliberação de cidadãos iguais (SCHEUERMAN, 2018, p. 135-136). Essa característica, inerente às tradições políticas estadunidenses, abriria grandes possibilidades aos desobedientes, pois suas reivindicações, em tese, não contrariariam o espírito da Constituição dos Estados Unidos (ARENDT, 2015, p. 88). Ademais, a desobediência, como fenômeno coletivo que é, encontraria abrigo em outro importante diferencial norte-americano: o associativismo. A autora, inclusive, destaca que: "Minha discussão é que os contestadores civis não são mais que a derradeira forma de associação voluntária, e que deste modo eles estão afinados com as mais antigas tradições do país" (ARENDT, 2015, p. 85).

Assim, Arendt consagra que a desobediência, sobretudo em um país com as características dos Estados Unidos, seria um reforço democrático e um recurso válido para se opor ao divórcio entre os poderes públicos e os anseios da população e, portanto, de aumentar a legitimidade das instituições. Por fim, diante desse poder de renovação, a filósofa alemã quer que a desobediência civil seja, de algum modo, institucionalizada, sugerindo que:

> O primeiro passo seria obter o mesmo reconhecimento que é dado a inúmeros grupos de interesses especiais (grupos minoritários por definição) do país para as minorias contestadoras, e tratar os grupos de contestadores civis do mesmo modo que os grupos de pressão os quais através de seus representantes, os olheiros registrados, podem influenciar e "auxiliar" o Congresso por meio de persuasão, opinião qualificada e pelo número de seus constituintes. Estas minorias de opinião poderiam desta forma estabelecer-se como um poder que não fosse somente "visto de longe" durante passeatas e outras dramatizações de seus pontos de vista, mas que estivesse sempre presente e fosse considerado nos negócios diários do governo (ARENDT, 2015, p. 89).

Torna-se, aqui, importante diferenciar um aspecto bastante peculiar do pensamento de Arendt em relação à eventual punição dos desobedientes. Ao contrário de outros teóricos, como Gandhi, King Jr., Rawls e Habermas, que defendem ser a possibilidade de punição aos desobedientes um importante fator de demonstração da seriedade daqueles que optam pelo caminho da resistência, ela não parece acreditar nessa máxima. Buscando a melhor crítica ao pensamento de que acatar a penalização justificaria a afronta à legislação, cita Cohen (2015, p. 63): "[...] esta doutrina...é francamente absurda... na área do código penal. [...] é tolice pensar que o assassinato, o estupro ou a sabotagem seriam justificados simplesmente por estar alguém disposto a cumprir a pena".

Não obstante o grande mérito de Arendt em trazer o fortalecimento da democracia para o centro da desobediência civil, cabe citar algumas críticas formuladas às concepções da filósofa alemã. A primeira é que ela gostaria de institucionalizar algo cuja principal força seria justamente o caráter extraoficial e espontâneo (SCHEUERMAN, 2018, p. 131). A segunda é que ela liga, talvez em demasia, a possibilidade exitosa da prática da desobediência às experiências estadunidenses, menoscabando a vivência de outros povos (SCHEUERMAN, 2018, p. 138-139). A terceira é que, ao ser reticente quanto à possibilidade de punição aos desobedientes, teria ficado vaga a forma como os resistentes mostrariam à sociedade a devida responsabilidade que moveria suas ações (SCHEUERMAN, 2018, p. 138).

Outro importante filósofo alemão, Jürgen Habermas (1929), também trabalhou sobre a desobediência civil. O contexto em que ele pensou a questão, durante a Guerra Fria, trazia o desafio de protestos variados contra a instalação de mísseis dos Estados Unidos (*Pershing* II) na antiga Alemanha Ocidental, na década de 80 do século XX. Embora os protestos alemães não fossem dirigidos contra clara afronta aos direitos fundamentais clássicos, como no caso da luta contra a segregação racial nos Estados Unidos, ainda assim, revelavam preocupação com tema relevante que merecia uma melhor discussão pública: até que ponto uma decisão parlamentar, com a utilização de mera maioria simples, sem debates públicos mais densos, pode permitir a instalação de equipamentos militares de potência estrangeira em território alemão? Ademais, a temerária decisão, além de afetar a segurança de múltiplas pessoas, poderia ter o caráter de irreversibilidade, pois, uma vez instalados os mísseis, dificilmente eles seriam removidos, ainda que um novo governo alemão fosse a eles contrário (HABERMAS, 2015, p. 146-150). Assim, na prática, os desobedientes traziam à luz, ou seja, ao debate público, as fraquezas evidentes das instituições políticas alemãs, o déficit de legitimidade das deliberações (SCHEUERMAN, 2018, p. 143), ou, nos exatos termos de Habermas, os resistentes demonstravam, em relação à decisão governamental, que houve "[...] legitimação democrática insuficiente" (HABERMAS, 2015, p. 152).

Para Habermas, a desobediência deve ser entendida como parte do amadurecimento de uma dada sociedade política, já que "[...] toda democracia ligada ao Estado de Direito que é segura de si mesma considera a desobediência civil como componente normalizado, visto que necessário, de sua cultura política" (HABERMAS, 2015, p. 131). Contudo, a pergunta a se fazer é por que, para o ilustre professor da Universidade de Frankfurt, a desobediência civil seria fenômeno ligado à maturidade do Estado de Direito? A resposta é que o Estado de Direito tem por base a obediência qualificada à legislação, o que implicaria não a simples legalidade, mas sobretudo a **legitimidade**. Dessa forma, quando as decisões e políticas públicas produzidas apresentam, apesar de formalmente seguirem as regras pactuadas, problemas deliberativos sérios que demonstram ilegitimidade, o povo, titular da soberania, pode retomá-la em suas mãos, forçando o Estado, por intermédio da desobediência civil, a rever seus atos ou fundamentá-los em bases mais sólidas, o que recuperaria, de certa forma, a legitimidade anteriormente abalada, dando alento ao próprio regime democrático. Habermas explica o sofisticado funcionamento do tripé ilegitimidade — desobediência civil — reforço democrático. Para ele:

> Diferentemente do combatente da resistência, ele reconhece a legalidade democrática da ordem existente. A possibilidade de justificar a desobediência civil resulta para ele somente da circunstância de que as regulações legais podem ser ilegítimas mesmo no Estado democrático de direito – no entanto, ilegítimas não segundo os critérios de uma moral privada qualquer, de um direito especial ou de um acesso privilegiado à verdade. São decisivos somente os princípios morais convincentes para todos, nos quais o Estado constitucional funda a expectativa de ser reconhecido por seus cidadãos de moto próprio. [...] O estado de direito em seu todo aparece, dessa perspectiva histórica, não como um construto acabado, mas como um empreendimento suscetível, vulnerável, voltado seja para produzir, conservar, renovar ou ampliar, sob circunstâncias cambiantes, uma ordem jurídica legítima. [...] as infrações civis às regras são experimentos moralmente fundamentados, sem os quais uma república vital não pode conservar sua capacidade de inovação, nem a crença de seus cidadãos na legitimação. Se a constituição representativa falha diante dos desafios que afetam os interesses de todos, o povo, na figura de seus cidadãos, e também dos cidadãos em particular, tem de poder lançar mão dos direitos originários do soberano. O Estado democrático de direito depende, em última instância, desse guardião da legitimidade (HABERMAS, 2015, p. 139-141).

Na visão habermasiana, os Estados constitucionais contemporâneos estão fundados em princípios que, em tese, podem lastrear a ação daqueles que se decidem pela desobediência civil (SCHEUERMAN, 2018, p. 148). Apesar de vislumbrar na democracia um campo sempre em construção e, na desobediência civil, uma ferramenta que poderá ser empregada no aperfeiçoamento do regime de liberdades públicas, Habermas enxerga algumas restrições a sua utilização, destacando-se: a) que não pode colocar em xeque todo o ordenamento jurídico; b) que não pode haver desproporcionalidade entre meios e fins, devendo ser afastadas as práticas violentas; c) que os protestos devem ser traduzidos em linguagem e valores constitucionais, ou seja, não podem ser baseados em critérios morais exclusivistas; e d) não podem ser excluídos os mecanismos ordinários de aperfeiçoamento do sistema constitucional-democrático (HABERMAS, 2015, p. 134-145).

Como Habermas dá grande importância à desobediência civil no aperfeiçoamento democrático, chegando mesmo a apontar que é uma forma do detentor originário da soberania, o povo, influir em uma democracia representativa claudicante, como se assegurar de que não haverá abusos e desvios na ação desobediente ou, em outras palavras, como perceber que há zelo constitucional, compromisso democrático e sensatez daqueles que protestam? Uma das maneiras de aferição desse compromisso é aceitar as prováveis consequências jurídico-legais da desobediência, já que isso, além de servir como espécie de freio de moderação, também exporia para os membros da sociedade a seriedade das reivindicações. Contudo, o pensador alemão clama pelo bom senso das autoridades públicas na eventual sanção de ativistas desobedientes, porque não seria adequado equipará-los a malfeitores comuns ou a contestadores políticos violentos. Na prática, Habermas propõe que tanto autoridades como desobedientes tenham a devida autocontenção e isso, fundamentalmente, é um apelo para que, na arena política de iguais, todos demonstrem respeito a seus concidadãos (SCHEUERMAN, 2018, p. 149-151). Habermas, portanto, salienta que a desobediência civil é um conflito entre os elevados princípios do constitucionalismo frente a práticas governativas burocráticas e, muitas vezes, distantes da efetivação desses mesmos princípios. Ademais, os desobedientes, além de confrontarem a estrutura estatal, tentam despertar a sociedade civil de seu imobilismo, pugnando por um verdadeiro avivamento do Estado de Direito (REPOLÊS, 2003, p. 143).

Enfim, para finalizar este item, deve ser destacado que tanto Arendt quanto Habermas observam a desobediência civil como dispositivo a serviço da participação popular e, pois, do avanço democrático, diminuindo ou mitigando o encastelamento dos governantes e a insensibilidade das instituições estatais e, mesmo, da sociedade civil. De maneira clara, não percebem a desobediência nem como algo negativo ou perturbador, nem como evento raro ou isolado no Estado de Direito. Nos dizeres precisos de Repolês, Habermas — e eu acrescento Arendt — entende(m) a desobediência civil como "[...] mecanismo jurídico efetivo que possibilita a atualização dos conteúdos normativos do Estado Democrático de Direito, contrapondo à tendência de fechamento e 'cegueira' dos centros de decisão e elaboração de políticas públicas e de leis" (REPOLÊS, 2003, p. 143).

No próximo item, justificaremos, de forma abreviada, o porquê da escolha de Dworkin e Rawls como representantes da teoria liberal da desobediência.

1.7 Por que Dworkin e Rawls?

É certo que o desenvolvimento do conceito e a aplicação da desobediência civil aconteceram, sobretudo, em democracias. Mesmo no caso indiano, em que não se pode afirmar, sem uma dose de irrealismo, que era uma democracia à época do colonialismo, deve-se reconhecer que havia certa contenção por parte dos britânicos no exercício de sua autoridade governamental, sobretudo dadas as conjunturas daquele tempo. Aliás, Arendt realça esse aspecto na seguinte passagem de seu escrito "Da Violência", também inserido na obra *Crises da República*:

> Se a estratégia enormemente poderosa e bem-sucedida da resistência não violenta de Gandhi tivesse enfrentado um inimigo diferente – a Rússia de Stálin, a Alemanha de Hitler ou o próprio Japão de antes da guerra, ao invés da Inglaterra – o resultado não teria sido descolonização, mas massacre e submissão (ARENDT, 2015, p. 130).

Assim, se a desobediência civil tem sido vista como um fenômeno mais relacionado às democracias, e estas, por sua vez, estão umbilicalmente ligadas a Estados Constitucionais, foi natural o triunfo de uma visão liberal acerca do tema, consolidada entre as décadas de 50 a 70 do século XX, muito embora outros pensadores, como Arendt e Habermas, também tenham pensado a ocorrência da desobediência e, cada um a seu modo, tenham se distinguido do *mainstream* liberal.

Como teoria dominante na explicação da desobediência civil do século anterior, é pelas lentes liberais que tentaremos examinar os novos fenômenos contestatórios, típicos do século XXI, verificando se houve ou não a superação da visão liberal. Ocorre que existem diversos autores liberais que escreveram sobre a desobediência civil, todos eles decididamente identificados com a limitação do poder estatal, com o apreço pelas liberdades, com a participação dos cidadãos no debate público e não vislumbrando os dissidentes pacíficos como meros boicotadores da ordem. Delmas, em síntese apropriada, faz menção a alguns dos autores que ajudaram a conceber esse difundido conceito liberal de desobediência civil da segunda metade do século XX, citando: Hugo Bedau (1961), Richard Wasserstrom (1961), Carl Cohen (1966), Michael Walzer (1970) e John Rawls (1969) (DELMAS, 2016, p. 681). Ora, diante de tantos nomes, qual é a razão da escolha de apenas dois deles, Rawls e Dworkin[26], para representarem a teoria liberal na sequência deste livro? Primeiro, pois trabalhar com vários autores tornaria o trabalho maçante e repetitivo, uma vez que existem indiscutíveis semelhanças entre as abordagens de vários deles. Segundo, porque Rawls e Dworkin, além de possuírem reconhecido destaque no campo filosófico, trazem enfoques um tanto quanto diversos para a temática da desobediência, e essas diferenças permitirão uma análise mais balanceada e rica dos novos movimentos de enfrentamento à ordem, no capítulo final. Assim, no próximo capítulo, avançaremos com a abordagem dos conceitos mais relevantes do pensamento de Dworkin e Rawls sobre a desobediência civil.

---

[26] Embora não citado por Delmas, Dworkin é também expoente da teoria liberal, como atesta Alexander Kaufman (2021), no capítulo 3, do livro *The Cambridge Companion to Civil Disobedience*, em que disserta sobre a teoria liberal, elegendo Rawls e Dworkin como representantes mais significativos da referida corrente.

2

A DESOBEDIÊNCIA CIVIL EM DWORKIN E RAWLS

Passa-se, neste capítulo, a realizar uma radiografia específica do pensamento de cada um dos autores escolhidos como representativos da teoria liberal da desobediência civil: Dworkin e Rawls.

2.1 A desobediência civil em Dworkin

Ronald Dworkin, nos agitados momentos das décadas de 60 e 70, onde houve muitas contestações nos Estados Unidos, sobretudo no tocante à segregação racial e à Guerra do Vietnã, também pensou sobre a desobediência civil. No livro *Levando os Direitos a Sério*, publicado em 1977 e que reúne diversos ensaios independentes do autor, dois deles falam de forma mais específica a respeito do tema: o que dá nome ao próprio livro *Levando os Direitos a Sério*, no capítulo 7, e *A Desobediência Civil*, figurando como capítulo 8. Posteriormente, em 1985, na obra *Uma questão de princípio*, mais precisamente no capítulo 4, cognominado "Desobediência civil e protesto nuclear", baseado em uma conferência feita pelo filósofo estadunidense em um seminário sobre desobediência, no âmbito do Partido Social-Democrata Alemão e organizado por Habermas, em Bonn, capital da antiga Alemanha Ocidental, Dworkin volta ao tema para criar o que ele mesmo chamou de "teoria operacional" da desobediência civil; teoria que será deveras importante para o capítulo final desta tese. Vamos, então, esquadrinhar cada um dos três mencionados textos com o fito de esclarecer o pensamento de Dworkin sobre a desobediência civil.

No ensaio "Levando os Direitos a Sério", Dworkin afirma que a tradição política norte-americana não só reconhece como também se envaidece de um fato notório: cada cidadão dos Estados Unidos detém direitos morais perante o governo. Embora o minucioso inventário desses direitos e a sua precisa extensão sejam objeto de constantes disputas, parece consensual que eles incluem a liberdade de expressão, a igualdade perante a lei e o direito ao devido processo legal. Alertando para a fusão, na Constituição estadunidense, de aspectos jurídicos e morais, constata que, muitas vezes, não é trivial saber se, na prática, uma lei viola ou não os grandes alicerces do sistema jurídico-político, ou seja, os mais relevantes direitos conferidos pela Carta Magna. Diante de questões com nível de disputa elevada e com posições de difícil conciliação, dos governantes deve ser exigido, contudo, coerência; trocando em miúdos, deve haver congruência entre o que dizem professar e sua ação concreta (DWORKIN, 2010, p. 283-286).

Assim, o autor ingressa no acalorado debate sobre a desobediência civil com uma indagação direta: existe hipótese em que um cidadão norte-americano tenha a prerrogativa moral de desacatar a lei? Sumariando as correntes daqueles que tentam responder satisfatoriamente à pergunta, Dworkin diferencia conservadores e liberais. Em uma leitura mais rápida, aqueles estão a censurar, de forma ampla, as ações de desobediência, enquanto estes teriam uma visão mais benevolente, em certas circunstâncias, com a insubordinação à lei. Todavia, para além da superfície, o filósofo aponta para uma instigante semelhança de fundo entre os dois grupos, com ambos defendendo que: a) em regimes democráticos, de maneira geral, a obrigação jurídica e moral de um cidadão responsável é obedecer as leis, ainda que delas discorde ou que as queira alteradas; b) essa obrigação genérica de compromisso com a lei, todavia, não pode ser completa e incondicional, já que um homem, além dos óbvios vínculos com o Estado sob cujo pálio vive, tem outros laços sociais — com a religião, por exemplo — e comprometimento com sua própria consciência; c) destarte, se essas lealdades, eventualmente, chocarem-se, o cidadão deve agir da forma que julgar mais adequada, mesmo que despreze, no caso concreto, as ordens estatais, ou seja, o cidadão teria o direito de seguir sua própria consciência; e d) contudo, desviando-se dos padrões jurídicos determinados pelo Estado, o cidadão deve estar disposto a responder por seus atos, uma vez que seus deveres de consciência não extinguem seus encargos como membro de uma sociedade política regida por regras comuns. Evidente que as nuances entre os grupos — conservadores e liberais — existem, mas se diferenciam enormemente de posturas mais radicais que ou entendem que a fidelidade ao Estado é tão essencial que não admite qualquer exceção ou, no extremo oposto, sustentam que não há dever geral de obediência à legislação. Diante da similitude, dentro de uma perspectiva menos superficial, sobre a temática da desobediência entre liberais e conservadores, Dworkin, então, lança outra questão relevante: seria adequado punir um cidadão por fazer o que a sua consciência indica como correto se reconhecemos a ele o direito de agir em conformidade a tal consciência, ou, em outros termos, não seria contraditório punir quem apenas exerce um direito? (DWORKIN, 2010, p. 286-288).

Para responder a esse último questionamento — e a possível contrariedade de liberais e conservadores que afirmam que alguém, mesmo tendo um direito, pode ser punido pelo seu exercício —, Dworkin aventa duas hipóteses. A primeira estaria relacionada à tradicional hipocrisia humana: alguém pode dizer que professa a crença no exercício do direito de consciência, mas, na prática, nega-a. A segunda hipótese, que o autor aponta ser mais densa e com maior poder de explicação, reside na confusa multiplicidade de acepções da palavra direito, brilhantemente exposta nos seguintes termos:

> [...] a palavra "direito" (*right*) tem força diferente em diferentes contextos. Na maioria dos casos, quando dizemos que alguém tem o "direito" de fazer alguma coisa, subentendemos que seria errado interferir com a realização daquela ação ou, pelo menos, que necessitamos de razões especiais para justificar qualquer interferência. Uso esse sentido forte da palavra "direito" quando afirmo que o leitor tem o direito de gastar seu dinheiro no jogo, se assim o desejar, embora devesse gastá-lo de maneira mais meritória. Quero dizer que seria errado interferir, mesmo quando você se propõe a gastar seu dinheiro de um modo que considero errado.
>
> Há uma clara diferença entre dizer que uma pessoa tem o direito de fazer algo nesse sentido e dizer que isso é a coisa "certa" a ser feita, ou que ela nada faz de "errado" ao agir dessa maneira. Alguém pode ter o direito de fazer algo que seja a coisa errada a fazer, como no caso do jogo. Inversamente, algo pode ser a coisa certa a fazer e a pessoa pode, mesmo assim, não ter o direito de fazê-la, no sentido de que não seria errado que alguém interferisse na sua tentativa. Se nosso exército captura um soldado inimigo, poderíamos dizer que o certo para ele é tentar fugir, mas isso não quer dizer que estaríamos errados se tentássemos impedir-lhe a fuga. [...]
>
> Em geral essa distinção, entre as questões relativas a saber se um homem tem o direito de fazer alguma coisa e se isso é a coisa certa a fazer, não traz problemas. Mas às vezes traz, quando dizemos que um homem tem direito de fazer algo, embora queiramos apenas negar que seja errado que a pessoa o faça (DWORKIN, 2010, p. 289-290).

Assim, traçada a dessemelhança entre ter o "direito" ou a prerrogativa de fazer algo que outros ou mesmo o Estado não possam, comumente, impedir — direito em um sentido forte — e ter o "direito" de fazer algo que se julga correto, mas que outros e, principalmente, o Estado possam juridicamente obstar — direito em um sentido fraco —, Dworkin afirma ser mais facilmente compreensível que, talvez, não seja contraditória a afirmação comum a liberais e a conservadores de que uma pessoa tenha o direito de fazer o que sua consciência exige e infringir a lei em um caso determinado, não obstante o Estado deva processá-la por tal ousadia. Isso ocorre porque o vocábulo "direito" está sendo empregado em seu sentido fraco, ou seja, que alguém não age de forma errada ao afrontar a lei, quando sua consciência assim o impõe, mesmo que o aparato estatal possa ou deva impedi-lo. Entretanto, para o autor, a contradição permanece se dissermos que alguém tem o direito — no sentido forte — de descumprir a lei, já que isso implicaria que o Estado não poderia impedir essa violação ou, se o fizesse, teria que justificar, com razões bastante substantivas, tal intervenção. Assim, Dworkin reformula a pergunta inicialmente apresentada e ela deixa de ser "existe hipótese em que um cidadão norte-americano tenha a prerrogativa moral de desacatar a lei?" e passa a ser "um cidadão norte-americano tem o direito, na acepção forte da palavra, de desobedecer à lei?" (DWORKIN, 2010, p. 291-292).

Para buscar resposta ao questionamento reformulado, o filósofo insiste com a tradição jurídico-política, muito significativa nos Estados Unidos, de que a Constituição garante, mesmo ao mais simples de seus cidadãos, direitos fundamentais contra o Estado. Ora, se essa tradicional afirmação for "levada a sério", esses direitos oponíveis ao Estado devem ser entendidos no sentido forte; afirmação em sentido contrário reduziria as garantias cidadãs a quase nada. Vejamos o porquê. Imaginemos, sempre segundo Dworkin, que a liberdade de expressão seja um direito forte. O que isso significa? Que o Estado não pode, tudo o mais constante, impedir um cidadão de se expressar, ainda que discorde daquilo que o cidadão diga. Se a liberdade de expressão fosse compreendida como um direito fraco, isso indicaria que, embora não seja considerado errado o cidadão manifestar sua opinião, o Estado poderia impedi-lo sempre que julgasse conveniente, prática que não pode ser o padrão em sociedades realmente democráticas, uma vez que a óbvia consequência seria que o cidadão só teria liberdade de se expressar caso o que enuncia fosse de agrado do governo ou, pelo menos, não atacasse algum interesse governamental concreto (DWORKIN, 2010, p. 292-293).

Assim, em que seria diferente o sistema jurídico de um país democrático de um país não democrático? Supõe-se que, para elogiar os governantes e dizer aquilo que soará como música aos ouvidos de dirigentes políticos, os norte-coreanos também gozam de "liberdade de expressão".

O autor consigna que o Estado não pode tratar direitos fundamentais como se fossem de menor importância. Com isso, ele não está a afirmar que jamais pode haverá qualquer intervenção estatal nesse domínio, mas que, caso o faça, as razões justificadoras devam ser muito robustas[27], não meramente baseadas em argumentos utilitaristas genéricos. Aqui, é importante pontuar que, em regimes democráticos, o Estado deve sempre esclarecer e fundamentar quaisquer restrições de direitos; porém, em relação ao plexo de direitos não fundamentais, parece bastar a comprovação de que a medida restritiva trará, genericamente, mais benefícios que prejuízos, o que no jargão filosófico recebe a alcunha de "utilidade geral". Ocorre que, na visão dworkiana, direitos fundamentais não podem ser restringidos por alegações de benefício geral, sob pena de colocar abaixo garantias basilares do ordenamento jurídico-constitucional (DWORKIN, 2010, p. 293-295). Exemplifiquemos, então. Digamos que, em um determinado país alegadamente democrático, uma minoria de tamanho expressivo — 15% — começa a fazer forte campanha, com inúmeras passeatas e ocupação de praças, para que sua língua seja ensinada no sistema escolar oficial e que, na grade da televisão pública, também sejam incluídos alguns programas falados no idioma dessa etnia minoritária. Suponhamos, ainda, que o governo faça aprovar uma lei proibindo dita campanha com a alegação de que a maioria da população — 85% — ficaria mais satisfeita com o fim desse movimento em prol da multiplicidade linguística e cultural, já que pensa que o idioma minoritário, embora não deva ser proibido, também não precisa ser incentivado e, muito

---

[27] "E quando as razões seriam robustas a ponto de limitarem direitos fundamentais? Basicamente, em duas hipóteses: a) quando houver ameaça à existência de direitos concorrentes; e b) em situações emergenciais que representem perigo de gravidade considerável. O exemplo clássico de uma circunstância emergencial é o advento de uma guerra, o que justificaria até a censura. Já a ameaça à existência de **direitos concorrentes** ocorre porque os cidadãos, ao mesmo tempo, têm direitos de liberdade perante o Estado – o que exige a abstenção governamental de se imiscuir na esfera particular de seus súditos – e direito à ação protetiva estatal – o que significa o agir governamental em casos concretos. Essa dualidade é passível de criar confronto e, talvez, o Estado precise, para salvaguardar direitos de terceiros, limitar direitos fundamentais. Um exemplo prosaico, porém elucidativo, pode ser arrolado. É sabido que a liberdade de expressão figura como garantia das mais importantes da ordem constitucional e, em tese, o cidadão poderá dela desfrutar de forma ampla. Contudo, o cidadão também tem direito à honra e, quando essa é injustamente ameaçada ou ferida, ele pode recorrer à proteção do Estado para que haja a imediata cessação do ultraje. Assim, em um lado teríamos o direito de alguém dizer o que pensa e, de outro, o de outrem a ser resguardado de aleivosias. Portanto, poderia haver restrição à liberdade em casos que tais" (DWORKIN, 2010, p. 294-299).

menos, ser atrelado às transmissões televisivas ou ao ensino público pátrio. Ora, ainda que o cálculo utilitarista indique que a medida seja benfazeja à maior parte do povo, tal justificação não pode ser tolerada: em um país livre, a minoria tem o direito fundamental de se expressar em prol de seus lídimos interesses. Diferentemente, em uma questão que não envolvesse direitos fundamentais, a retórica utilitarista seria aceitável; como no caso de uma lei que modifica o horário de atendimento do comércio local no período natalino, ampliando-o. Por mais que, para alguns funcionários seja penosa a extensão das horas laborais, ainda que devidamente remunerados pelo trabalho extra, há clara utilidade geral na medida: muitas pessoas, com as lojas abertas em horário não convencional, podem fazer compras com tranquilidade e, além disso, a economia é impactada positivamente.

Nesse ponto, Dworkin já se sente confortável para responder à interrogação se um cidadão norte-americano tem o direito, na acepção forte da palavra, de desobedecer à lei; e a resposta é positiva. Segundo a lição do professor da Universidade de Oxford:

> Em nossa sociedade, às vezes um homem tem o direito, no sentido forte, de desobedecer à lei. Tem esse direito toda vez que a lei erroneamente invade seus direitos contra o governo. Se ele tiver um direito moral à liberdade de expressão, terá o direito de infringir qualquer lei que o governo, em virtude daquele seu direito, não tenha autoridade para adotar. [...] Se tenho o direito de expressar minhas ideias sobre questões políticas, o governo erra ao considerar que eu assim proceda, mesmo que pense que sua ação é no interesse geral. Se, além disso, o governo torna o meu ato ilegal, comete um novo erro ao acionar a lei contra mim. [...] a aprovação de uma lei não pode afetar os direitos que os homens de fato possuem, e isso é de importância crucial, pois dita a atitude que um indivíduo está autorizado a tomar, quanto à sua decisão pessoal, quando o que está em jogo é a desobediência civil. [...] Se um homem acredita que tenha o direito à manifestação, então deve acreditar que o governo erraria ao impedir o exercício desse direito, com ou sem o respaldo de uma lei (DWORKIN, 2010, p. 294-296).

Destarte, podemos afirmar que, dentro do pensamento dworkiano, estaria justificada a desobediência civil por parte de indivíduos pertencentes à minoria étnico-linguística mencionada nas linhas anteriores, uma vez que a Constituição lhe garantiria uma liberdade de expressão que, por ser direito em sentido forte, não poderia ser facilmente afastada por ato estatal. O governo não pode sustentar que a minoria até teria o direito — no sentido fraco — de se expressar, mas ele detém a prerrogativa, por razões de ordem pragmática, de interferir a qualquer momento e exigir que ela se cale, sob pena de punir os que não se resignarem. Frise-se que, para Dworkin, os direitos fundamentais ou direitos morais contra o governo têm, em sua construção, dois pilares: a) dignidade humana; e b) igualdade política. A dignidade humana, é "[...] associada a Kant, mas defendida por filósofos de diferentes escolas, pressupõe que existem maneiras de tratar um homem que são incompatíveis com o seu reconhecimento como um membro pleno da comunidade humana [...]" (DWORKIN, 2010, p. 304-305). A igualdade política "[...] pressupõe que os membros mais frágeis da comunidade política têm direito à mesma consideração e ao mesmo respeito que o governo concede a seus membros mais poderosos [...]" (DWORKIN, 2010, p. 305). Portanto, quando é afirmado que o cidadão possui um direito fundamental, como o da liberdade de expressão, quer se dizer que este é um direito no sentido forte e serve para resguardar sua dignidade ou posição de igual respeito e consideração em relação a outros cidadãos. Assim, se o governo norte-americano for coerente com aquilo em que diz acreditar e do qual parece se orgulhar, ou seja, com a tradição constitucional de respeito aos direitos fundamentais de seus cidadãos, não poderá agir com rigor excessivo diante da desobediência civil (DWORKIN, 2010, p. 313). Não obstante afirmar que a desobediência civil pode ser caracterizada como direito e que, por isso, o Estado não deve se comportar de maneira abusiva em relação aos dissidentes, Dworkin, nesse primeiro ensaio, não adentra em aspectos específicos sobre a eventual punição aos desobedientes; isso será feito nos próximos trabalhos do autor, a seguir comentados.

Assentadas essas ideias, precisamos, agora, fazer um breve passeio no artigo "A desobediência civil", que, como já dantes mencionado, figura como capítulo 8 do livro *Levando os Direitos a Sério*. No referido ensaio, o filósofo vai discutir qual deveria ser a resposta do governo àqueles que, alegando questões de consciência, afrontaram as leis de recrutamento militar[28] dos Estados Unidos. Inicia por arrolar, dentro da sociedade norte-americana, posições que defendem que a ação estatal frente ao problema seja dura. Dentre esses, existem os que acham que os desobedientes devem ser leva-

---

[28] É preciso destacar, mais uma vez, que o recrutamento militar foi tema candente na década de 60 e no início da década de 70 do século XX, nos Estados Unidos, por conta da Guerra do Vietnã.

dos à justiça e, tudo o mais constante, condenados, uma vez que os enxergam como simples fomentadores do anarquismo e fonte de corrupção dos costumes. Também entre os que defendem a dureza da ação estatal contra os dissidentes do engajamento militar, há aqueles que, embora reconheçam que a desobediência possa estar moralmente amparada[29], entendem que a natureza do Direito exige que suas normas sejam cumpridas; assim, reputam que os desobedientes devem responder a processos judiciais e, eventualmente condenados, terão que cumprir suas respectivas penas, pois uma grupamento humano não sobrevive semeando o desrespeito à lei. Para além de não ser, em termos práticos, desejável a leniência com os grupos que desrespeitam a legislação, há um fator ético: o Estado não pode tratar de forma semelhante, permitindo o gozo dos mesmos bônus sociais, quem assume os pesados ônus a todos impostos e quem, alegando supostos problemas de consciência, furta-se a suas obrigações (DWORKIN, 2010, p. 315, 317). Dessa forma, essa corrente parece, sinceramente, acreditar que seria um despautério uma pessoa desfrutar da paz e da estabilidade trazidos por um Exército permanente, profissional e prontamente alerta para defender os interesses da nação norte-americana e, paralelamente, recusar-se a servir às Forças Armadas quando regularmente convocado; isso equivaleria a dar crédito a quem não contribui com uma atividade a todos destinada.

    Dworkin, entretanto, refuta os argumentos dos que defendem, a qualquer custo, processos e punições para os cidadãos que contrariam as leis de recrutamento castrense, sustentando que: a) o promotor público, no sistema judicial estadunidense, tem grande autonomia para decidir sobre iniciar ou não um processo judicial, examinando uma ampla gama de aspectos, e isso não deve ser diferente em relação aos que recusam o recrutamento; b) os que desobedecem à legislação sobre recrutamento não são movidos por razões subalternas como aquelas que motivam os criminosos ordinários; e c) a legislação sobre recrutamento é bastante controversa e pode gerar dúvida considerável sobre sua validade constitucional. Sobre esse último ponto, o filósofo se demora mais. Diz que uma lei, no ordenamento legal estadunidense, pode ser inválida por contrariar a Constituição, o que os juristas chamam de inconstitucionalidade. Assim, numa postura simplificada, poder-se-ia argumentar que ou uma lei é constitucionalmente válida e, portanto, deve ser cumprida, precisando de adequada punição para aqueles

---

[29] Dworkin menciona que o prestigioso jornal *New York Times*, por exemplo, defendia o processamento e punição dos desobedientes, sustentando que direitos morais não devem ser confundidos com obrigações jurídicas (DWORKIN, 2010, p. 316).

que conscientemente a violam ou ela é constitucionalmente inválida e, pois, não deve haver qualquer punição aos que a descumprem, aliás, nem sequer processo judicial. Ocorre que tal simplificação não traduz muito bem o que acontece com a maioria dos casos de desobediência civil nos Estados Unidos, já que existem algumas leis em que não é trivial a definição de constitucionalidade ou de inconstitucionalidade. Ou seja, talvez aconteça que as autoridades e os desobedientes interpretem a constitucionalidade da legislação de maneira divergente, um e outro desposando consistentes razões em defesa de suas posturas. Dessa forma, em caso de fundada divergência, seria bastante atenuada a argumentação daqueles que defendem a opinião de que os dissidentes precisam ser punidos sempre, já que esses não estão simplesmente obtendo vantagens no descumprimento da lei, deixando de cumprir o que a todos é aplicável, senão apontando para toda a sociedade um eventual vício que macula a própria legislação (DWORKIN, 2010, p. 316-318). Importante notar o quão crucial é, para Dworkin, a relação entre questionamento da constitucionalidade/validade da lei e o exercício da dissidência. Doglas Lucas e Nadabe Machado, no artigo *A Desobediência Civil na Teoria Jurídica de Ronald Dworkin*, evidenciam essa importância, nos seguintes termos:

> O liberalismo de Dworkin reconhece a desobediência civil como uma forma de manifestação da liberdade de ação diante da dúvida sobre a constitucionalidade da lei. Uma posição de desobediência nessas circunstâncias não pode ser considerada como ato que ataca o sistema jurídico em sua integralidade visando fragilizá-lo; ao invés disso reforça o diálogo e a necessidade de revisar ou de reafirmar determinadas interpretações sobre a lei (LUCAS; MACHADO, 2014, p. 12).

Nessa altura do ensaio, Dworkin expõe os motivos que, na opinião dos dissidentes, explicariam a invalidade das leis (inconstitucionalidade) de recrutamento, dividindo-os em dois campos: o moral e o jurídico. No campo moral, as seguintes objeções são relevantes: a) a guerra contra o Vietnã não foi aprovada pelo Parlamento, representante máximo do povo; b) não havia interesse nacional suficientemente forte que justificasse um guerra longínqua e que tinha alto custo em vidas humanas de jovens norte-americanos; c) as estratégias e os instrumentos usados no conflito armado eram execráveis[30]; d) se, por amor ao debate, a guerra fosse considerada necessária e o recrutamento militar imprescindível, não haveria base moral para

---
[30] Uso do *napalm*, por exemplo.

isentar ou retardar o alistamento de jovens universitários, como mandava a lei; e) havia isenção, pela lei, daqueles que por motivação religiosa eram contrários às guerras de maneira geral, mas não estavam isentas as pessoas que, por razões morais, opunham-se à Guerra do Vietnã, e tal diferenciação não teria fundamento convincente; e f) não era moralmente aceitável a lei transformar em crime o ato de aconselhar ou incentivar o não alistamento, já que era natural, para aqueles que não achavam a Guerra do Vietnã defensável, conscientizar, no debate público, os seus concidadãos e convocá-los a também rejeitar o conflito bélico. Já no campo jurídico, são colacionados os seguintes obstáculos: a) quando os Estados Unidos assinam tratados internacionais, estes — regular e constitucionalmente — são incorporados ao ordenamento jurídico do país e, no caso do Vietnã, havia convenções que tornavam ilegais os ataques estadunidenses ao pequeno país asiático; b) pelo texto constitucional norte-americano, caberia ao Congresso a prerrogativa de declaração de guerra, o que não teria ocorrido na Guerra do Vietnã ou, pelo menos, haveria consistente dúvida jurídica acerca desse tema[31]; c) dispositivos constitucionais, ligados tanto à Quinta, quanto à Décima Quarta Emendas, não justificariam o encargo do recrutamento militar, imposto a determinados cidadãos, para atender a uma guerra fútil e cruel, que não tinha a devida fundamentação legal; d) a legislação de recrutamento diferenciava jovens universitários e não universitários, obrigando estes e isentando ou retardando aqueles do alistamento para a guerra, o que constituía odiosa norma a favor dos privilegiados em detrimento dos mais pobres; e) a lei isentava os que alegavam razão religiosa para não comparecerem à guerra, mas não fazia o mesmo com os que, por motivação secular — por exemplo, valendo-se de argumentos morais — recusavam-se ao alistamento, criando diferenciação não albergada pelos dispositivos constitucionais; e f) atentar contra a liberdade de expressão era terminantemente proibida pela Primeira Emenda e, insensatamente, a legislação de recrutamento criminalizava as opiniões daqueles que, convencidos da ilegalidade do conflito bélico contra o Vietnã, estimulavam o rechaço ao recrutamento (DWORKIN, 2010, p. 318-320). Portanto, diante do complexo desenho das polêmicas morais e jurídicas em torno das leis de recrutamento, o autor formula uma instigante interrogação: "[...] o que deve fazer um cidadão quando a lei não for clara e

---

[31] Há grande cizânia quanto à Resolução da Baía de *Tonkin*, aprovada pelo Congresso dos EUA em agosto de 1964. Para alguns ela seria uma declaração de guerra, enquanto para outros, foi mera autorização para utilização de forças militares em operações no Sudeste Asiático, sem as formalidades necessárias para ser aceita como uma declaração formal de guerra.

ele pensar que ela permite algo que, na opinião de outros, não é permitido? [...] Eu desejo perguntar qual é o comportamento que lhe compete enquanto cidadão [...]" (DWORKIN, 2010, p. 321). Dworkin entende que existem três possíveis respostas para a interrogação. Vamos a elas.

A primeira resposta afirma que, diante de legislação cuja interpretação for controversa em relação à possibilidade de o cidadão fazer ou não o que deseja, o mais prudente é agir como se a legislação não permitisse a conduta, até que a questão seja decidida pelas autoridades, geralmente judiciárias. Uma vez decidido que o cidadão pode agir de determinada maneira, ele o fará e, se decidido que ele não poderá fazê-lo, o máximo que lhe é permitido é lutar, nos limites institucionais, pela mudança da legislação. A segunda resposta afirma que, se a lei comportar interpretações divergentes, o cidadão deve fazer o que deseja até que as autoridades definam a questão. Contudo, a partir do momento que a questão for solucionada, com uma interpretação oficial, o cidadão deverá segui-la e, caso discorde, tentar reformar a legislação usando os instrumentos convencionais que a democracia oferece. A terceira resposta afirma que, sendo controversa a interpretação de uma determinada legislação quanto à permissão ou não de se fazer algo, o indivíduo deve fazer o que julga o mais adequado, mesmo que uma autoridade legitimada — comumente, um Tribunal — decida em sentido contrário à interpretação dada pelo cidadão. Aparentemente ousada, essa última postura é baseada no fato de os Tribunais mudarem de opinião (DWORKIN, 2010, p. 322-323).

Bem, traçadas as possíveis respostas dos cidadãos diante da ambivalência da lei, Dworkin posiciona-se sobre qual delas seria a mais adequada, dadas as características e as tradições do sistema jurídico-político estadunidense[32]. Assim, para o filósofo, a primeira postura não é conveniente. Se o cidadão for sempre excessivamente cauteloso e agir como se a lei não permitisse o que ele, razoavelmente, interpreta como possível, haveria uma perda social significativa. E qual a razão dessa perda? Se uma legislação é controversa, devemos entender que nela há princípios, relevantes para as ordens jurídica e política, que se antagonizam. Se as diversas interpretações são estimuladas ou, pelo menos não cerceadas, o Estado tem um campo maior de testes para verificar, na prática, o que se mostrou mais convergente com os

---

[32] É importante frisar esse ponto: Dworkin trabalha qual seria a atitude mais conveniente na tradição norte-americana. Como o autor vê a desobediência, de certa forma, como um teste de constitucionalidade/validade das leis, as posturas mais ousadas contribuiriam em maior grau para o debate público em relação a questões controvertidas envolvendo direitos fundamentais, o que ajudaria a decisões mais balizadas e, pois, mais legítimas por parte da Suprema Corte.

valores constitucionais e com o interesse geral, estando, pois, também mais preparado para decidir a controvérsia de forma satisfatória. Igualmente, a segunda postura — diante de obscuridade legislativa relevante, fazer o que acha correto até que a instância estatal, ordinariamente uma corte judiciária, decida — não é recomendada pelo autor. E isso porque os tribunais ou outras instâncias oficiais poderão, ante questões acentuadamente polêmicas, mudar de posição. E, sem a pressão social, dificilmente haverá alteração da interpretação judicial ou oficial[33]. Assim, Dworkin acredita que a melhor postura, de acordo com as tradições norte-americanas, é a terceira, ou seja, havendo forte dissenso interpretativo em relação à determinada legislação, o indivíduo deve fazer o que julga o mais adequado, mesmo que um Tribunal uma outra autoridade legitimada decida contrariamente a ele. Aqui, poderíamos achar que tal atitude levaria a certa anarquia e contribuiria para a instabilidade social. Mas o autor sustenta que isso não é verdade, uma vez que se está falando apenas de matéria muito controversa e que atinge direitos fundamentais[34], não de qualquer situação de menor importância (DWORKIN, 2010, p. 324-328). Oportuno, novamente, recorrer a Lucas e Machado, que explicam o pensamento dworkiano de forma bastante objetiva:

> A interpretação constitucional é um processo que ultrapassa os limites do Judiciário e reconhece a importância da participação pública na construção dos significados. [...]. O direito seria mais pobre e com menos possibilidade de questionar seus próprios postulados e fundamentos se todos os cidadãos tivessem que, *a priori*, obedecer incondicionalmente às leis que consideram de validade duvidosa. Poder questionar, duvidar e interrogar sobre a validade de uma lei com base em argumentos morais e constitucionais parece ser uma atitude alinhada com os ideários de democracia que constituem os modelos jurídicos contemporâneos e contribui na elaboração da melhor decisão judicial possível. [...] Diante de normas jurídicas de interpretação duvidosa, o cidadão poderá se posicionar de forma livre, desde que sensata. Ao se colocar como intérprete da norma o indivíduo está agindo de forma

---

[33] Dworkin cita como exemplo o fato de a Suprema Corte ter decidido, em 1940, que era constitucional uma lei do Estado da Virgínia Ocidental que determinava a obrigatoriedade de saudação, pelos estudantes, da bandeira dos Estados Unidos. Todavia, em 1943, a Suprema Corte modificou seu anterior posicionamento e decidiu que a mencionada lei era inconstitucional (DWORKIN, 2010, p. 326).

[34] "Obviamente que os Tribunais devem ser respeitados e guiar a conduta das pessoas no que se refere a possibilidade de fazer ou não fazer determinada coisa. Contudo, em se tratando de direitos fundamentais, um indivíduo não extrapola os limites de seu direito ao se recusar a aceitar uma decisão definitiva se argumentar que o Tribunal cometeu um erro e que a dúvida sobre a matéria persiste" (LUCAS; MACHADO, 2014, p. 11).

coerente com a própria possibilidade que a dúvida interpretativa lhe garante. Não se trata de estar certo ou errado, mas de poder interpretar a norma de modo diverso em um ambiente de incertezas (LUCAS; MACHADO, 2014, p. 6-7).

Assim, podemos demonstrar que Dworkin, em circunstâncias que apresentam dúvidas jurídicas robustas a envolver direitos fundamentais, é bastante generoso com as possibilidades interpretativas do cidadão e, portanto, com a eventual desobediência dela decorrente. Como corolário disso, ao fechar seu ensaio "A Desobediência Civil", entende que a atitude do Estado diante daqueles que, alegando questões de consciência, afrontaram as leis de recrutamento militar dos Estados Unidos, deveria ser, no geral, branda e tolerante[35], atentando-se para a complexidade dos valores envolvidos:

> [...] quando a lei for incerta, no sentido de permitir uma defesa plausível de dois pontos de vista contrários, um cidadão que siga seu próprio discernimento não está deixando de se comportar de maneira equitativa. Nossas práticas permitem que ele aja assim em tais casos – e até o encorajam a fazê-lo. Por esse motivo, nosso governo tem uma responsabilidade especial de tentar protegê-lo e amenizar sua condição desfavorável, sempre que puder fazê-lo sem causar grandes danos a outras políticas. [...] Disso decorre, porém, que quando as razões práticas para processar são relativamente fracas em um determinado caso, ou podem ser enfrentadas por outros meios, o caminho da equidade está na tolerância. O ponto de vista popular segundo o qual lei é lei e deve ser sempre aplicada, não distingue entre o homem que age obedecendo a seu próprio julgamento a respeito de uma lei cuja interpretação é passível de dúvida – e por isso comporta-se de acordo com o que estipulam nossas práticas – e o criminoso comum. Desconheço qualquer razão, exceto a cegueira moral, para não se estabelecer uma distinção de princípio entre os dois casos (DWORKIN, 2010, p. 329-330).

Por fim, resta a exposição sobre o capítulo 4 da obra *Uma Questão de Princípio*, publicada originalmente em 1985, cujo título é "Desobediência civil e protesto nuclear". Como já dantes informado, o referido capítulo é fruto de uma palestra feita pelo filósofo estadunidense em conferência sobre desobediência, organizado por Habermas a pedido do Partido Social-Democrata Alemão, em 1983, na cidade de Bonn, então capital da Alemanha Ocidental.

---

[35] O que não quer dizer, segundo Dworkin, que está garantida a completa imunidade do dissidente, mas, sim, que ele não será tratado como um infrator legal comum (DWORKIN, 2010, p. 330).

O motivo que levou os alemães ao convite foi o interesse que tinham pelo extenso debate sobre a desobediência naquilo que eles chamavam de tradição anglo-americana[36]. Nesse texto, Dworkin formula o que ele mesmo chamou de "teoria operacional" da desobediência civil, uma importante contribuição ao tema. Começa estabelecendo, como sói acontecer com a literatura dominante, que a desobediência não é criminalidade comum, vez que esta tem como motivação principal interesses egoísticos e ou cruéis; nem insurgência aos moldes de uma guerra civil, já que os desobedientes aceitam os pilares da sociedade política e não propugnam por transformações radicais da ordem jurídico-constitucional (DWORKIN, 2019, p. 155). Depois dessas linhas comuns, começa a definir os elementos característicos do que ele reputa como sua teoria da desobediência. Vejamos.

Dworkin afirma que, para delinear uma teoria sólida sobre a desobediência civil, é necessário ir além de considerar se uma lei ou medida governamental é má ou prejudicial, até porque existirão assuntos em que há sincera divergência entre os atores sociais sobre a adequação ou não da medida tomada. Assim, para se obter maior consistência, uma teoria da desobediência civil deve ser capaz de formular e responder a duas perguntas básicas e independentemente das convicções pessoais ou filiações ideológicas, tanto de quem as elabora, quanto de quem as responde: a) "o que é certo que as pessoas façam, dadas as suas convicções, isto é, o que é a coisa certa para pessoas que acreditam que uma decisão política é, em certo sentido, errada ou imoral?"; e b) "como o governo deve reagir se as pessoas violam a lei quando isso, dadas as suas convicções, é a coisa certa a fazer, mas a maioria que o governo representa ainda acha que a lei é bem fundada?" (DWORKIN, 2019, p. 156). Portanto quem é da maioria, segundo a primeira questão, poderia indagar: o que nós faríamos se acreditássemos naquilo em que eles, da minoria, acreditam, ou seja, como agiríamos se estivéssemos no lugar deles? E, por sua vez, quem pertence à minoria, poderia indagar, tendo como base a segunda questão: o que nós faríamos se detivéssemos o poder e acreditássemos no que a maioria acredita? (DWORKIN, 2019, p. 156-157).

---

[36] Dworkin, entretanto, aponta que a experiência de britânicos e norte-americanos com a desobediência é bastante diversa. Enquanto estes vivenciaram questões atinentes ao tema desde as polêmicas com a escravidão e, posteriormente, no século XX, com minorias religiosas reclamando da legislação que previa a saudação da bandeira, movimentos pelos direitos civis contra as leis de segregação racial e contra a Guerra do Vietnã, com múltiplos textos discutindo aspectos teóricos do ato de desobedecer; aqueles tiveram uma experiência mais modesta com a temática, citando como exemplos a luta de operários por seus direitos no desenrolar da Revolução Industrial, a luta das sufragistas pelo voto feminino e, mais recentemente, a luta contra a instalação de armas nucleares na Europa (DWORKIN, 2019, p. 153-154).

Antes de responder ao disposto na pergunta "a", o autor vai diferenciar três tipos de desobediência civil: i) desobediência civil com base na integridade; ii) desobediência civil com base na justiça; e iii) desobediência civil baseada na política. Expliquemos cada uma delas por intermédio de exemplos. Suponhamos que você esteja no século XIX, na região norte dos Estados Unidos, e um escravo fugido bate à porta de sua casa e lhe pede ajuda, algum tipo de amparo. Mesmo sabendo que existe uma lei que proíbe o auxílio a escravos que escapam da região meridional e, mais que isso, determina a entrega deles às autoridades para posterior devolução aos respectivos senhores, a você repugna a escravidão e obedecer a tal legislação seria, a seu pensar, aviltante. A esse exemplo, Dworkin dá o nome de desobediência civil baseada na integridade (i). Agora imaginemos que você seja um afro-americano, na década de 50 do século XX, em uma cidade do sul dos Estados Unidos. Suponhamos que você, devido às leis locais de segregação racial, não possa ingressar em um determinado restaurante, destinado apenas a pessoas de pele branca. Todavia, você adentra no restaurante e insiste para ser atendido, violando a lei. Você age dessa maneira não por considerar que seguir a lei — e jamais entrar nesse estabelecimento comercial — seria, em si, insuportavelmente penoso e um atentado à própria integridade, mas por entender que a norma é discriminatória e arbitrária com as minorias. A esse exemplo, Dworkin dá o nome de desobediência civil baseada na justiça (ii). Derradeiramente, suponhamos que você seja um alemão ocidental da segunda metade do século XX e se oponha à deliberação governamental que permite que armas nucleares de potência estrangeira sejam instaladas em seu território. Certamente, você não se mostra contrário à lei por ser ela atentatória à integridade moral ou injusta para com uma minoria, mas por perceber que a decisão é deveras equivocada e pode ter implicações muito ruins para toda a sociedade. A esse exemplo, Dworkin dá o nome de desobediência civil baseada em política (iii). Enquanto nas hipóteses (i) e (ii) há conflito sobre moralidade, na hipótese (iii) há conflito sobre juízo político[37] (DWORKIN, 2019, p. 157-159). Angela Calixto e Luciani de Carvalho, no artigo *O direito social à desobediência civil: uma análise a partir da teoria de Ronald Dworkin*, trazem um bom resumo sobre a mencionada classificação dworkiana:

---

[37] "Há um perigo evidente em qualquer distinção analítica que, como esta, repousa em diferenças de estado de espírito. Qualquer movimento ou grupo político incluirá pessoas de crenças ou convicções muito diferentes. [...] A maioria dos que protestaram contra a guerra norte-americana no Vietnã, por exemplo, acreditava que a política de seu governo era simultaneamente injusta e tola. Não obstante, a distinção entre tipos de desobediência civil [...] são úteis e importantes [...]" (DWORKIN, 2019, p. 159).

> No tocante ao primeiro tipo de desobediência, ou seja, a baseada na integridade, esta é caracterizada pela desobediência a uma norma em razão de a integridade pessoal, a consciência da pessoa, a proibir de obedecer a essa norma. [...] Já com relação à desobediência baseada na justiça, por outro lado, esta ocorre não em razão de a obediência à norma ofender à consciência de uma pessoa, mas sim em razão de se considerar a política adotada ou a norma injusta, de modo a se entender que deva ser alterada. [...] Por fim, quanto à desobediência baseada na política, as pessoas violam a lei não em razão de considerarem que a política em vigor é imoral ou injusta, mas porque acreditam que ela é insensata, estúpida ou perigosa (CALIXTO; CARVALHO, 2017, p. 77-78).

Realizada essa tipologia da desobediência civil, Dworkin volta à pergunta "a" — consideradas as convicções de determinadas pessoas, o que seria certo fazerem quando entendem que a lei ou uma decisão política é equivocada ou imoral? — e vai dar uma resposta diferente a ela, dependendo da classificação da desobediência em "baseada na integridade" (i), "baseada na justiça" (ii) ou "baseada em política" (iii). Quando a desobediência for baseada na integridade, a resposta do autor é que os dissidentes se comportam adequadamente ao rejeitarem o cumprimento da norma, uma vez que ela "exige que as pessoas façam o que sua consciência absolutamente proíbe" (DWORKIN, 2019, p. 159), acrescentando, ainda, que há, nessa situação, extrema urgência — ainda que a lei, dentro do trâmite político ordinário, seja posteriormente alterada, aquele que foi obrigado a entregar um escravo fugido, por exemplo, já teve a sua consciência violada, ou seja, não é razoável exigir que o cidadão cumpra a lei até que a consiga modificar — e um aspecto nitidamente defensivo, pois seu propósito básico é não fazer algo que suas mais profundas convicções reprovam (DWORKIN, 2019, p. 159-160). Quando a desobediência for baseada na justiça, o autor ainda entende que, muitas vezes, o comportamento dos dissidentes será aceitável ao descumprirem a lei. Todavia, as condições para que o comportamento seja aceitável são mais restritas, devendo, primeiro, utilizar os mecanismos rotineiros da democracia para a tentativa de transformação da lei ou da decisão política a qual se opõe; apenas quando esses mecanismos se mostrarem infrutíferos, deve o cidadão partir para o desafio à ordem legal. Dworkin introduz, nesse ponto em que discute a desobediência baseada na justiça, o que ele chama de estratégias persuasivas e não persuasivas[38]. Com aquelas, a minoria quer

---

[38] Dworkin (2019, p. 161) exemplifica as estratégias não persuasivas com o bloqueio de importações e a criação de empecilhos para o regular funcionamento de órgãos públicos.

fazer com que a maioria ouça os seus argumentos, na sincera esperança de convencê-la a mudar de postura. Com estas — estratégias não persuasivas —, a minoria já não quer convencer a maioria a alterar sua postura, mas deseja simplesmente aumentar o custo dessa manutenção para que, diante da novel circunstância, a maioria altere a lei ou a decisão política, mesmo sem estar convencida do acerto da posição minoritária (DWORKIN, 2019, p. 160-162). Diante disso, o filósofo explica que a estratégia persuasiva, por envolver o convencimento social é, normalmente, a mais apropriada, embora possa ser justificável a estratégia não persuasiva, lecionando que:

> Quando as estratégias não persuasivas são justificadas, se é que o são, na desobediência baseada na justiça? É ir muito longe, penso eu, dizer que nunca. A afirmação seguinte, cuidadosamente circunspecta, parece melhor. Se alguém acredita que um determinado programa oficial é profundamente injusto, se o processo político não oferece nenhuma esperança realista de reverter o programa em breve, se não existe nenhuma possibilidade de desobediência civil persuasiva eficaz, se estão disponíveis técnicas não persuasivas não violentas com razoável chance de sucesso, se estas técnicas não ameaçarem ser contraproducentes, então, essa pessoa faz a coisa certa, dada a sua convicção, quando usa meios não persuasivos (DWORKIN, 2019, p. 162).

Quanto à desobediência civil baseada em política — aquela em que os dissidentes procuram reformar uma lei ou decisão política que consideram insensata e, pois, daninha a toda sociedade — Dworkin diz que a ela também são aplicáveis as estratégias persuasivas e não persuasivas. Todavia, aqui, o autor é ainda mais restritivo, entendendo que — praticamente — só as estratégias persuasivas seriam aceitáveis[39]. Para ele, como já dito anteriormente, as estratégias não persuasivas envolvem um aumento do custo na manutenção de uma decisão política, sem tentar convencer quem decidiu ou quem apoia a decisão de que estão equivocados. E por que isso seria tolerável na desobediência baseada na justiça e não na desobediência baseada em política? Porque aquela envolve, geralmente, temas relacionados a minorias cujos interesses e garantias estão sendo desrespeitados ou diminuídos pela maioria (por exemplo, leis de segregação racial), e estas estão relacionadas a como são geridos os interesses comuns em uma sociedade complexa (por exemplo, a instalação ou não de armas nucleares em um determinado terri-

---

[39] "[...] os meios não persuasivos usados na desobediência baseada na política parecem ser os que têm menos chance de encontrar justificação [...]" (DWORKIN, 2019, p. 165).

tório[40]) e o uso de técnicas não persuasivas poderia indicar uma chantagem de quem foi derrotado no debate público[41]. Já as estratégias persuasivas — na desobediência baseada em política — são razoáveis porque nelas há, mesmo com riscos evidentes, a tentativa de um grupo, derrotado no campo das ideias, reabrir a discussão e convencer os demais cidadãos do acerto de suas proposições, não a imposição de uma opinião minoritária (DWORKIN, 2019, p. 162-165). Mais uma vez, vale registrar a lição de Angela Calixto e Luciani de Carvalho:

> [...] no caso da desobediência baseada na política parece ainda mais problemático o uso das estratégias não persuasivas, sob pena de haver clara violação ao princípio do governo da maioria, princípio este essencial para a democracia. No caso das estratégias persuasivas, não há qualquer problema, visto que não se desafia citado princípio ao se buscar simplesmente convencer a maioria a mudar de ideia. [...] No caso das estratégias não persuasivas, por outro lado, ao não tentar convencer a maioria, mas sim obrigá-la a aceitar uma política determinada, seja tornando os custos mais altos, seja empreendendo mecanismos para que esta não seja mais viável, frontalmente deixa de observar o princípio do governo da maioria. É nesse sentido que o autor afirma que os meios não persuasivos usados na desobediência política não possuem qualquer justificação na teoria operacional da desobediência (CALIXTO; CARVALHO, 2017, p. 78-79).

Todavia, há aqueles que criticam esse realce dworkiano em estratégias persuasivas e não persuasivas, alegando que tais distinções são um tanto obscuras, servindo mais para confundir do que para esclarecer. Ademais, assinalam que, muitas vezes, estratégias não persuasivas são usadas como um começo para, depois, ganharem corpo estratégias persuasivas, de real convencimento acerca de uma dada matéria, de modo que apartar radicalmente tais estratagemas talvez não faça sentido (LUCAS; MACHADO, 2014, p. 8)[42].

---

[40] Atualmente, podemos citar como exemplo a questão de energias renováveis. Existe forte contestação, por parte de alguns grupos sociais, quando o governo decide pela continuidade, em grande escala, do uso de combustíveis fósseis na frota automobilística. Veja que isso não envolve aspectos de dignidade pessoal ou de injustiça para com uma minoria, mas tão somente uma gestão de interesses comuns que alguns consideram como um erro governamental, uma estultice.

[41] "Alguém que não espera persuadir a maioria a aceitar seu ponto de vista obrigando-a a levar em conta seus argumentos, mas sim fazê-la pagar tão alto por sua política a ponta de fazê-la desistir sem se convencer, deve recorrer a alguma forma de elitismo ou paternalismo para justificar o que faz" (DWORKIN, 2019, p. 164).

[42] Nos exatos termos dos autores: "A distinção que Dworkin faz entre estratégias persuasivas e não persuasivas é, em nosso juízo, um tanto confusa e não ajuda a caracterizar categoricamente nenhum dos tipos de desobediência

Finalizando o capítulo "Desobediência civil e protesto nuclear", Dworkin vai solucionar a pergunta "b", ou seja, se entendermos que uma pessoa, consideradas as suas crenças, agiu corretamente ao violar a lei, como o governo deve tratá-la? Afirma que são insensatas as opiniões extremas: sempre se deve apenar ou nunca se deve fazê-lo. Tudo vai depender das condições do caso concreto. Alega que o utilitarismo fornece uma boa teoria da punição ao sustentar que para alguém sofrer punição é preciso que ela traga um bem geral. Assim, é possível que, em alguns casos, da punição a desobedientes civis não advenha bem geral[43] e ela, pois, seja descartada. Contudo, mesmo que aconteça, na prática, a utilidade geral, talvez o promotor, tendo em mente que os dissidentes lutavam contra uma lei que consideravam verdadeiramente imoral, injusta ou inadequada, possa deixar de denunciar ou, ainda que inicie o processo, requeira uma pena amenizada (DWORKIN, 2019, p. 167-169). Assim, Dworkin, mesmo que não defenda a isenção geral de processos e de penas aos dissidentes, é bastante suave no aspecto punitivo, desde que a ação desobediente seja justificável, o que é plenamente compatível com a defesa que o autor faz da desobediência civil como importante mecanismo de vivificação da democracia e de controle da constitucionalidade/validade das leis.

Se, em uma apertada síntese, pudéssemos resumir o pensamento de Dworkin sobre a desobediência civil, diríamos que o filósofo norte-americano entende que a leitura moral da Constituição dos Estados Unidos garante a todo cidadão um conjunto de direitos contra o Estado, também chamados de direitos fundamentais. Toda vez que esses direitos fundamentais, pela edição de lei ou por outro ato governamental, forem postos em xeque, o cidadão poderá desobedecer ao *imperium* estatal. O transgredir, assim, adquire uma essencialidade nas democracias, uma vez que é pela contestação que as autoridades se apercebem de injustiças ou equívocos por elas perpetrados e que outros cidadãos são despertados para a reflexão e para a participação mais ativa na vida social e política de sua comunidade. É evidente que a tipologia da desobediência, na teoria operacional de Dworkin, importa.

---

civil por ele proposta. E essa não é a fragilidade principal dessa distinção. Ora, a desobediência civil é utilizada quase sempre depois de esgotadas as diversas instâncias institucionais de debate público nas quais os argumentos de persuasão foram apresentados e certamente refutados. Caso os melhores argumentos tivessem a garantia de saírem sempre vitoriosos de uma disputa de ideias, possivelmente a desobediência civil jamais teria surgido como estratégia para se fazer ouvir argumentos. Por outro lado, o recurso de desrespeito à lei visa justamente recolocar o argumento e reformular espaços de diálogo, o que significa que mesmo as estratégias não persuasivas são utilizadas para iniciar processos persuasivos, de modo que separar ambas as estratégias de ação da desobediência civil parece uma tarefa sem sentido prático" (LUCAS; MACHADO, 2014, p. 8).

[43] Dworkin (2019, p. 168) cita como acerto das autoridades alemãs ocidentais, diante da inutilidade ao bem geral, a não punição aos desobedientes de *Mitlangen*.

Assim, enquanto a desobediência baseada na integridade, dada a sua premência, não precisa passar pela anterior tentativa de reforma ordinária da lei ou ato questionado, as desobediências baseadas na justiça e em política exigem a mencionada tentativa. Portanto, nessas classificações, somente se os mecanismos regulamentares — previstos pelo sistema jurídico-político para a implementação de mudanças ou reformas — demonstrarem-se estéreis é que a afronta ao ordenamento estatal estará autorizada. Ademais, Dworkin sustenta que, se a desobediência está firmada em valores constitucionais, a punição aos dissidentes, embora possa existir, não deve ser rígida e desproporcional, pois isso desestimularia lutas sinceras pelo aperfeiçoamento social e político do país. Essas lições serão valiosas para o exame dos fenômenos contestatórios contemporâneos, cujo compatibilidade com a teoria liberal constitui objeto de interesse deste trabalho, destacando que, sobretudo, a desobediência civil baseada em política pode ser muito útil no exame desses novos movimentos de enfrentamento à ordem. Finalizando o presente tópico, curial mencionar que:

> [...] colocar em dúvida a justiça ou a constitucionalidade de uma lei, pela desobediência civil, é incitar um debate, é publicizar a discussão em torno dos valores que devem estar presentes para a consideração desta constitucionalidade e desta justiça. Essa posição é muita clara no pensamento de Dworkin (SANTOS; LUCAS, 2015, p. 210).

No próximo item, vamos apresentar o pensamento de Rawls sobre a desobediência civil.

2.2 A desobediência civil em Rawls

Poucos pensadores influenciaram tanto a teoria da desobediência civil quanto John Rawls. Scheuerman afirma que a concepção liberal de dissidência é a base obrigatória para qualquer estudo sobre a matéria e reconhece Rawls como seu mais destacado pensador (SCHEUERMAN, 2018, p. 71, 74). Em 1969, com a publicação do artigo *The Justification of Civil Disobedience*, o filósofo já havia fixado, ainda que de forma mais abreviada, os principais pontos que apareceriam, com maior fôlego e de forma mais detalhada, em *Uma Teoria da Justiça*, de 1971, mais precisamente no Capítulo VI da mencionada obra, chamada *Dever e Obrigação*. Bleiker, citando Hugo Bedau, também consignou a grande importância de Rawls para o estudo da desobediência, afirmando que *Uma Teoria da Justiça* é "um texto que, por meio de sua posição hegemônica, enquadrou grande parte da discussão posterior sobre o assunto" (BLEIKER, 2002, p. 37). Doravante, exporemos as nuances do pensamento rawlsiano sobre a desobediência civil.

Sabemos que Rawls, em uma construção mental ou experimento hipotético, supõe que pessoas livres, iguais e racionais — na posição original e sob um véu de ignorância, o que as impediria, pois, de saber as suas reais condições sociais ou de aptidões naturais — decidiriam por princípios de justiça[44] que iriam reger as estruturas basilares da sociedade política e que, por sua vez, seriam espraiados em todas as direções da vida social. Esses princípios, escolhidos na posição original, seriam: a) o da igual liberdade, que pontifica que uma pessoa terá direito a mais ampla liberdade possível, desde que conciliável com a mais ampla liberdade dos demais indivíduos; e b) da diferença, que diz que as desigualdades socioeconômicas são toleráveis desde que: b.1) promovam vantagens aos menos aquinhoados (primeira parte do segundo princípio ou princípio da diferença); e b.2) estejam ligadas a cargos e posições com abertura a todos os cidadãos, de forma igualitária — princípio da igualdade equitativa de oportunidades (RAWLS, 2016, p. 376). Assim, um povo que aceitasse os princípios de justiça teria, em tese, instituições justas, ou seja, seria capaz de gerar uma constituição e, posteriormente, leis em conformidade com o senso de justiça. Todavia, isso se dá em um plano ideal. Na prática, mesmo sociedades que adotam constituições que têm por fundamento os princípios de justiça podem produzir, em alguns casos, legislações injustas. É exatamente aí que se insere a tormentosa questão da desobediência civil. Rawls explica esse problema nos seguintes termos:

> [...] os princípios de justiça (em ordem lexical) pertencem à teoria ideal (§ 39). As pessoas presentes na posição original supõem que os princípios que reconhecem, quaisquer que sejam, serão rigorosamente adotados e seguidos por todos. Assim, os princípios de justiça resultantes são os que definem uma sociedade perfeitamente justa, dadas as condições favoráveis. Com a suposição da aquiescência estrita, chegamos à determinada concepção ideal. Quando perguntamos se e em quais circunstâncias se devem tolerar arranjos injustos, enfrentamos outro tipo de problema. Devemos averiguar como se aplica

---

[44] "Meu objetivo é apresentar uma concepção de justiça que generalize e eleve a um nível mais alto de abstração a conhecida teoria do contrato social conforme encontrada em, digamos, Locke, Rousseau e Kant. Para isso, não devemos achar que o contrato original tem a finalidade de inaugurar determinada sociedade ou de estabelecer uma forma específica de governo. Pelo contrário, a ideia norteadora é que os princípios de justiça para a estrutura básica da sociedade constituem o objeto do acordo original" (RAWLS, 2016, p. 13).

> a concepção ideal de justiça, caso se aplique, aos casos nos quais, em vez de termos de nos ajustar a limitações naturais, deparamo-nos com a injustiça. A discussão desses problemas pertence à parte da teoria não ideal que trata da aquiescência parcial. Isso inclui, entre outras coisas, a teoria [...] da guerra justa e da objeção de consciência, da desobediência civil e da resistência armada. Essas questões estão entre as principais da vida política [...]. Não vou tentar discutir esses assuntos de forma plenamente sistemática. Na verdade, tratarei apenas de uma pequena parte da teoria da aquiescência parcial, a saber, o problema da obediência civil e da objeção de consciência. E, mesmo nesse ponto, vou supor que o contexto seja aquele de um estado de quase justiça, isto é, um estado no qual a estrutura básica da sociedade é aproximadamente justa, levando-se apropriadamente em conta aquilo que é razoável esperar nas circunstâncias (RAWLS, 2016, p. 437-438).

Dessa forma, Rawls vai abordar a desobediência civil — e, de resto, a objeção de consciência — como um embaraço em uma sociedade quase justa ou bem ordenada, isto é, em uma coletividade na qual, apesar de existir Constituição democrática e, por conseguinte, instituições baseadas nos princípios de justiça, ocorrem pontuais problemas de desvios a esses padrões mais elevados, materializando-se situações de injustiça. Na verdade, para o professor da Universidade de Harvard, o estudo da desobediência vai se concentrar apenas nas chamadas democracias constitucionais. E o que, para ele, identificaria uma democracia constitucional? Ela seria caracterizada por: a) direito de participação da população nos assuntos políticos; b) as autoridades que decidem sobre as políticas públicas essenciais devem ser eleitas para a função, periodicamente e em eleições com elevado grau de lisura, prestando contas ao povo sobre as suas práticas; c) existe declaração de direitos fundamentais, com garantias especiais às liberdades básicas, por exemplo, as liberdades de expressão, de reunião e de associação; d) a oposição política é vista como legítima, sendo exercida dentro de parâmetros institucionais; e) poderes independentes entre si; e f) alguma forma de controle de constitucionalidade das leis a ser realizada pelo Poder Judiciário (RAWLS, 2016, p. 273-277). E qual a razão para que o exame da desobediência civil ocorra apenas em relação às democracias constitucionais? Segundo Rawls, a resposta é simples: apenas nelas há um verdadeiro conflito entre dois deveres, isto é, entre o dever de obedecer à lei aprovada por uma maioria formada de acordo com os parâmetros da Constituição e o dever de fazer a defesa de princípios de justiça, estes também constitucionalmente albergados, opondo-se, em um caso concreto, à legislação que menospreza tais princípios vetores da ordem social e política. Aliás, no pensamento rawlsiano, esse conflito, corporificado na desobediência civil, constitui-se em "teste fundamental para qualquer teoria do fundamento moral da democracia" (RAWLS, 2016, p. 452). Ademais, é sempre oportuno registrar que, segundo a ótica do autor, em casos generalizados de injustiça e opressão, não haveria o duelo de deveres, já que ninguém está obrigado a seguir leis emanadas de um Estado que desrespeita sistematicamente os direitos essenciais de sua própria população; nessa situação de violação sistemática de direitos básicos, mesmo atos de resistência violenta poderiam ser justificáveis (RAWLS, 2016, p. 452).

Rawls apresenta a teoria da desobediência civil repartida em três seções. Na primeira delas, tece a definição de desobediência civil e a distingue de outras práticas de contestação a governos democráticos. Na segunda, traz a fundamentação e os requisitos justificadores da desobediência. Por último, no terceiro bloco, explana a função desempenhada pela desobediência civil em uma democracia constitucional. É mister que tenhamos em mente a advertência do autor de que a teoria da desobediência civil por ele proposta, por óbvio, não pretende resolver todas as intrincadas controvérsias que a matéria suscita, nem tampouco funcionará como um manual de princípios inequívocos para solucionar os complexos casos reais. Em vez disso, a teoria rawlsiana pretende ser proveitosa ao ajudar a aclarar o fenômeno, sob a perspectiva do Estado de Direito, levantando seus aspectos mais essenciais e contribuindo no exame de eventos verídicos (RAWLS, 2016, p. 452-453). Nos próximos parágrafos, vamos percorrer cada uma dessas seções em que Rawls subdividiu sua teoria. Antes de avançarmos, é preciso reafirmar que a teoria rawlsiana da desobediência civil está, por óbvio, intimamente relacionada com a teoria — mais ampla — da justiça como equidade. Esta, por sua vez, sempre é prudente recordar, é composta pelos elementos abaixo arrolados, no seguro resumo de Denis Coitinho:

> A justiça como equidade é esta concepção política de justiça que trata de forma coerentista e falibilista os seguintes elementos:
>
> (i) convicções morais ponderadas compartilhadas, como, por exemplo, de rejeição à escravidão e tolerância religiosa, tomadas como pontos fixos provisórios;

(ii) princípios básicos que estão implícitos nestes juízos morais, como, por exemplo, princípios da igual liberdade, da igualdade equitativa de oportunidade e da diferença;

(iii) teoria da justiça que assume que a coerência entre crenças e princípios é a melhor alternativa para uma sociedade democrática (COITINHO, 2014, p. 34).

A primeira seção da teoria é iniciada pela lapidar definição rawlsiana de desobediência civil como sendo "um ato político público, não violento e consciente contra a lei, realizado com o fim de provocar uma mudança nas leis ou nas políticas de governo" (RAWLS, 2016, p. 453). É um ato político porque, por intermédio dele, a minoria quer sinalizar, para a maioria que exerce o poder político, que está deveras descontente com um determinado fato. Também a característica política que reveste a desobediência advém do fato de a minoria, ao se levantar contra a lei ou decisão governamental, justificar a dissidência recorrendo aos princípios de justiça insculpidos na Constituição e que, portanto, devem conformar todas as instituições do Estado. Aqui, é apropriado notar que os desobedientes, em uma sociedade plural, não fundamentam sua insubordinação em juízos pessoais ou em interpretações religiosas, mas, sim, nos postulados públicos de justiça[45]. Com base nesse senso comunitário do justo é que os insurgentes pedem para que os demais cidadãos avaliem se a matéria contra a qual se rebelam é, dados os fundamentos constitucionais do país, digna de ser mantida. É ato público porque não se camufla, escondendo-se do escrutínio de seus concidadãos; ao contrário, demonstra-se para a sociedade de forma aberta e leal. Ademais, como suscitadora de debate e, eventualmente, de mudança da postura estatal, acontece — necessariamente — na arena pública. É não violenta — abstendo-se de atos de força, sobretudo em reação às pessoas —, porque usar de expedientes violentos seria o exato oposto da ação esperada daqueles que, apelando publicamente para os princípios de justiça expressos na Constituição, querem provocar reflexão e transmudar a opinião da maioria quanto a determinado assunto. Ora, a violência representaria a falência do diálogo e do livre convencimento. Além disso, a desobediência não pode ser violenta, pois, embora demonstre contrariedade à legislação específica, expressa-se fiel ao ordenamento jurídico[46]. E como seria possível ser fiel à lei

---

[45] "Presume-se que num regime democrático razoavelmente justo exista uma concepção pública de justiça com relação à qual os cidadãos regulem seus assuntos políticos e interpretem a constituição" (RAWLS, 2016, p. 455).
[46] "Expressa desobediência à lei dentro dos limites da fidelidade à lei, embora esteja à margem da lei" (RAWLS, 2016, p. 456).

ao mesmo tempo que a descumpre? A fidelidade seria provada, exatamente, pelo caráter público e pacífico da ação contestadora, aceitando, inclusive, processos e penalização pelo incumprimento do que ordena o sistema legal (RAWLS, 2016, p. 453-457). Tudo isso — ato político, público e não violento de contestação — é realizado de forma consciente e não acidental, ou seja, meditada e propositalmente usado para causar alteração legislativa ou de política governamental.

Depois da definição, ainda na primeira seção de sua teoria, Rawls passa a se dedicar à diferenciação da desobediência civil de outras figuras que com ela guardam certas semelhanças e, portanto, são passíveis de gerar confusão: a resistência militante e a objeção de consciência. Enquanto a desobediência civil, nos termos rawlsianos, quer provocar mudanças pontuais na legislação ou em uma política pública, mas reafirma sua convicção nos valores constitucionais vigentes, a resistência militante deseja provocar transformações radicais e amplas na ordem existente, com a qual ela não compartilha valores comuns. Outrossim, por não confiar nas autoridades e nem no sistema jurídico, os militantes da resistência vão tentar se evadir da responsabilização penal por seus atos. Enfim, enquanto a resistência militante tem apelo, se assim pudéssemos dizer, revolucionário, o desobediente civil invoca uma ânsia reformista mais restrita. Rawls, inclusive, entende que a resistência militante é perfeitamente justificável em determinados casos, mas, como já mencionado anteriormente, a ênfase do autor é em relação a sociedades democrático-constitucionais, que vivem um modelo de quase justiça e onde, em tese, não se precisaria lançar mão de expedientes mais radicalizados (RAWLS, 2016, p. 457-458).

Entretanto, é na distinção entre a objeção de consciência e a desobediência civil que o filósofo vai se deter com ênfase maior. Primeiramente, assinala que muitos autores, dentre os quais o mais famoso de todos, David Thoreau, inscreveram a objeção de consciência como forma de desobediência civil. Ao optar por desigualá-las, Rawls sabe que, consequentemente, restringe o campo da desobediência, mas o faz de forma pensada. Tentemos entender a questão. Para Rawls, a objeção de consciência seria o desacato direto, por convicções pessoais, a uma ordem legal ou exigência administrativa que, possivelmente, será percebido pelas autoridades governamentais[47], citando como exemplo os adeptos da religião denominada "Testemunhas de Jeová" — que se recusam a saudar a bandeira dos Estados Unidos — e os pacifistas — que rejeitam a

---

[47] Ainda que os objetores, por vezes, queiram esconder a objeção.

prestação de serviço militar. As mais marcantes diferenciações entre objeção de consciência e desobediência civil são arroladas pelo autor, apontando que: a) os objetores de consciência, ao contrário dos desobedientes civis, não têm como objetivo estabelecer um debate com a maioria, para defender a transformação legislativa (âmbito público); simplesmente, de forma mais imediata, a eles é insuportável a violação da própria consciência (âmbito privado) para atender a uma obrigação legalmente imposta; e b) enquanto a desobediência tem como alicerce os princípios de justiça e os valores do ordenamento jurídico compartilhados pela comunidade, a objeção de consciência pode ter outra lógica, tendo como base, por exemplo, a religião ou outra filosofia aceita pelo objetor (RAWLS, 2016, p. 458-461). Oportunas as palavras de Tiago Porto, no artigo *Devemos obedecer a leis injustas? O direito à desobediência civil em John Rawls*, quando sintetiza as diferenças entre a desobediência e a objeção de consciência, anotando que:

> Assim, fica evidente que, segundo a análise do filósofo, há entre a desobediência civil e a objeção de consciência grandes diferenças: enquanto a primeira possui caráter sobretudo político universalista, com vistas a alteração de leis injustas, a segunda situa-se no campo da ética, direciona a sua atenção ao campo da práxis individual enquanto postura adotada frente a determinados assuntos. Enquanto uma busca abranger a todos de forma coletiva, a outra estabelece como seu limite o indivíduo. Em suma, a objeção de consciência situa-se, enquanto modo de ação, em posição contrária à desobediência civil, sem ser oposta politicamente a esta (PORTO, 2015, p. 322).

Definido o conceito de desobediência civil e realizada a diferenciação entre ela e figuras próximas, Rawls adentra na segunda seção de sua teoria, na qual discorre sobre as condições justificadoras da ação desobediente. Para ele, já que a desobediência é um ato político de afronta à lei, ou seja, de apelo aos grandes valores constitucionais para mudar legislação ou decisão governamental, existem condições aceitáveis para que ela ocorra. Na definição rawlsiana, essas seriam "[...] as condições sob as quais a desobediência civil pode ser praticada de forma consistente com os princípios de justiça que sustentam um regime democrático" (RAWLS, 1999, p. 183). Na verdade, parece que o autor se preocupa com a banalização do uso de tão importante instrumento contestatório, o que o leva a traçar essas condicionantes.

A primeira condição apontada é que a injustiça a ser combatida por intermédio da desobediência tenha, de fato, gravidade. E Rawls entende que, comumente, podem ser classificadas como suficientemente graves violações ao primeiro princípio de justiça, o da igual liberdade — que, como visto acima, indica que uma pessoa terá direito a mais ampla liberdade possível, desde que conciliável com a mais ampla liberdade dos demais indivíduos — e à segunda parte do segundo princípio de justiça — que, também como citado alhures, prevê que assimetrias econômico-sociais só seriam razoáveis se estiverem ligadas a cargos e posições com abertura a todos os cidadãos, de forma igualitária —, que é conhecido como princípio da igualdade equânime de oportunidades. Claramente, estariam situados como violações graves à justiça e, pois, passíveis de provocar atos de desobediência, legislação que proibisse a certo grupo étnico minoritário o acesso às universidades ou aos cargos públicos e a que negasse o direito de prática religiosa (culto) a determinada minoria. Todavia, a violação à primeira parte do segundo princípio de justiça, o princípio da diferença — as desigualdades socioeconômicas são toleráveis desde que promovam vantagens aos menos aquinhoados —, não é vista, no pensamento rawlsiano, como de fácil caracterização para efeitos de desobediência civil (RAWLS, 2016, p. 462-463). Rawls explica esse ponto com a seguinte argumentação:

> Em contraste, as infrações ao princípio da diferença são mais difíceis de averiguar. Em geral, há uma ampla gama de opiniões que podem ser conflitantes sem deixar de ser racionais, no tocante a avaliar se esse princípio está sendo cumprido. O motivo disso é que ele se aplica principalmente a instituições e políticas econômicas e sociais. A escolha entre elas depende de convicções teóricas e especulativas, bem como de um manancial de informações estatísticas e de outros tipos, tudo temperado com juízo perspicaz e pura intuição. [...] É melhor deixar a resolução dessas questões para o processo político, contando que as liberdades iguais exigidas estejam asseguradas (RAWLS, 2016, p. 463).

A segunda condição explicitada por Rawls é que os meios institucionais tradicionais para provocar a mudança da legislação ou da decisão governamental já foram, debalde, tentados. Assim, diante de grave violação aos princípios de justiça — sobretudo ao primeiro princípio de justiça e à segunda parte do segundo princípio de justiça — e da inocuidade das tentativas de remoção da arbitrariedade pelos trâmites convencionais, a desobediência civil aparece como alternativa credível para provocar, por intermédio de um apelo desesperado, a reabertura do debate político, com o fito de superar o entendimento vigente e promover transformação concreta. Comumente, para Rawls, é só diante do fracasso dos meios colocados à disposição da população pelo próprio regime democrático que estará justificado o recurso à desobediência civil. Contudo, existe uma notável exceção: às vezes, dada a severa violação de liberdades básicas, a ação deve ser a mais pressurosa possível, não sendo razoável esperar o esgotamento de todo o trâmite ordinário da divergência no âmbito institucional (RAWLS, 2016, p. 464). Como exemplo de fatos que justificariam a imediata estratégia da desobediência civil, poderíamos citar uma lei que impedisse os integrantes de minorias religiosas de frequentar escolas e universidades públicas ou que impedisse minoria de votar e ser votada.

Apesar das duas primeiras condições, muitas vezes, por si só justificarem a desobediência civil, Rawls pondera sobre uma terceira e derradeira condição que, por prudência, não pode ser olvidada. É presumível que, se um número excessivo de demandas, simultaneamente, for apresentado, na forma de desobediência civil, isso poderá colocar em xeque o próprio Estado Constitucional. Todavia, desestabilizar o Estado Constitucional não seria interessante para aqueles que, apesar de divergências em relação a leis ou decisões de autoridade sobre alguns assuntos, não discordam dos fundamentos da ordem jurídica. Daí a sutil recomendação de Rawls para que as minorias solicitantes tenham alguma coordenação entre si no momento do uso dos estratagemas da desobediência civil[48] (RAWLS, 2016, p. 464-467). Santos e Lucas, no artigo *Desobediência civil e controle social da democracia*, fazem bom resumo da ora comentada condição:

> A última condição refere que a desobediência civil não pode alcançar dimensões que coloquem em perigo o funcionamento do sistema constitucional. Seu emprego, mesmo presentes as demais condições, deve respeitar um limite de atuação que não cause "colapso" à Constituição, sob pena de provocar uma série de consequências negativas para todos. Assim, por exemplo, se inúmeros grupos resolvessem ao mesmo tempo valerem-se da estratégia da desobediência civil, é certo que tamanha desordem prejudicaria a eficácia da Constituição. Nessas hipóteses, argumenta Rawls que o mais adequado é o entendimento político entre as minorias injustiçadas no sentido de que se garanta o exercício do direito por parte de todos, mas dentro de certos limites (SANTOS; LUCAS, 2015, p. 199).

---

[48] "A solução ideal de um ponto de vista teórico requer uma aliança política cooperativa das minorias a fim de regular o nível geral de contestação" (RAWLS, 2016, p. 465).

Terminando a segunda seção de sua teoria da desobediência, Rawls adverte que, embora presentes todas as três condições justificadoras da desobediência civil, ainda assim o grupo contestador deve avaliar, de acordo com circunstâncias concretas, a chance de se materializarem prejuízos a inocentes e se é, verdadeiramente, prudente iniciar um movimento de aberto desacato à lei. Nos termos do autor, uma campanha que não fosse bem compreendida pela maioria poderia gerar uma animosidade ainda maior contra a minoria, o que, obviamente, não seria aconselhável, uma vez que "o exercício do direito à desobediência civil deve, como qualquer outro direito, ser estruturado de maneira racional para promover os próprios objetivos ou os objetivos daqueles que se quer ajudar" (RAWLS, 2016, p. 467-468).

Na terceira seção de sua teoria, Rawls vai demonstrar a função precípua da desobediência civil em uma democracia constitucional. Em sociedades quase justas, os princípios de justiça são essenciais para o funcionamento dos mecanismos naturais de cooperação entre os cidadãos, que se vislumbram como dignos da mesma liberdade e igualdade. Quando se recorre à desobediência civil, os dissidentes estão a indicar ao restante da sociedade que os princípios de justiça e, portanto, os instrumentos para a cooperação social foram aviltados e que, de alguma forma, não estão sendo tratados como livres e iguais. Assim, convidam a maioria a revisar a lei ou política questionada e restaurar a justiça que se encontra em abalo, o que teria o condão de remover os obstáculos à cooperação. Apesar de ser um remédio fora da legalidade estreita, a desobediência funcionaria como estabilizadora do complexo constitucional, uma vez que ajudaria na correção de rumos e no fortalecimento da justiça. Seria como um dispositivo de segurança: se todos os outros meios constitucional ou legalmente previstos falharem, eis a desobediência para chamar a sociedade política à razão (RAWLS, 2016, p. 475-476). Ou, como salienta Tiago Porto acerca do papel da desobediência no pensamento rawlsiano:

> Mesmo nadando contra a maré da legalidade, o desobediente mantém-se fiel à justiça e se porta como um fiscal das leis implementadas pelos governantes, levantando o debate sobre a pertinência de alterar leis injustas e convidando os seus semelhantes a participarem da discussão em foro público, promovendo assim a estabilidade dentro da sociedade (PORTO, 2015, p. 325).

Também é importante mencionar que Rawls, ao versar sobre o papel da desobediência civil, traça um painel sobre democracia, maiorias e descontentamentos. Para ele, qualquer regime democrático, forçosamente, adotará regras majoritárias para aprovação de leis e políticas públicas, não havendo como se afastar dessa realidade. E que maiorias provavelmente, em algum momento, cometerão erros, isto é, afastar-se-ão dos princípios de justiça, seja por desconhecimento ou por busca de interesses egoísticos[49]. Júlio Tomé assim sumariza a questão da maioria em Rawls:

> No que tange à regra de maioria, viu-se que ela é um mecanismo decisório, que serve para casos em que os cidadãos e cidadãs estão divididos e não é possível que cheguem a um consenso. Desta maneira, qualquer decisão tomada ali pode ser vista como o reflexo de uma sociedade, ou melhor, o reflexo de, pelo menos, 51% da sociedade, em um determinado momento. Contudo, mesmo ao se adotar a regra de maioria, não se tem a garantia de que se conseguirá, sempre, a decisão mais justa possível, nem que a decisão tomada não signifique o interesse de um grupo sendo imposto aos demais cidadãos e cidadãs – o que é um grande problema para Rawls, uma vez que o autor rejeita a ideia de democracia enquanto "ditadura da maioria" (TOMÉ, 2018, p. 133).

As próprias democracias, contudo, apresentam um arsenal para combater essas eventuais injustiças, como ampla liberdade de expressão e de associação, debates públicos, protestos e passeatas, dentre outros, para que a minoria possa demonstrar seu descontentamento fundamentado e encetar modificações em leis ou políticas consideradas em desconformidade com a justiça[50]. Todavia, quando as violações à justiça são muito graves e os procedimentos democráticos padrões não parecem surtir efeito na correção de rumos, a desobediência torna-se um derradeiro apelo a favor da recuperação dos princípios de justiça e, pois, em fator de harmonização e de manutenção da ordem política (RAWLS, 2016, p. 440-443). Sociedades que demonstram intolerância com a desobediência civil não parecem querer repensar pontos de tensão e, possivelmente, essa intransigência cobrará um preço alto: com o passar do tempo, muitas pessoas passarão a ver o regime como excludente e injusto, deixarão de apoiá-lo e pugnarão por mudanças mais extremas; o regime para se manter precisará usar, com mais ênfase, os elementos de força

---

[49] O que Rawls chama de "inevitáveis imperfeições de um sistema constitucional" (RAWLS, 2016, p. 442).

[50] Os cidadãos são obrigados a lidar ou mesmo aceitar algum grau de injustiça, mas "a longo prazo o ônus da injustiça deve ser atribuído de modo mais ou menos uniforme entre os diversos grupos da sociedade, e as tribulações das políticas injustas não devem pesar demais em nenhum caso específico. Por conseguinte, o dever de obedecer é problemático para minorias permanentes que sofreram injustiças por muitos anos" (RAWLS, 2016, p. 442).

e imposição, o que trará mais desgaste, mergulhando a sociedade em um ciclo vicioso que terminará em um regime autoritário ou em uma revolução. Daí, a desobediência ser fator de estabilização e equilíbrio democrático, não de anarquia[51]. Diante disso, Rawls sugere que o aparato judicial, ao julgar os casos de dissidência, precisa examinar, com a devida cautela, "a natureza civilmente desobediente do ato do contestador, e o fato de que é justificável (ou pode parecer justificável) pelos princípios políticos fundamentais da constituição e, com base nisso, reduzir, e em alguns casos suspender, a penalidade legal" (RAWLS, 2016, p. 481), embora o contrário também possa ocorrer, ou seja, haver a punição para aqueles atos de desobediência injustificáveis diante dos valores constitucionais relevantes (RAWLS, 2016, p. 481). Nesse último sentido, Marcos Rohling, no artigo *A justificação moral da desobediência civil em Rawls*, citando a análise de Sabl e Singer, esclarece que o julgamento dos atos de insurgência pelo Poder Judiciário tem o caráter de desestimular ações fúteis e inconsequentes (ROHLING, 2014, p. 20). Nas palavras do autor:

> Assim, se a desobediência civil é dirigida ao senso de justiça que está implícito nos arranjos sociais existentes, e se aqueles que a praticam devem demonstrar sua boa-fé demonstrando disposição para sofrer as punições decorrentes das mesmas, então, os não-desobedientes da sociedade dispõem, por consequência, os meios para aceitar ou rejeitar as reivindicações dos dissidentes, a saber: as punições. Por meio delas, a sociedade como um todo pode tratá-los como pequenas perturbações e ignorar tais exigências de mudanças como sendo injustas (SINGER, 2002, p. 128). Nesse sentido, a punição da desobediência civil, para Singer, cumpre um duplo papel: (i) é um vínculo de boa-fé e da vontade dos desobedientes para lidar de forma justa; e (ii) é, também, a partir de uma perspectiva social mais ampla, um modo de dissuasão, num sentido especializado. Conforme Singer, a punição dos crimes comuns, ideal para dissuadir as pessoas de cometerem crimes, é diferente daqueles de desobediência civil: no caso da desobediência civil, a punição cumpre o papel de dissolver atos que sejam frívolos ou insinceros (SABL, 2001, p. 323) (ROHLING, 2014, p. 20).

É importante, neste ponto, trazermos à baila algumas críticas que comumente são feitas ao pensamento de Rawls no tocante à desobediência civil. A primeira delas é a de que, ao prever o recurso à desobediência civil como instrumento de estabilização, o filósofo estadunidense estaria

---

[51] "Não há risco de anarquia, contanto que haja um acordo suficiente e funcional nas concepções de justiça dos cidadãos e sejam respeitadas as condições para o recurso à desobediência civil" (RAWLS, 2016, p. 485).

implicitamente reconhecendo a insuficiência de sua teoria da justiça como alicerce de uma sociedade bem-ordenada (TOMÉ, 2018, p. 133). Afinal, se uma sociedade baseada nos princípios da justiça como equidade precisa reconhecer a desobediência a seu ordenamento para lutar por justiça, justiça que supostamente deveria alicerçá-la, é porque há algo inconsistente na teorização rawlsiana. A esse ponto, poder-se-ia responder com o fato de a teoria de Rawls envolver sociedades democráticas que, por sua vez, para múltiplas deliberações, utilizam os mecanismos de votação por maioria. Ainda que os procedimentos majoritários estejam regularmente previstos e todas as formalidades legais para as deliberações políticas sejam seguidas, não há como haver garantia de que as decisões serão sempre em conformidade com a justiça como equidade. Assim, a desobediência civil figura como fator de importância para sociedades que buscam a realização da justiça ou o desfazimento de injustiças. Tomé responde, de forma bastante contundente, a essa crítica dirigida a Rawls:

> [...] Pode-se, então, afirmar que a desobediência não deve ser vista como a maneira do autor "jogar a toalha" e admitir que não consegue organizar uma sociedade bem-ordenada por meio dos princípios de justiça. Isso porque Rawls está trabalhando sob a perspectiva da democracia – liberal e constitucional – sobre a qual, as injustiças podem ser frutos de decisões legítimas. Recorda-se aqui que, para Rawls, uma lei ou política de governo ser implementada por meio de um procedimento legítimo não garante a justiça dela, pois a ideia de legitimidade é mais fraca do que a de justiça. Assim, por mais que, em um primeiro olhar, possa ser estranho que se fale em desobediência civil, leis e políticas de governo injustas, em uma sociedade bem-ordenada e espelhada pelos princípios da justiça, julga-se que seria estranho se Rawls não houvesse pressuposto uma forma de analisar a justeza das decisões, assim como a estabilidade da sociedade, i.e., se o autor não pensasse um mecanismo estabilizador, para além do sistema jurídico, uma vez que esse também pode legitimar as injustiças e tomar decisões injustas, pois deve respeitar os procedimentos legais (e legitimamente estabelecidos). Dessa maneira, com o mecanismo da desobediência civil, vê-se dois importantes aspectos do pensamento de Rawls, a saber: i) a confiança do autor no senso de justiça dos cidadãos e cidadãs; e ii) o papel da razoabilidade, que será a faculdade responsável para que as pessoas analisem suas decisões passadas diante

> das reivindicações de grupos minoritários. [...] E isto não é uma falha da teoria rawlsiana; seria uma falha, na verdade, se o autor houvesse pressuposto que sua teoria daria conta de todos os problemas de uma sociedade democrática – e da teoria democrática. Julga-se, então, que Rawls acertadamente pensou na necessidade de haver um mecanismo estabilizador, como a desobediência civil, sendo que qualquer argumentação tentando afirmar que ao aceitar a desobediência civil o autor teria aceitado que sua teoria da justiça é incompleta, não se segue (TOMÉ, 2018, p. 134).

A segunda crítica dirigida ao modo como Rawls entende a desobediência civil está em sua suposta estreiteza[52], ou seja, dadas as extensas exigências rawlsianas para que algo seja assim classificado, seria difícil, na prática, a materialização do fenômeno tal qual o descreve o autor norte-americano. Dessa forma, muitos autores reclamam que a definição das ações de desobediência civil, para ser útil analiticamente em um contexto atual, deve ser menos apegada a minudências. Essa crítica será vista mais detidamente no capítulo subsequente. Por ora, é preciso dizer que embora reconheçamos que a definição de desobediência civil de Rawls seja, de fato, um tanto restritiva, ela deve ser entendida, por óbvio, dentro do contexto da sua obra. Para o autor estadunidense, de tradição contratualista e liberal, as sociedades que adotam os princípios de justiça estão baseadas na liberdade, pluralidade e cooperação, adotando constituições garantidoras de direitos fundamentais. Dessa forma, suas instituições tendem a ser adequadas e a gerar paz e estabilidade. Em sendo assim, os cidadãos tenderão a apoiar tais arranjos. Ocorre que, na dinâmica sócio-política, poderão acontecer situações em que — apesar de se viver em uma sociedade, no geral, justa — injustiças são materializadas. Diante disso, as pessoas poderão recorrer aos próprios mecanismos existentes nas instituições para corrigir tais falhas. Sendo as instituições incapazes de remover as injustiças pontuais, porém graves, ao cidadão cabe recorrer à desobediência civil para chamar a maioria à razão, demonstrando a gravidade da situação concreta e o quanto tal situação é avessa aos princípios fundantes da ordem constitucional. Rawls fala a sociedades bem ordenadas e de quase justiça, jamais negando o recurso a revoltas ou revoluções para sociedades que não se enquadram em seu padrão de constitucionalidade democrática. Destarte, é preciso reconhecer

---

[52] Tomé (2018, p. 135) resume a crítica com duas perguntas: "[...] a ideia apresentada por Rawls, de desobediência civil, efetivamente dá conta de abarcar o que é a desobediência civil? Ou o pensamento do autor estaria preso ao legalismo de modo que não consegue pensar em uma desobediência civil realmente efetiva?".

que o escopo da teoria rawlsiana é necessariamente menos amplo e, pois, algumas críticas a ele dirigidas não são procedentes. Tomé, analisando tais críticas, aponta que:

> [...] neste trabalho, pretende-se defender uma posição que afirma, sim, que Rawls formulou uma concepção muito normativista de desobediência civil, mas que, contudo, por outro lado também afirma que o filósofo estadunidense parece estar correto em formular uma teoria da desobediência civil mais restrita, mas que se diferencia das outras maneiras de dissensão. [...] julga-se [...] que os atos de desobediência civil não podem ser prejudiciais, ao menos não prejudicais aos demais cidadãos e cidadãs de uma sociedade democrática, assim como não pode ser motivo para fazer ruir toda a estrutura social. [...] Desta forma, Rawls parece acertar ao afirmar que a desobediência civil precisa ser um ato político, que apela ao senso de justiça da maioria política, e que se orienta e justifica-se por meio dos princípios da justiça como equidade. Além disso, o autor parece estar correto em sua definição mais restrita de desobediência civil, quando se verifica que ele escapa de um outro problema, que é colocar muitas coisas diferentes e, muitas vezes, até mesmo antagônicas, como alguns teóricos atuais estão fazendo, como sendo desobediência civil (TOMÉ, 2018, p. 140-141).

Dessa forma, Rawls parece ser coerente com seus próprios postulados e constrói, para a desobediência civil, um perfil reformista e de contenção de injustiças no âmago de uma sociedade bem ordenada ou de quase justiça, apresentando uma teoria sólida que serve como referência para os debates sobre o tema ainda nos dias de hoje.

Bem, assentados os pensamentos de Dworkin e Rawls sobre a desobediência civil, no próximo capítulo, examinaremos os fenômenos contestatórios contemporâneos e os críticos da teoria liberal.

3

NOVOS FENÔMENOS DE DESOBEDIÊNCIA E A CRÍTICA À TEORIA LIBERAL

Neste capítulo, iremos examinar os movimentos de contestação à ordem — ou de desobediência — que estão a acontecer no século XXI e como eles têm afetado o meio acadêmico, a tal ponto que o enraizado conceito de desobediência civil, de cariz liberal e consolidado entre os anos 60 e 70 do século XX, vem sofrendo críticas muito fortes de uma nova geração de estudiosos de filosofia política, atenta aos fenômenos contestatórios recentes e ávida por alforriar a desobediência civil do que considera como termos excessivamente restritivos em que supostamente a encerrou a teoria liberal.

É natural que o contexto político, econômico e social de uma determinada época inspire os observadores mais argutos, que produzirão textos tentando explicar a realidade que os cerca e, em alguns casos, influenciar o debate público para, no limite, tentar transformá-la. Isso é ainda mais evidente quando são examinados movimentos de enfrentamento ao *status quo* e as razões pelas quais parte da sociedade resolve arrostar o poder estatal. Thoreau, o pai involuntário — como já vimos alhures — da expressão desobediência civil, escreveu para registrar sua contestação à escravidão, com o seu rastro de horror e degradação, e à guerra externa contra o México, que era por ele vista como guerra de conquista, ainda no século XIX. Se o termo "desobediência civil" nasce involuntariamente com Thoreau, é só no século XX que ele passa a ser tema de atenção dos acadêmicos e ganha contornos mais precisos, em uma conjuntura bastante específica que não podemos nos furtar de relembrar.

Gandhi prega a desobediência em uma situação de imperialismo e colonização; e King Jr. denuncia leis de segregação racial em um país que se via orgulhosamente como uma democracia vibrante e acautelatória dos direitos sagrados de seus cidadãos, mas que os negava, paradoxalmente, à parcela substantiva de sua população, a saber, a de origem africana. Da mesma forma, os protestos contra a Guerra do Vietnã vão questionar o conflito bélico em terra distante, sem interesse nacional evidente dos EUA e com perda expressiva de vida de jovens norte-americanos, além da destruição física e humana em um pequenino país asiático. Os protestos contra as armas e instalações nucleares, na Europa da década de 70 do século passado, tinham como pano de fundo a Guerra Fria e a possível hecatombe que um combate atômico causaria. Assim, parecia que o conceito de desobediência civil — com todos os seus requisitos, tais como a publicidade, a não violência, o respeito à lei apesar da ilegalidade pontual, a aceitação de eventual punição para demonstrar a sinceridade dos propósitos reformistas dos inobedientes e o apelo à mudança da legislação ou de determinada política pública, além do fato de que aconteceria apenas quando os instrumentos convencionais para as mudanças institucionais fossem tentados e não resultassem aptos para promover a reforma ou sequer o debate sobre a questão veiculada pelos desobedientes — que emergira desse conturbado período, havia atingido o estado da arte e, definitivamente, explicava satisfatoriamente eventos os mais variados. Obviamente que nem todo episódio de contestação estaria deslegitimado[53], caso não estivesse a seguir os requisitos acima apontados, pois a teoria distinguia de forma suficientemente clara a desobediência de outras formas de contestação direta ao poder, como as revoluções, por exemplo. Essas não tinham como objetivo a modificação de algumas políticas pontuais de um Estado que, no geral, era considerado adequado; objetivavam uma transformação completa e generalizada das estruturas estatais e, para isso, não renunciavam ao uso da violência. Contudo, e o que se pretende destacar por agora, é que o conceito da desobediência civil — majoritariamente liberal e advindo dos pretéritos tempos do século XX — parecia gozar de aceitação suficientemente ampla[54] e estar à mão, pronto para ser usado — com êxito — pelos cientistas políticos, em determinadas situações de confrontação, para explanar sobre o evento. Para alguns, inclusive, de tão extensamente discutido, o tema perdera a importância que teve na filosofia política de outrora, até que fenômenos contestatórios contemporâneos o trouxessem, novamente, à ribalta, como percucientemente observa Livingston:

> A desobediência civil está de volta. Há muito relegado às margens da filosofia política como objeto de um debate esgotado da década de 1970, as recentes ondas de protesto em

---

[53] Aqui, a expressão "legitimado" é entendida não como aquilo que estaria amparado pela legislação, mas como aquilo que estaria socialmente justificado, por intermédio do uso da racionalidade política, dadas as circunstâncias históricas de um determinado momento.

[54] Isso, por óbvio, não quer dizer que não houvesse críticas à abordagem liberal, mas que os requisitos previstos na visão liberal da desobediência civil eram, no geral, aceitos.

todo o mundo trouxeram de volta a desobediência civil ao centro da teoria e prática política (LIVINGSTON, 2019, p. 591, tradução nossa).[55]

Assim, pretendemos mostrar, em um primeiro momento, quais são esses fenômenos contestatórios e por qual razão eles têm mexido de forma tão profunda com o conceito de desobediência civil herdado do século passado. Importante destacar que muitos desses novos contestadores, embora suas práticas aparentemente distem do modelo liberal consagrado nos anos 70, enxergam-se como desobedientes civis, o que pode ser explicado, segundo Scheuerman (2021, p. 385), da seguinte maneira: a) pelo fato da expressão desobediência civil ter uma história que lhe dá substância moral e política, é mais fácil para os objetivos daqueles que protestam a identificação com algo que não é desconhecido pelo público; e b) como consequência dessa marca político-moral, os funcionários do Estado responsáveis pela persecução penal (juízes, promotores/procuradores e policiais) tendem a ser menos inflexíveis com os civilmente desobedientes. Depois, vamos nos debruçar sobre autores que, diante da nova realidade, buscam redefinir a desobediência civil ou, mesmo, superá-la. Evidentemente, como são vastos os universos dos movimentos refutatórios e variada a gama de estudiosos que criticam os antigos postulados liberais da desobediência civil, iremos escolher apenas os que julgamos mais significativos para os propósitos do presente trabalho. Dessa forma, o capítulo está assim estruturado: a) no item 3.1, chamado de "Há algo de novo no ar", citaremos amostras de contestação à ordem, politicamente motivadas e sem a pretensão de uma revolução, mas que guardam dessemelhanças, pelo menos em uma primeira mirada, com o cânone liberal da desobediência civil; b) no item 3.2, denominado "Robin Celikates e a Ampliação do Conceito de Desobediência Civil", discutiremos o pensamento do filósofo alemão, crítico acerbo da teoria liberal da desobediência civil, especialmente da definição rawlsiana; e c), por fim, no item 3.3, "Candice Delmas e a Desobediência Incivil", veremos o posicionamento da filósofa que, dadas as limitações que reputa ao termo desobediência civil, inequivocamente ligado ao rigor da definição de Rawls, pretende superar a teoria liberal, consagrando a **desobediência incivil** como apta a explicar — com mais rigor — o que está a acontecer com variados grupos de protesto na contemporaneidade.

---

[55] No original: "Civil disobedience is back. Long relegated to the margins of political philosophy as the object of an exhausted debate of the 1970's, recent waves of protest around the globe have returned civil disobedience to the center of political theory and practice".

3.1 Há algo novo no ar

A Espanha viveu extremos muito significativos durante o século XX: da instabilidade política de governos que se sucediam até uma brutal guerra civil entre os anos de 1936 e 1939, da ditadura de Franco (1939-1975) à restauração da monarquia da Casa de Bourbon, de um regime autoritário e bastante fechado à reconstitucionalização do Estado, de um país devastado economicamente ao esplendor do crescimento econômico, do isolamento[56] diplomático ao ingresso no bloco europeu (1986). O fato é que, após o governo de Franco, os espanhóis foram capazes de construir uma democracia bem estruturada, que garantiu estabilidade institucional e prosperidade social e econômica. A diversidade étnico-cultural, com forças centrífugas bastante acentuadas (bascos, catalães e galegos, por exemplo), foi razoavelmente bem trabalhada, com a Constituição de 1978 garantindo governos regionais com autonomia considerável[57]. O sistema político foi, com o tempo[58], estruturado em dois grandes eixos, com o Partido Socialista (Operário Espanhol) de um lado, espelhando uma força de centro-esquerda, e o Partido Popular de outro, representando a centro-direita, o que garantiu a normalidade governativa, com os líderes dos dois principais partidos se alterando no poder central espanhol, dentro da lógica das democracias consolidadas: quem ganha governa nos marcos constitucionais e quem perde faz oposição, igualmente nos limites traçados pela Constituição. Ademais, a economia em forte expansão ajudou a pavimentar o bem-estar interno[59]. Esse êxito espanhol pós-Franco sofreu forte abalo com a crise financeira internacional que, começando nos Estados Unidos, acabou por atingir em cheio alguns Estados europeus. Esse desalinhamento espanhol, que dos bons anos das décadas de 80, 90 e 2000 passou a viver um momento de crise econômica e, consequentemente, de tensão social e política, está bem sintetizado na seguinte passagem:

---

[56] O isolamento era tal que a Espanha só ingressou na ONU em dezembro de 1955.

[57] É preciso mencionar que, como consequência da crise econômica de 2008, essa questão regional reapareceu com bastante força, mormente na Catalunha.

[58] Isso não se deu de forma imediata após a adoção da Constituição de 1978, mas foi ocorrendo com o transcorrer da primeira década democrática e se consolidou na década de 90, apesar da existência de partidos de caráter regional. Registre-se que uma das consequências da crise econômica e dos movimentos de contestação foi a criação de novos partidos com participação importante no Parlamento Espanhol, como Podemos (esquerda) e Ciudadanos, aumentando a complexidade do sistema partidário.

[59] "A verdade é que antes da crise global atingir a Espanha na Primavera de 2008, Madrid tinha se tornado uma das economias de maior sucesso da Europa. [...] Durante a década e meia que precedeu a crise financeira global, a economia espanhola tinha conseguido quebrar o padrão histórico de expansão e contração, e o desempenho econômico não foi nada menos que notável" (ROYO, 2015, p. 22-23).

> O nome da Espanha - para além de *fiesta*, cultura ou futebol - foi por muitos anos associado a uma história prolongada de sucesso político e econômico. A transição espanhola a partir de um passado autoritário e a subsequente consolidação como democracia avançada europeizada e semifederal inspirou outros processos de democratização. A sua economia chegou a ofuscar a da Alemanha durante a segunda metade da década de 1990 e durante a década de 2000. No entanto, no final de 2008, essa história feliz começou a mudar (MOLINA; TOYGÜR, 2015, p. 7-8).

Assim, diante dos desdobramentos da crise financeira internacional na economia doméstica, o governo espanhol tomou uma série de medidas bastante impopulares para reverter o déficit orçamentário, envolvendo cortes de gastos e aumento de tributos, o que implicou em um custo social indiscutivelmente alto. O desemprego cresceu substancialmente e hipotecas imobiliárias não puderam ser honradas, acrescentando ao quadro da recessão econômica o vívido drama social ocasionado pelo despejo de inúmeras famílias de seus imóveis residenciais financiados. Isso tudo, por óbvio, gerou desconfiança em relação ao sistema político de Espanha e inúmeros protestos. Os manifestantes que saíram as ruas espanholas ficaram conhecidos como movimento dos indignados (*Los Indignados*) ou 15-M, uma vez que a convocação para os protestos e a ocupação ao conhecido cartão postal madrilenho "Puerta de Sol" ocorreu no dia 15 de maio de 2011, marcando a data um ponto de destaque nas lutas encampadas pela mobilização contrária à austeridade econômica implementada pelos dirigentes do país. O movimento dos indignados caracterizou-se tanto pelo uso intensivo de tecnologia da informação, com a qual promovia encontros, debates de pautas variadas e discutia estratégias para os passos seguintes, como pelo seu nítido caráter descentralizado.

O núcleo principal de reivindicações estava ligado ao alheamento dos governantes acerca da vida concreta dos governados; exigia-se, então, uma profunda alteração do método governativo e uma democracia real, não meramente formal. A crítica era endereçada a um padrão permanente de preocupações dos partidos políticos majoritários e, consequentemente, da gestão do Estado, com a lógica de mercado ou neoliberal, olvidando as necessidades do povo, mormente dos mais vulneráveis. O movimento dos indignados, frise-se, foi influenciado pelo livro *¡Indignez-vous!*, do francês Stéphane Hessel (2012), que convocava as pessoas comuns, em ação coletiva, a expressar repúdio ao sistema político que beneficiava os grandes, uma vez que, na visão do autor, o setor financeiro causara a grande recessão, mas foi amparado pelos governos, que para isso tiveram que tomar medidas muito duras que, por sua vez, afetavam os mais pobres em direitos sociais básicos (RIVERA, 2016, p. 2-3, 10).

Os atos dos indignados (15-M) não podem ser classificados como meros protestos legais em uma democracia madura, uma vez que as ocupações prolongadas de espaços públicos e a resistência ao cumprimento de ordens judiciais estiveram presentes. Para o que aqui nos interessa, soa duvidosa — pelo menos de início — a afirmação de que os indignados praticavam a desobediência civil, de acordo com os cânones liberais. Embora as ações tenham se dado majoritariamente de forma pacífica e pública, os manifestantes não demonstravam ter em grande prestígio a ordem legal ou política espanhola. Ademais, não pareciam querer mudar um aspecto ou outro das ordens política ou social que, de forma mais ampla, pareciam-lhes justas; nem queriam sensibilizar a maioria política acerca das aflições de uma minoria que apelava ao senso de comunidade para ser, pelo menos, ponderada a sua petição. Na visão deles, ao contrário, a maioria é que estava se manifestando, cansada de ser ignorada por interesses minoritários que regiam as instituições públicas e os partidos que se revezavam no poder. Portanto, em seus próprios termos, a ordem política nacional, descasada das aspirações populares mais básicas, resultava em iniquidades sociais e econômicas óbvias. Assim, questionavam a ordem política não pontual e lateralmente, mas de maneira contundente e ampla; para eles, o sistema representativo do país era um simulacro e, de fato, não encarnava, nem de longe, os lídimos interesses da maioria da população. Daí a exigência de uma "democracia real agora"[60], com a participação efetiva dos cidadãos na condução dos assuntos públicos. Ao que tudo indica, as reivindicações de cunho social e econômico, tais como políticas públicas de habitação e emprego, bem assim o controle mais rígido sobre o sistema financeiro, resultavam dessa constatação de baixa capacidade do modelo político de escutar o cidadão e gerar resultados em prol de uma maioria que, mal representada e sem canais diretos junto ao Estado, não conseguia fazer face aos interesses do grande capital.

Mais tarde, no Capítulo 4, voltaremos ao exemplo do 15-M para saber se a crítica dirigida ao modelo liberal — de que ele não consegue explicar adequadamente os movimentos contestatórios contemporâneos — está correta ou se há, nela, exagero. Por ora, basta fazer o seguinte registro: o

---

[60] Em castelhano, *"democracia real ya"*.

agir dos indignados espanhóis, pelo menos em uma primeira análise, não parece vestir, à perfeição, a luva liberal.

Muito parecido com o seu congênere espanhol, surgiu, por igual no ano de 2011, nos Estados Unidos, o chamado movimento *Occupy Wall Street*[61]. Recordemos que a crise financeira internacional, que causou estragos na economia e no tecido social espanhol, surgiu em terras estadunidenses e, lá também, trouxe consequências nefastas nos campos econômico e social. O *Occupy* surgiu da insatisfação de parcela dos cidadãos diante de um cenário de grandes restrições econômicas e tinha dois grandes eixos: a) o protesto contra o sistema político norte-americano que, cada vez mais longe do controle popular, era visto como débil na regulação de determinados setores de mercado (por exemplo, os bancos), ágil no socorro às grandes corporações, lento na defesa dos interesses difusos da população e, talvez, até mesmo insensível ao sofrimento das camadas mais empobrecidas da sociedade; e b) denúncia do poder desmesurado das grandes corporações empresariais e da concentração de renda nos Estados Unidos, com parcelas reduzidas da população apropriando-se da maior parte da renda disponível, e uma grande massa com proventos muito rebaixados. O *slogan* do movimento era bastante expressivo: "somos os 99%". Cabe dizer, igualmente, que o *Occupy* tinha estrutura descentralizada e fazia largo uso da tecnologia da informação. O texto que transcrevemos a seguir é muito significativo sobre as dificuldades práticas e os objetivos do movimento:

> Nosso sistema está falido. Mais de 25 milhões de americanos estão desempregados. Mais de 50 milhões vivem sem seguro de saúde. Possivelmente 100 milhões vivem na pobreza. Ainda os gatos gordos são regados com bilhões em benefícios fiscais enquanto os políticos competem para apertar o resto de nós. A ocupação de Wall Street pode obrigar os que estão no poder a oferecer concessões [...] Ninguém pode dizer quantas pessoas será preciso ou como as coisas vão mudar exatamente, mas, se nós nos unirmos, há um potencial para transformar um processo político corrupto e realizar uma sociedade baseada em necessidades humanas, não os lucros dos fundos especulativos [*hedge funds*]. Afinal, quem teria imaginado um ano atrás que os tunisianos e os egípcios expulsariam seus ditadores? [...] É surpreendente que este festival da democracia brotou

---

[61] O movimento aparece aos olhos do grande público com a ocupação de uma área no distrito financeiro, no sul da ilha de *Manhattan*, o chamado *Zuccotti Park*. O protesto, posteriormente, espalhou-se por várias cidades dos Estados Unidos.

> sobre essa relva [turf]: onde os mestres do universo tocam a melodia que tanto os partidos políticos quanto a mídia dançam (GUPTA *apud* SILVA, 2018, p. 5).

Percebe-se, por parte daqueles que protestavam, uma clareza no objetivo de demonstrar as disfuncionalidades do sistema político, que julgavam apartado de práticas substancialmente democráticas, bem como a necessidade de combates por melhorias sociais, mas sem traçar linhas bem definidas das mudanças pretendidas, no que é, apropriadamente, chamado de "incapacidade de visualizar um horizonte estratégico" (SILVA, 2018, p. 3). Quanto ao que importa a este trabalho, o *Occupy* não pode ser classificado plenamente como protesto legal, pois seus membros realizaram uma série de ocupações a espaços públicos e privados, além de resistirem a ordens judiciais de desocupação. O movimento estadunidense, embora não utilizasse, usualmente, de violência, nem menoscabasse a publicidade, não pode ser taxado facilmente e sem maiores explicações como desobediência civil, pelo menos no que concerne ao modelo liberal clássico, pelas mesmas razões expostas anteriormente, quando falamos de seu homólogo espanhol. Em uma análise perfunctória, o movimento não tinha como alvo a reforma de uma legislação ou de uma política pública específica, nem parecia ter profundo respeito pela ordem existente; pelo contrário, a falta de confiança nas instituições era significativa. Ademais, como já salientado algures para o 15-M, o *Occupy* não pretendia fazer um chamado à maioria para que, diante de valores comuns, mudasse determinado posicionamento: os ocupantes se enxergavam como a maioria ("nós somos os 99%") e queriam uma transformação global, inclusive em termos sociais e econômicos, conquanto não soubessem especificar o que exatamente isso significava. Também deve ser destacado que, pelo menos na versão liberal de Rawls, a desobediência civil poderia ser mais corriqueiramente defensável na discussão de direitos civis e políticos, mas vista com receio nos embates sobre justiça distributiva (SCHEUERMAN, 2018, p. 203), porém o *Occupy* dava ênfase a esse último aspecto, ainda que de forma difusa.

Na mesma linha, ou seja, na aparente dificuldade de usar o modelo liberal de desobediência civil para examinar casos mais recentes de desafio à ordem, podemos citar o caso dos protestos dos imigrantes ilegais nos Estados Unidos, em um coletivo conhecido como *DREAMers*. Registre-se que eles não eram exatamente cidadãos estadunidenses que dirigiam apelo a seus concidadãos e a seu governo para que reconsiderassem determinada lei ou política. Eles eram imigrantes sem documentação hábil para ter a permanência garantida no país. Não obstante, com risco pessoal de deportação, ocuparam espaços públicos, gabinetes de políticos e interceptaram meios de transporte para chamar a atenção para aspectos relacionados à candente questão da legislação de imigração nos Estados Unidos[62]. A ação dos *DREAMers* poderia ser classificada como desobediência civil dentro dos marcos liberais? Scheuerman (2018, p. 200-201) defende que as premissas de Rawls, em particular, e dos liberais, de maneira geral, no tocante à desobediência civil, são aquelas voltadas ao que Nancy Fraser denomina de marcos de *Westphalia*, ou seja, pronunciada diferença entre os âmbitos nacionais e internacionais. Assim, a desobediência civil se daria dentro das fronteiras do Estado e voltada a discutir questões internas caras a seus cidadãos, não tendo sido originalmente pensada para nacionais de outros países tomarem voz nos assuntos de sociedades diversas das suas próprias, nem dirigirem questionamentos a governos estrangeiros. Dessa forma, em uma análise inicial, o movimento de desobediência dos *DREAMers* não poderia estar albergado nas balizas liberais.

Ainda sobre os limites westfalianos da desobediência liberal, o que dizer de alguns destacados episódios de enfrentamento eletrônico ou digital? Antes de qualquer coisa, precisamos definir o que seria a desobediência digital. Sabemos que a tecnologia tem transformado extraordinariamente a vida moderna, adentrando todos os campos: desde a família até o governo; da educação até o trabalho; da cultura ao esporte. É preciso reconhecer que, com a ubiquidade demonstrada pela tecnologia, ela fatalmente invadiria os protestos contra governos, as contestações a políticas ou a legislações e, por certo, iria alcançar o tema da desobediência civil[63]. Scheuerman (2018, p. 227) define a desobediência digital como "infração *online* da legalidade por motivos políticos", apontando que ela abrange tanto o DDoS[64] (ataque de negação de serviço) — quando os militantes, com motivação política, visitam páginas eletrônicas de governos ou companhias objeto de contestação, repetidamente e em grande número, até que as páginas da internet não mais respondam adequadamente —, quanto o "hackativismo"[65] — situações em que especialistas em computação conseguem burlar esquemas de segurança cibernética e revelam ao público, com implicação política, o que deveria ser restrito aos dirigentes de uma determinada empresa ou órgão governamental (SCHEUERMAN, 2018, p. 227).

---

[62] Para os interessados, ver Nicholls (2013).
[63] Como lembra Züger (2021, p. 359), *"the transformative effects of digitalization have not left civil disobedience untouched"*.
[64] A sigla, em inglês, é a abreviação para "Distributed Denial of Service".
[65] Na falta de termo melhor, importou-se essa expressão da língua inglesa, na qual *hacktivism* quer dizer a mistura de hacker com ativista, ou seja, aquele que coloca seus conhecimentos em computação a serviço de uma causa política.

Citemos alguns paradigmáticos exemplos de DDoS. Em 1995, por exemplo, um grupo de ativistas sediado na Itália, denominado *StratoNet Italian*, lançou um ataque de DDoS contra páginas eletrônicas do governo francês, em protesto contra a atitude do presidente da França, na época Jacques Chirac, que havia autorizado testes nucleares no Pacífico, conseguindo causar danos às páginas governamentais francesas na internet. Em 1997, nos Estados Unidos, um grupo de militantes conhecido pelo sugestivo nome de *Electronic Disturbance Theater*, em apoio ao movimento zapatista, promoveu um assalto coordenado contra páginas eletrônicas da internet pertencentes ao governo do México ou a empresas com atuação naquele país e que, na visão do grupo de contestação, eram ícones do neoliberalismo mexicano (ZÜGER, 2021, p. 361). Em 2001, a empresa aérea Lufthansa foi acusada por ativistas de colaborar como o governo alemão na deportação de estrangeiros que viviam ilegalmente em terras germânicas e foi organizada uma investida contra o sítio eletrônico da empresa na internet, com o objetivo de derrubar os serviços prestados remotamente pela companhia (DDoS)[66]. A repercussão desse episódio foi tão significativa que a empresa deixou de prestar serviços ao governo e, portanto, parou de fazer as viagens de deportação dos imigrantes para os seus países de origem (SAUTER, 2014 apud SCHEUERMAN, 2018, p. 229). Veja que é aparentemente tormentoso usar a moldagem liberal para classificar atos como os descritos anteriormente na categoria de desobediência civil. Primeiramente, pois dois deles não foram dirigidos por cidadãos de um país contra o seu próprio governo ou em desfavor de maiorias políticas dentro de sua sociedade, em desconformidade com o padrão westfaliano mencionado alhures. Em um caso, há italianos protestando contra o governo francês; no outro, estadunidenses arrostando o governo mexicano. Segundo, os grupos ativistas não usaram da publicidade, pelo menos não da maneira como pensada nos idos dos protestos reais ou presenciais. Não faria sentido avisar, com antecedência, aos governos francês e mexicano sobre os ataques virtuais pretendidos, uma vez que isso poderia provocar uma estratégia de defesa que, provavelmente, comprometeria o êxito da operação contestatória.

É fato que, posteriormente, a publicidade acaba se impondo por um motivo lógico: os coletivos que protestam querem chamar a atenção da sociedade para o sucesso de seu ataque virtual e, sobretudo, para a causa por eles defendida. No caso do ataque ao sítio eletrônico da Lufthansa,

---

[66] Reportagem do jornal *Folha de São Paulo* (ORGANIZAÇÕES..., 2021).

temos outra particularidade que afasta, pelo menos em um exame apressado, esse exemplo do modelo liberal de desobediência civil. E esse afastamento não se dá pelo fato de o ataque ter sido voltado imediatamente contra empresa privada[67], até porque mediatamente o alvo era o governo alemão, visto que a companhia apenas prestava serviços às autoridades. O que torna o caso *Lufthansa* tão incomum para os padrões clássicos da desobediência civil é que ele foi posto em prática por cidadãos alemães para defender pessoas que não detinham a nacionalidade alemã, ou seja, não se trata do fenômeno tradicional de apresentação de demandas internas entre concidadãos. Dito de outra forma, eram alemães, dentro de suas fronteiras, protestando a favor de estrangeiros[68].

No campo do hackativismo, temos exemplos notáveis e de maior reverberação. Tomemos, primeiramente, o caso Snowden em consideração. Edward Snowden, com formação na área de tecnologia da informação (TI), foi — inicialmente — assistente técnico na CIA, a conhecida agência de inteligência norte-americana. Posteriormente, foi contratado por empresas privadas que prestavam serviços ao governo dos Estados Unidos. Assim, ele atuou perante a NSA — Agência de Segurança Nacional — no Japão e no Havaí. Neste último lugar, copiou muitos documentos sigilosos do governo estadunidense e os entregou a jornalistas que, em seguida, publicaram as informações na imprensa, o que causou um escândalo de grandes proporções. O material mostrava que a NSA monitorava extensamente os cidadãos de seu próprio país, além de estrangeiros, dispondo de uma série de informações que Snowden reputava como violação de privacidade e agigantamento abusivo do poder estatal, supostamente em nome da sempre delicada questão da segurança do país. Considerado pelas autoridades dos Estados Unidos como um criminoso comum, Snowden refugiou-se na Rússia para escapar das consequências legais do vazamento (PILATI; OLIVO, 2014, p. 282-285).

---

[67] Nos escritores liberais das décadas de 60 e 70 do século passado, o único que tratou abertamente de desobediência civil em face de empresas privadas foi Michael Walzer (1977), em seu livro *Das Obrigações Políticas: ensaios sobre desobediência, guerra e cidadania*. Scheuerman chama a atenção para a ocorrência, nos tempos presentes, de desobediência civil mobilizada essencialmente contra companhias privadas, no que ele chama de tendência de privatização dos alvos de protestos (ver, por exemplo, o capítulo 5, "La postnacionalización y la privatización", do livro *Desobediencia Civil*).

[68] O líder ativista, Andreas Thomas Vogel, que promoveu o ataque DDoS ao sítio eletrônico da companhia aérea, embora sentenciado, em primeira instância, à pena privativa de liberdade de 90 dias e multa, foi inocentado pela segunda instância do Poder Judiciário da Alemanha (Tribunal). O acórdão do tribunal alemão entendeu que a ação do ativista chamou a sociedade ao debate da questão dos imigrantes, tendo, portanto, utilidade social (SCHEUERMAN, 2018, p. 229).

Como segundo exemplo de grande repercussão de hackativismo, podemos mencionar o caso do australiano Julian Assange. Com formação na área de computação, Assange criou um sítio eletrônico, denominado *WikiLeaks*, que como sugere seu nome em inglês, serviria para fazer vazamento de materiais considerados relevantes, pertencentes a governos ou empresas e que, de alguma forma, estariam cobertos por sigilo. A divulgação de tais conteúdos serviria, na visão do ativista australiano, para aumentar a transparência sobre assuntos que afetam muitas pessoas e estimular o debate sobre questões que, de outra maneira, ficariam escondidas. O sítio eletrônico *WikiLeaks* tornou-se mundialmente conhecido, quando, em 2010, publicou materiais ligados a ações militares dos Estados Unidos nos conflitos do Afeganistão e do Iraque[69], bem como vastíssima coleção de documentos diplomáticos estadunidenses. A partir desse evento e pedida a extradição de Assange para os Estados Unidos, a vida dele foi transformada em uma batalha judicial para evitar tal desfecho. Chegou a viver alguns anos dentro da Embaixada do Equador em Londres, na qual asilou-se. Retirado, tempos depois, a sua condição de asilado pelo governo equatoriano, foi preso por autoridades britânicas[70]. Permanece preso, embora a justiça britânica tenha negado a extradição solicitada pelo governo norte-americano, que recorreu da decisão[71].

Enfim, mais do que dados biográficos de Snowden ou Assange[72], o que nos interessa de perto é a possível designação dos atos de ambos como desobediência civil. Assim como os exemplos listados antes, não é fácil a verificação dos exigentes requisitos do modelo liberal pelos hackativistas apontados anteriormente. Embora não haja uso de violência e os casos sejam efetivamente de ilegalidade politicamente motivada em nome de valores constitucionais relevantes, mormente no que se relaciona com o combate ao abuso do poder estatal e com a defesa dos Direitos Humanos, há dois aspectos de notório afastamento do padrão clássico de desobediência: a) não há a prévia publicidade dos atos ilegais, que só ganham as ruas ou, melhor, as redes eletrônicas, após a captura de documentos pelos militantes (de novo,

---

[69] A fonte foi o analista de inteligência do Exército dos Estados Unidos Bradley Manning. Depois de tratamento para redesignação de gênero, é oficialmente chamada de Chelsea Manning. Chelsea foi a julgamento e cumpriu pena. Posteriormente, a pena foi parcialmente comutada pelo Presidente Barack Obama. Ver mais detalhes em Chelsea Manning (2021).

[70] Verbete "Julian Assange" na *Encyclopaedia Britannica* (2021).

[71] Reportagem da *BBC*, publicada em 4 de janeiro de 2021 (JULIAN..., 2021).

[72] A prática de Snowden e Assange é também conhecida, nos países anglófilos, como *whistleblowing*. Como sustenta Oliveira (2015, p. 7), a expressão *whistle* "[...] é traduzida de forma livre como 'assobio' ou 'apito', o que permite compreender que o agente *whistleblower* dá notícia de possível infração [...]".

se os desobedientes digitais avisassem governos, com antecedência, sobre os vazamentos, esses dificilmente seriam materializados, o que — logicamente — impediria o público de ter conhecimento de atos potencialmente abusivos por parte das autoridades); e b) em um caso, o ativista evadiu-se da eventual punição (Snowden) e, no outro, tentou evadir-se da penalidade (Assange), em notória oposição ao cânone liberal que exige a submissão daqueles que protestam ao aparato judicial, como prova das retas intenções dos desobedientes de afrontar a legalidade em nome de princípios caros ao sistema jurídico, não em nome de interesses menores. Tudo isso indica, na prática, como é difícil, por vezes, encaixar o molde liberal em alguns exemplos atuais de contestação da ordem.

Outra forma de militância contemporânea que tem provocado acaloradas discussões acerca de sua classificação como desobediência civil é a de natureza ambiental. É fato que a militância ambiental é ampla e suas táticas são bens variadas: assim, algumas não violariam requisitos básicos da desobediência dentro da conformação liberal padrão, envolvendo aspectos não violentos, públicos e não evasivos[73]; entretanto, existem outras tantas que suscitam fundadas dúvidas. Nesse último campo, precisamente nos referimos àquilo que tem sido chamado de ecossabotagem. Michael Martin sustentava, no início dos anos 90, que um ato pode ser categorizado como ecossabotagem, se reunir as seguintes características:

> O ato A da pessoa P é um ato de ecossabotagem se, e somente se, (1) ao fazer A, P tem como objetivo parar, frustrar ou desacelerar algum processo ou ato que acredita que irá prejudicar ou danificar o meio ambiente, (2) o ato A de P é motivado por um sentimento de preocupação religiosa ou moral; (3) A é ilegal e (4) A não é um ato público (MARTIN, 1990, p. 294).

Mas, além da não publicidade, parece que algumas táticas de ecossabotagem mais ousadas envolvem alguma forma de violência. Cruz, citando *Welchman*, conta a história de uma reserva ambiental, na Escócia, de nome

---

[73] Nesse sentido, um exemplo é o *Sunrise Movement*, que tem como eixo central de preocupação a questão climática e a transição energética para fontes renováveis. O movimento se organiza para eleger candidatos comprometidos com as questões ambientais e promove ações diretas pontuais, inclusive com pequenos bloqueios e invasões, para protestar e para conversar com políticos, especialmente os congressistas dos Estados Unidos, e influenciar a agenda pública. O grupo tem entre os seus princípios a não violência e diz que essa diretriz ajuda a "conquistar o coração das pessoas". Os princípios do movimento e as suas ações podem ser conferidos, respectivamente, nas seguintes páginas eletrônicas: https://www.sunrisemovement.org/principles/?ms=Sunrise%27sPrinciples e https://www.sunrisemovement.org/actions/. Com exceção do fato do Sunrise lutar pela questão ambiental, e não por direitos civis, o movimento se assemelha à desobediência civil típica das décadas de 60 e 70 e, pois, guarda semelhança com a teoria liberal.

Pressmennan Wood North, que sofria com desmates constantes pelas mãos de fazendeiros da região, para exploração econômica de madeira. A imprensa denunciava a devastação ecológica, mas as autoridades locais eram muito complacentes com os proprietários rurais. No verão de 1997, um grupo de militantes ambientais invadiu, à sorrelfa, as fazendas locais e nelas fixou cartazes ameaçadores, dizendo que, se o desflorestamento não cessasse, eles iriam realizar *tree-spiking*[74] na extensão das herdades. Como o *tree-spiking* pode ferir[75] ou mesmo matar os lenhadores, a ameaça dos ambientalistas gerou pânico na comunidade interiorana, sobretudo entre os trabalhadores responsáveis pela poda, o que acabou por interromper o desmatamento (CRUZ, 2017, p. 137-138). Em agosto de 2003, o grupo ambientalista *Earth Liberation Front*, nos subúrbios de *Los Angeles*, invadiu uma concessionária de carros da marca *Hummer* e incendiou 20 veículos no valor de 50 mil dólares cada um. O objetivo da ação era protestar contra *SUVs* que têm um gasto de combustíveis fósseis desproporcionalmente alto, já que não são eficientes do ponto de vista energético[76]. Também pode ser citado o exemplo das ações diretas promovidas pelo *Animal Liberation Front*, organização de proteção animal que invade locais onde animais são explorados, como fazendas, fábricas ou laboratórios e, muito embora procure, deliberadamente, causar danos econômicos a tais empreendimentos, evita violência contra pessoas[77]. Em 2013, no interior paulista, houve invasão de laboratório de uma instituição que, segundo os ativistas, maltratava animais (cães da raça *Beagle*) para realizar teste com produtos cosméticos. Além da libertação dos cachorrinhos, foi relatada destruição de computadores e de documentação de pesquisa. Apesar de certos dissabores dos ativistas com a Justiça, em 2014, veio a lume a lei estadual paulista de n.º 15.316, proibindo a utilização de animais

---

[74] "[...] envolve martelar uma haste de metal ou outro material [...] no tronco de uma árvore para desencorajar a extração de madeira. Uma lâmina de serra de metal atingindo um espigão embutido pode quebrar ou estilhaçar, tornando antieconômico derrubar aquelas árvores. Os espigões podem ferir ou matar os madeireiros" (TREE-SPIKING..., 2008, tradução nossa).

[75] Reportagem do *Washington Post* conta, por exemplo, o evento ocorrido com o lenhador George Alexandre, da Califórnia. Devido a uma armadilha de *tree-spiking*, colocada por militantes da causa ambiental, a serra utilizada por George foi dividida e uma parte da lâmina o atingiu na cabeça, "[...]rasgando seu capacete de segurança e sua proteção facial. Seu rosto estava cortado do olho ao queixo. Seus dentes foram quebrados e sua mandíbula foi cortada ao meio [...]", (ANDERSON; VAN ATTA, 1990).

[76] Ver reportagem do jornal *New York Times* (MADIGAN, 2003).

[77] "Formada por células autônomas (independentes e com poder de decisão) e horizontais (livres de hierarquias), a ALF atua por meio de ações diretas, classificadas por seus atores e defensores como não-violentas, para resgatar animais não-humanos de situações de vulnerabilidade (laboratórios, circos, indústrias, fazendas etc.), sabotar equipamentos e gerar os maiores danos financeiros possíveis aos exploradores, visando sua saída do mercado e, consequentemente, dando fim a um epicentro de exploração" (ASSUMPÇÃO; SCHRAMM, 2008, p. 201).

para desenvolver ou testar cosméticos (CRUZ, 2017, p. 157-158). Em 2001, o ativista ambiental francês José Bové, na ocasião em que estava no Brasil para participar do Fórum Social Mundial (2002), em Porto Alegre, dirigiu-se com um grupo de pequenos agricultores à área de plantação experimental de soja transgênica, no interior gaúcho, e vandalizou a lavoura. A justificativa do francês e dos agricultores brasileiros para o ato era a defesa do meio ambiente e de um manejo rural mais próximo de técnicas orgânicas[78].

Todos os casos de ativismo ecológico anteriormente citados trazem traços absolutamente claros, caracterizando-se, afinal, como ilegalidades politicamente motivadas, com o propósito de supostamente proteger valores sociais como a defesa do meio ambiente ou dos direitos animais. Todavia, embutem características muito díspares do modelo padrão de desobediência, de natureza liberal. Podemos arrolar as seguintes discrepâncias: a) pautas não ligadas às liberdades básicas; b) falta de publicidade, com as ações desenvolvendo-se, inicialmente, de forma secreta; c) uso de violência contra a propriedade e, em alguns casos, assumem até mesmo o risco da violência contra pessoas; e d) não parecem usar linguagem direcionada à maioria para convencê-la a mudar de atitude, em uma lógica dialogal, mas deseja impor custos crescentes às correntes sociais majoritárias que não estiverem dispostas a mudar de atitude[79]. Digna de menção também é a circunstância a envolver práticas contestatórias ambientais dirigidas prioritariamente contra o setor privado, o que não está suficientemente gizado na matriz liberal. Mas, aqui, cabe o que já foi dito acerca de casos como o do ataque DDoS contra o sítio eletrônico da Lufthansa: pode-se, ao menos, entender que, de forma mediata, o agir dos ativistas estava dirigido à ação governamental, seja pelo motivo do Estado não legislar a favor do meio ambiente, no geral, e dos direitos dos animais, em especial; ou, no caso de existir legislação protetiva, não fiscalizar o cumprimento efetivo do arcabouço legal. De qualquer feita, não são poucos os obstáculos para a identificação da ecossabotagem com os marcos liberais da desobediência civil.

A questão racial estadunidense foi importante para a formação do conceito e a história da desobediência civil. Atualmente, isso não é diferente. Se, no século XIX, o que se denunciava era a escravidão e, no século XX, a luta era contra as leis de segregação, no século XXI, o combate é, sobretudo, contra a

---

[78] Ver Fórum... (2002).
[79] Essa ausência de diálogo e de convencimento é um problema expressivo para a tendência liberal rawlsiana. Dworkin admite essa hipótese, embora veja nela limitações não desprezíveis.

violência policial e o sistema de justiça criminal dos Estados Unidos[80]. Assim, chegamos ao movimento *Black Lives Matter* (vidas negras importam), que surge nas redes sociais, como reação ao julgamento que considerou inocente George Zimmerman, que havia sido acusado pelo assassinato do adolescente negro Trayvon Martin. Registre-se que Zimmerman confessou ter matado Martin, mas dizia pensar que o jovem estava armado e em prontidão para, provavelmente, cometer crimes na região e, então, sustentou ter agido em legítima defesa. A tese dos advogados de Zimmerman obteve sucesso perante o Poder Judiciário, o que gerou muitas críticas. Indignada com o resultado do processo, Alicia Garza escreveu um texto no Facebook, no qual usou a expressão *"black lives matter"*. Uma das amigas de Garza, Patrice Cullors, tomando emprestado os dizeres, redigiu em sua conta #blacklivesmatter, que se popularizou rapidamente tanto no Facebook, quanto no Twitter. Diante da repercussão do caso, da disseminação da *hashtag* e da dor da comunidade negra com a repetição de acontecimentos lamentáveis como o caso Zimmerman-Martin, as duas amigas juntaram forças com a ativista Opal Tometi e, no ano de 2013, criaram um movimento com o nome *Black Lives Matter*, doravante BLM[81].

    O movimento BLM define-se como "uma organização global nos Estados Unidos, Reino Unido e Canadá, cuja missão é erradicar a supremacia branca e construir poder local para intervir na violência infligida às comunidades negras pelo Estado [...]"[82]. É importante notar que os ativistas do BLM têm uma abertura maior para as questões de gênero e abraçam a inclusão LGBTQI+, que eles reputam como esquecidas pelo movimento negro à época da luta pelos direitos civis[83]. Essa abertura para a diversidade dos negros e das pautas por eles trazidas constitui o que a doutrina chama de interseccionalidade (THOMAS, 2019, p. 39-40). Além da interseccionalidade, outras características cardeais do BLM seriam: a) liderança descentralizada; b) grande participação da juventude; e c) intenso registro da resistência (THOMAS, 2019, p. 31). Expliquemos, sucintamente, cada um desses outros aspectos. A descentralização significa que o movimento BLM, ao contrário

---

[80] "Black social movements resisted these discriminatory and oppressive police agents, court systems, and prisons since the days of slavery (Dillon 1990; Morris 1984). To better understand what Black Lives Matter (#BLM) is, it is important to understand this context and background, including the persisting white-controlled use of police agencies and other parts of the U.S. criminal justice system to target, criminalize, and subordinate black Americans and other people of color" (NUMMI; JENNINGS; FEAGIN, 2019, p. 1-2).

[81] Ver Como três mulheres... (2020).

[82] Disponível em: https://blacklivesmatter.com/about/. Acesso em: 19 set. 2021.

[83] Disponível em: https://blacklivesmatter.com/about/. Acesso em: 19 set. 2021.

da luta pelos direitos civis, não tem condução centralizada, dirigida por liderança carismática e inconteste; o movimento atual é vivido nas múltiplas comunidades, permitindo a qualquer um que comungue de seus problemas cotidianos o exercício da liderança, o que aumenta a democracia interna, além de proporcionar estratégias flexíveis que sejam adaptadas à realidade local. A participação da juventude negra em ações transformadoras é tradicional, seja pelo fato de que as preocupações com o futuro são mais sentidas nessa faixa etária, seja pela realidade de lutas ligadas aos estudantes[84], classe que, normalmente, funciona como vetor de questionamentos sociais. O registro das atividades de enfrentamento à ordem denota, por sua vez, preocupação com a promoção e divulgação de narrativas e estudos acerca da violência sistêmica da qual são vítimas as pessoas negras e as suas formas de resistência. Como a grande imprensa ainda tem uma narrativa bastante limitada sobre a estrutura intrinsicamente racista da sociedade norte-americana, as redes sociais seriam aliadas na tarefa do MBL de desmontar versões preponderantes nos meios de comunicação social sobre os papéis do negro na sociedade (THOMAS, 2019, p. 40-42). O racismo sistêmico presente nos Estados Unidos e sua relação com a violência policial e com um sistema de justiça criminal que, na prática, são distorcidos contra os afro-americanos é assim sintetizado:

> [...] no caso dos Estados Unidos, o racismo sistêmico é baseado em uma ampla estrutura racial branca (visão de mundo) que penetra todas as instituições sociais, consciência pública e corpos políticos. Essa moldura branca coloca os brancos constantemente no topo da hierarquia racial, construindo-os como bons e virtuosos, enquanto constrói as pessoas de cor como o "outro" e negativamente enquadradas como não virtuosas. [...] Essa estrutura racial branca gera, legitima e reproduz os padrões de discriminação racial e instituições racialmente estratificadas na sociedade, incluindo seu policiamento central e outras organizações de justiça criminal. Os departamentos de polícia e o sistema de justiça criminal são a implementação violenta e militarizada da estrutura racial branca na vida diária das comunidades negras (NUMMI; JENNINGS; FEAGIN, 2019, p. 2).

---

[84] Ajuda, igualmente, a explicar a massiva participação da juventude no BLM o fato de os movimentos de contestação contemporâneos dependerem cada dia mais do uso de tecnologia, combinado com o fato de os jovens lidarem melhor com as novidades tecnológicas.

Daí a necessidade de combate permanente a que o BLM se propõe, pois não é uma lei ou uma política específica que devem ser alteradas, mas um conjunto arraigado de práticas que precisam ser denunciadas e transformadas. Esse objetivo mais amplo — e, pois, ousado — pode ser coadunado com a definição padrão de desobediência civil, que teria como alvo a alteração legislativa ou de política pública? Dito de outra forma: diante de propósito tão abrangente, as ilegalidades politicamente motivadas eventualmente praticadas pelos ativistas podem ser classificadas como desobediência civil nos termos liberais? Para além dessa questão da amplitude da tarefa a si atribuída pelo movimento, as táticas usadas pelo BLM estariam conformes o cânone rawlsiano ou, pelo contrário, seriam excessivamente tolerantes com certa dose de violência, realçariam tendência de desprezo pela legalidade e, no fundo, não aceitariam a legitimidade do sistema político-jurídico dos Estados Unidos?

Scheuerman (2018, p. 19-20) aponta que, ademais dos métodos tradicionais de manifestação de contrariedade (passeatas e vigílias), o BLM ocupa delegacias de polícia, fecha estradas, impõe entraves a sistemas de transporte coletivo e obstaculiza compras em lojas, o que tem redundado, ainda que não constantemente, em patrimônios danificados e confrontos físicos com policiais. O citado filósofo, do mesmo modo, pondera que essas práticas atraem críticas de dois grupos política e idelogicamente muito distintos. O primeiro deles é constituído por conservadores, que acusam os ativistas negros de irresponsabilidade, supostamente liderando ações não consentâneas com o Estado de Direito (esta expressão, na visão conservadora, está bastante ligada ao binômio lei-ordem) e de propagação do ódio racial contra brancos. Embora tal avaliação conservadora já fosse esperada, o segundo grupo de críticos — constituído de ativistas afro-americanos da geração anterior — defende posições mais progressistas e, nesse sentido, sua apreciação sobre os procedimentos do BLM não era aguardada. Para o segundo grupo, os atuais ativistas estão distanciados da disciplina e do compromisso ético que aqueles que confrontam a ordem legal por razões de consciência politicamente motivada devem demonstrar, o que colabora para a formação de uma indesejada zona cinzenta entre a desobediência que alavanca reformas institucionais e o avanço social e a mera marginalidade (SCHEUERMAN, 2018, p. 20-21).

Enfim, todos esses cenários narrados supra — *Los Indignados* (15-M) da Espanha, *Occupy Wall Street*, a luta de imigrantes nos países onde entraram e se mantêm em desconformidade com a legislação de estrangeiros, os inúmeros protestos on-line (DDoS, hackativismo, mormente em sua versão *whistleblowing*), os atos de ecossabotagem e o BLM, além de outros tantos que não foram numerados (feminismo, por exemplo) — dão conta de um quadro complexo de movimentos contestatórios e que, efetivamente, demonstram certa dificuldade para encaixe no modelo liberal clássico de desobediência civil. Diante desse fato, avolumam-se as críticas quanto à utilidade da proposta liberal em episódios contemporâneos de enfrentamento à ordem. Consequentemente, teóricos formulam novas abordagens que supostamente teriam um maior poder explicativo face aos eventos recentes de contestação. Como já salientado antes, nos próximos subcapítulos, daremos enfoque a dois desses estudiosos críticos ao liberalismo: Celikates (3.2) e Delmas (3.3).

3.2 Robin Celikates e a Ampliação do Conceito de Desobediência Civil

Antes de apresentar a análise de Robin Celikates sobre a desobediência civil, é mister um breve introito sobre a biografia do filósofo alemão. Celikates foi professor associado de Filosofia Política e Social no Departamento de Filosofia da Universidade de Amsterdã (2010-19), membro do Instituto de Estudos Avançados de Princeton (2018-2019), professor visitante no Departamento de Filosofia da Universidade de Columbia (janeiro a julho de 2016), em Nova York, e professor visitante na *Université* Paris Nanterre (primavera de 2017). Atualmente, é professor de Filosofia Social na Universidade Livre de Berlim, bem como pesquisador associado do Instituto de Pesquisa Social de Frankfurt, dirigindo o projeto "Transformações da Desobediência Civil". Além da desobediência civil, seus temas de trabalho concentram-se em teoria crítica, democracia, migração e cidadania[85]. Os dois principais textos de Celikates aqui explorados são: a) "Civilidade Radical? Desobediência civil e a ideologia da não-violência", publicado em 2019, em *Dissonância – Revista de Teoria Crítica*, da Universidade Estadual de Campinas (Unicamp), com tradução de Marianna Poyares; e b) o capítulo 5, da Parte I, da Coletânea *The Cambridge Companion to Civil Disobedience*, com o título "Radical Democratic Disobedience". Frise-se que o próprio autor se vê como defensor de uma modalidade de desobediência civil chamada de democrático-radical.

---

[85] Informações disponíveis em: http://www.iea.usp.br/pessoas/pasta-pessoar/robin-celikates. Acesso em: 24 set. 2021.

Celikates pontua que, costumeiramente, o conceito de civilidade é usado pelas maiorias e os detentores de poder que a representam como instrumento na guerra ideológica para anunciar o que é aceitável e o que não será tolerado na ação de minorias inconformadas; portanto, serve para tracejar as linhas entre os protestos benfazejos e os afrontosos. Ora, disso emana uma lógica sutil, mas ainda assim suficientemente direta, de ingerência sobre os ativistas: o que é afrontoso será reprimido e, pois, é preferível que grupos dissidentes silenciem aquilo que for demasiadamente espinhoso para as maiorias e os governos constituídos. Portanto, a diferenciação entre o que é civil e o que é incivil não tem relevância apenas teórica, não configura uma tertúlia acadêmica sem implicação prática para as lutas no seio de uma dada sociedade. Ao contrário, essas expressões podem significar, no limite, quais serão as demandas processadas politicamente e quais serão encaradas como distúrbios, a merecer reprimenda do aparato de coação estatal (polícia/judiciário). Ademais, o par antagônico civilidade/incivilidade não estaria ligado apenas à forma como algo é reivindicado, mas também estaria vinculado ao conteúdo daquilo que é exigido, sendo mais facilmente enxergadas como incivis as lutas que desafiam a distribuição de poder em determinada comunidade e vistas como civis aquelas que não afetam fortemente o *status quo*. Destarte, é defensável que alguns estudiosos recusem a civilidade, uma vez que ela pode servir como obstáculo a mudanças mais efetivas, mascarando como civil a violência cotidiana e "normalizada" em face de minorias e reputando como incivil a reação mais ousada desses grupos minoritários contra a opressão sistemática das maiorias (CELIKATES, 2019, p. 23-26).

A desobediência civil, por carregar o vocábulo civil, traz para si toda a extensa polêmica e paradoxalidade do termo civilidade. A ambiguidade da desobediência civil fica patente em duas opiniões extremadas, mas muito influentes e propagadas, sobre ela. A primeira delas, exposta pela direita conservadora, indica que a expressão desobediência civil é enganosa, pois é incivil por natureza, representando um experimento radical que funcionaria como um salvo-conduto para o desprezo à lei e como uma ameaça à ordem jurídica, social e política. Por qual razão a um grupo é dado o privilégio de descumprir as obrigações que vinculam a toda coletividade? Quando o quadro institucional de um determinado país é democrático — como ocorre na Europa e na América do Norte —, a desobediência não teria nenhuma função útil; os descontentes deveriam expressar suas inconformidades e desejos reformistas por intermédio dos canais que o próprio sistema constitucional os franqueia. A segunda opinião sobre a desobediência civil, vinda de grupos mais ligados à extrema esquerda, consideram-na como algo estéril e sem efetiva potência alteradora da carcomida ordem existente. Assim, a desobediência civil toca só na superfície das grandes questões e produz, no máximo, renovações de pouca monta. Pior que produzir baixa transformação é servir como álibi a sistemas que usam a máscara da democracia, mas, na prática, são elitistas, violentos e denegadores de direitos de parcelas substanciais da população. Assim, ambas as posturas veem a desobediência civil sob um enfoque negativo, menosprezando o papel político de enfrentamento que ela traz (CELIKATES, 2019, p. 26-28).

Celikates, ao expor as controvérsias existentes em relação ao significado da civilidade — e, por extensão, da desobediência civil —, deixa bastante evidente que não quer utilizar a expressão como algo brando e sem implicações transformadoras da ordem política, econômica e social. Daí a escolha do adjetivo "radical" a configurar, em conjunto com civilidade, sua proposta teórica. Contudo, o autor admite que a civilidade da desobediência tem servido como um freio ideológico a lutas incômodas ao poder constituído. Sendo assim, por qual motivo manter a desobediência atrelada a palavra civil? Não seria mais vantajoso livrar-se de um peso que, manejado por poderosos, tem efeito limitador sobre as reivindicações? O filósofo alemão responde que sua opção pela manutenção da civilidade na desobediência está baseada em três pontos.

O primeiro ponto guarda vínculo com a tradição filosófica: estudiosos de grande envergadura, como Rawls, Arendt e Habermas examinaram o tema e deixaram um variado depositário de ideias; outras formas de resistência, todavia, receberam menos atenção teórica. Assim, seria mais proveitoso retomar o debate e fazê-lo progredir em outras direções do que simplesmente encerrá-lo. O segundo ponto tem relação com a riqueza prática da desobediência civil que abrange múltiplos exemplos, desde Thoreau, Gandhi e King Jr., até os recentes movimentos de rua e internet, demonstrando maior heterogeneidade do que se convenciona mencionar na doutrina. O terceiro ponto é que a "etiqueta" desobediência civil possui uma carga simbólica não desprezível e que afeta tanto o público, quanto os agentes estatais. Se a população vê ativistas como desobedientes civis, isso pode aumentar as chances de apoio popular ao movimento contestatório; da mesma forma, as agências estatais responsáveis pela apuração e punição das ilegalidades perpetradas pelos contestadores tendem a ser menos duras, quando estão diante de fatos aceitos pelo grande público como sendo desobediência civil[86],

---

[86] Scheuerman dá um exemplo claro acerca dessa realidade, ao mencionar as penas draconianas que alguns ditos desobedientes digitais estavam recebendo. Segundo o autor estadunidense, isso se deve, dentre outras coisas, ao

uma vez que a violação dos preceitos legais pelos desobedientes está, de alguma maneira, na alçada política; já a violação das normas por grupos que não conseguem junto à população o selo da desobediência civil podem ser tratados, sem grandes pruridos morais, como marginalidade pura e simples. Por todos os pontos (teórico, prático e simbólico) levantados, Celikates não acha conveniente o abandono do termo desobediência civil, pretendendo apenas uma revisão de seu conteúdo, com o fito de aumentar o seu potencial de efetiva contestação ao *status quo* (CELIKATES, 2019, p. 28-30).

Apesar disso, o filósofo alemão, na realidade, não vê sua concepção muito distante do que propõem Mancilla[87] ("desobediência não civil") ou Delmas ("desobediência incivil"), mas crê que as abordagens dessas autoras têm duas desvantagens: a) o público achar que "incivil" ou "não civil" é o mesmo que injustificável; e b) manter o termo civilidade com uma semântica muito apequenada, exatamente como estabelecida pelos liberais. Celikates pretende defender o seu conceito de civilidade radical ou de desobediência democrático-radical trilhando o seguinte roteiro: i) em um primeiro momento, examina criticamente o difundido conceito liberal de desobediência civil; ii) em um segundo momento, defende um conceito diferenciado para entender o "civil" na desobediência; iii) em um terceiro momento, analisa o porquê é problemático o binômio violência x não violência; e iv) derradeiramente, argumenta que a desobediência civil alterna uma fase de contestação simbólica com outra de conflitos reais e nisso está a amplitude de suas possibilidades (CELIKATES, 2019, p. 28-32).

Celikates cita os conhecidos elementos caracterizadores da definição de desobediência civil de Rawls: ato público, não violento, conscienciosamente contrário à lei e que apela ao senso de justiça da maioria, com objetivo de mudar a legislação ou alguma política governamental, mas exercido no espírito de respeito ao direito, aceitando inclusive eventual aplicação de pena para demonstração do referido respeito. Assim, embora Rawls não confunda civilidade com urbanidade, ou seja, com mera convenção social sobre modos respeitosos, o crivo da civilidade é demasiadamente exigente

---

baixo apelo junto ao público que os enfrentamentos digitais têm. Na verdade, a população não sabe bem o que fazem e o que pretendem tais contestadores (SCHEUERMAN, 2018, p. 228-230).

[87] Alejandra Mancilla é autora, dentre outros, do artigo *Noncivil Disobedience and the Right of Necessity*, de 2013, além de ser professora de Filosofia no Departamento de Filosofia, Clássicos, História da Arte e Ideias da Faculdade de Ciências Humanas da Universidade de Oslo. Seus principais interesses de pesquisa são em filosofia política e ética ambiental. Biografia disponível em: https://alejandramancilla.info/. Acesso em: 25 set. 2021.

e pouco proveitoso para examinar questões recentes relevantes. Nos exatos dizeres do professor da Universidade Livre de Berlim:

> No entanto, conforme debates recentes na literatura filosófica, **esta definição acarreta numa série de problemas, todos relacionados com a estreiteza e a forma como exigências normativas rigorosas de civilidade são incorporadas ao próprio conceito de desobediência civil.** Como resultado, **as teorias citadas acabam restringindo a aplicabilidade do conceito, excluindo práticas reais de desobediência** que muitas vezes envolvem o anonimato e quase nunca são anunciadas antecipadamente, que vão além do meramente simbólico e podem ser conflituosas a ponto de serem experienciadas como violentas, que envolvem atos de intervenção direta e desafiam a ordem existente, e cujos participantes frequentemente fogem das consequências legais e, muitas vezes, não são cidadãos – sem que, na minha opinião, percam legitimidade à pretensão de serem práticas de desobediência civil. Se, por um lado, tais **idealizações** e distorções ideológicas do pensamento filosófico **abrem, desde o princípio, uma lacuna entre teoria e prática, essa lacuna é exacerbada por um descompasso adicional: a defasagem do discurso filosófico frente à dinâmica da prática da desobediência** – em especial no caso de práticas transnacionais e digitais –, dinâmica que surge em resposta à armadilha que estudiosos de movimentos sociais chamam de "esgotamento do repertório de contestação" (CELIKATES, 2019, p. 34-35, grifo nosso).

Diante das alegadas limitações do conceito liberal, Celikates pretende dar nova definição de desobediência civil que seja mais aberta e contemporânea, capaz de explicar mais adequadamente inúmeros eventos contestatórios atuais, estipulando que "desobediência civil é uma prática de contestação política, de desafiar normas, práticas, instituições e auto-entendimentos estabelecidos que envolve a violação deliberada da lei [...]" (CELIKATES, 2021, p. 128). O civil adquire um sentido menos rigoroso, mas ainda assim bem específico: é civil tudo aquilo que não tem características militares, que não é guiado pela lógica castrense, ou seja, que não tem como alvo destruir inimigos. A orientação da desobediência civil não é militar, é essencialmente política. Por sua vez, a política não é jogo no qual o inimigo deva ser abatido, mas um tabuleiro que envolve múltiplos sujeitos e interesses diversos, aliados, adversários, composição, confrontos, avanços, recuos e pautas variadas. Dessa forma, a desobediência é uma práxis democrática de luta entre os titulares do poder constituinte (ou reconstituinte) contra o poder constituído, revendo os limites traçejados por instituições que, deixadas à inércia de seu próprio peso, tornam-se ordinariamente conservadoras, voltadas para si mesmas e pouco abertas às demandas populares (CELIKATES, 2019, p. 35-36).

Portanto a ênfase da desobediência civil de Celikates está na ilegalidade com motivação política que objetiva rediscutir o pacto social de uma determinada localidade, denunciando-o, modificando-o, alargando-o ou, simplesmente, reinterpretando-o[88]. Isso, na visão do autor, retira a desobediência civil de amarras injustificáveis, já que os elementos cardeais da desobediência liberal, herdadas do século XX, não são essenciais, e abre um leque de possibilidades para entender as contestações do século atual. É mister que frisemos o fato de o caráter da desobediência civil ser dado, na visão de Celikates, pela essencialidade política. E o que, exatamente, significa tal essencialidade política? Significa que tanto os métodos, quanto os objetivos da desobediência são políticos. Primeiramente, vamos nos fixar nos métodos. O método pode ser considerado político se, e apenas se, não luta pela eliminação daquele que está do lado contrário, ainda que o veja em campo ideológico diverso; não usa o critério militar dos binômios amigo-inimigo, tudo ou nada, matar ou morrer. Isso é fundamental para o que Celikates cognomina de autolimitação ou autorrestrição dos ativistas desobedientes. O confronto pode ser duro, difícil e extenso, mas, no entanto, o desobediente enxerga no outro um igual político, titular da mesma dignidade humana. E essa ideia motriz é que desenha as linhas que não podem ser ultrapassadas sob pena da militarização dos movimentos contestatórios e perigoso afastamento da convivência entre titulares de semelhantes direitos[89]. Note que o filósofo alemão está longe de sacralizar a não violência, inclusive admitindo, a depender do contexto, atos violentos; contudo, na desobediência civil, há que se ter a prudência da autolimitação, assim explicada por ele:

> Como a compreendemos, ao contrário, a civilidade é pertencente à lógica do genuinamente político e oposta à ação militar [...]. Como tal, a desobediência pressupõe algum tipo de vínculo civil com o adversário, por mais tenso e contestado

---

[88] Ao se referir aos protestos protagonizados por imigrantes, Celikates pondera que "[...] desobediência implícita na imigração irregular e no ativismo de imigrantes. [...] pode ser localizada no cruzamento entre desobediência civil e poder constituinte, na medida em que gera novas formas e novos espaços para o político – muitas vezes de modo infrapolíticos ou subalternos – e é transformadora da ordem constitucional existente, potencialmente reconstituindo seus limites e sua lógica" (CELIKATES, 2019, p. 36).

[89] É fundamental notar que, para Celikates, esses direitos estão mais ligados ao ser humano do que ao cidadão de uma determinada nacionalidade. Só assim para entender que o imigrante, enquanto ser humano, e não como cidadão, pode questionar o poder e as normas estatais.

> que seja, e é incompatível com a tentativa de destruir ou excluir permanentemente o inimigo da comunidade política (que pode ser aqui compreendida para além do estado-nação). [...] A civilidade, neste sentido, pode assumir diferentes formas, algumas mais exigentes do que outras, mas todas possuem formas de autolimitação e autorrestrição que são mais flexíveis e menos restritivas do que sugere a interpretação liberal da desobediência civil, com sua ênfase na não-violência e no caráter puramente simbólico e obediente à lei. Na extremidade mais estreita do espectro da civilidade encontra-se a distinção entre formas de interação civis e militares; na sua extremidade mais ampla, a ideia de prefiguração, isto é, a alegação de que o fim tem que estar presente em, ou prefigurado pelos meios. Em ambos os casos, aqueles que desobedecem são vistos como evitando aderir à escalada da lógica amigo-inimigo [...]. Assim, na medida em que o "civil" em desobediência civil está ligado à civilidade, seu contraponto não é a incivilidade da contestação conflituosa, mas a incivilidade da violência organizada que segue a lógica militar. [...]
>
> A civilidade é importante para essa compreensão de desobediência civil, pois é o laço cívico com adversários que estabelece certas formas de autolimitação e autorrestrição, como a exclusão da ação militar visando a destruição de um inimigo. O vínculo cívico invocado por essa noção que a civilidade invoca e da qual depende é muito mais abrangente do que as concepções tradicionais de vínculo cívico em termos de laços de cidadania formal sugerem (CELIKATES, 2019, p. 40-43).

Nesse ponto e para dar a necessária ênfase tanto à rejeição de entender os opositores como inimigos, quanto à limitação imposta pelos praticantes da desobediência, pretendemos abrir breves parênteses. Recentemente, os professores estadunidenses Steven Levitsky[90] e Daniel Ziblatt[91], no livro *Como as Democracias Morrem*, dão destaque — para além das regras constitucionais ou institucionais formalizadas — a regras informais de capital importância para o funcionamento dos tecidos políticos. Na argumentação deles, a Constituição dos Estados Unidos foi copiada em várias partes do mundo, todavia, com resultados muito inferiores ou mesmo diametralmente

---

[90] Professor de Ciência Política na Universidade de Harvard, com pesquisas concentradas em temas políticos da América Latina e dos países em desenvolvimento.

[91] Professor de Ciência Política na Universidade de Harvard, com pesquisas concentradas na política europeia dos séculos XIX, XX e XXI.

opostos aos obtidos na América do Norte[92]. Por que isso ocorreu? Claro que diferenças culturais, sociais e econômicas entre os países têm um peso considerável na explicação dos diferentes desfechos colhidos. Porém, o êxito político dos Estados Unidos na manutenção ininterrupta da democracia tem um diferencial extra: o peso dado a aplicação de regras informais nas relações político-institucionais. Tais regras informais são variadas, mas as mais importantes são a tolerância mútua e a reserva institucional (ou autocontenção). O que seriam a tolerância mútua e a reserva institucional? Fiquemos com o texto dos renomados professores:

> A tolerância mútua diz respeito a ideia de que, enquanto nossos rivais jogarem pelas regras institucionais, nós aceitaremos que eles tenham direito igual de existir, competir pelo poder e governar. Podemos divergir, e mesmo não gostar deles nenhum pouco, mas os aceitamos como legítimos. [...] O que quer dizer que mesmo se acreditarmos que suas ideias sejam idiotas, nós não as vemos como uma ameaça existencial. [...] (p. 103-104).

****

> A segunda norma crucial para a sobrevivência da democracia é o que chamamos de reserva institucional. Reserva significa autocontrole paciente, comedimento e tolerância, ou ação de limitar o uso de um direito legal. Para nossos propósitos, a reserva institucional pode ser compreendida como o ato de evitar ações que, embora respeitem a letra da lei, violam claramente o seu espírito. Quando as normas de reservas são robustas, políticos não usam suas prerrogativas institucionais até o limite [...] pois tal ação pode pôr em perigo o sistema existente (LEVITSKY; ZIBLATT, 2018, p. 107).

Foi a tolerância mútua, segundo Levitsky e Ziblatt, que permitiu aos políticos dos Estados Unidos a percepção de que a democracia é uma soma de embates sucessivos em que o derrotado de hoje poderá ser o vitorioso de amanhã. Portanto, não há o desejo de aniquilar o oponente, quando se obtém a vitória eleitoral, da mesma forma que não se teme a perseguição

---

[92] São citadas como Constituições muito parecidas com a dos Estados Unidos, conhecida como Constituição da Filadélfia (1787), a Constituição da Argentina de 1853 e a Constituição das Filipinas de 1935. Todavia, elas não conseguiram evitar muitas instabilidades políticas e períodos de governos ditatoriais tanto no país sul-americano, quanto no asiático (LEVITSKY; ZIBLATT, 2018, p. 100).

ou a morte física com a derrota nas urnas. Essa disseminada tolerância leva, por sua vez, à pratica da reserva institucional. Dessa maneira, o detentor do poder tende a não abusar de suas prerrogativas e a exercer suas atribuições dentro de certos limites, com o fito de não abalar o equilíbrio institucional. Um episódio concreto de tolerância mútua é um partido que perde eleições reconhecer que o adversário ganhou, desejando-lhe ventura na governação. Essa prática reforça que o adversário possui legitimidade e ajuda a impedir a formação de polarizações intensas que podem, se crescidas, romper com a ordem democrático-constitucional. Já no campo da reserva institucional, temos como exemplo partido com maioria parlamentar não encaminhar projeto de lei tentando mudar legislação eleitoral em seu próprio favor e em prejuízo efetivo a seus oponentes, diminuindo a competitividade política no interior do sistema (LEVITSKY; ZIBLATT, 2018, p. 104-112).

Obviamente que o livro está relacionado mais ao grande jogo político e institucional do que a movimentos de contestação, mas ainda assim podemos utilizar as chaves de interpretação de Levitsky e Ziblatt, guardadas as devidas proporções, para a desobediência civil na versão de Celikates. Lembremos que a civilidade para o filósofo alemão é um laço que une o desobediente com os outros membros da comunidade, inclusive seus adversários e que, em decorrência disso, ainda que os contornos não sejam precisos, as ações de enfrentamento empreendidas pelos ativistas demonstrarão uma autocontenção; pois, afinal, a sistemática usada para as ações não é de ordem castrense. Para nossos objetivos, parece que o civil em Celikates tem dupla função, servindo como certa tolerância com os oponentes e como autocontenção às próprias práticas desobedientes. Aqui, são fechados os parênteses.

Retomemos, por agora, a questão da essencialidade política da desobediência civil na visão de Celikates. Já dissemos anteriormente que essa essencialidade se desdobra tanto nos métodos, como nos objetivos. Nos métodos, como já descortinado, há um veto a movimentos organizados sob a ótica militar. Nos objetivos, o desiderato é discutir o pacto social para reformá-lo ou expandi-lo. Assim, o que se busca é "a reconfiguração de relações de poder" (CELIKATES, 2019, p. 40). Nesse ponto, precisamos explorar com mais detalhes a relação entre desobediência civil, poder constituinte e poder constituído. Na teoria jurídica tradicional, as leis buscam seu fundamento de validade na Constituição — documento político-jurídico ímpar que organiza as estruturas estatais, cria certos limites ao poder das autoridades e atribui direitos basilares à população[93] —, que está no topo da hierarquia

---

[93] É evidente que essa noção é, sobretudo, ocidental e bebe da tradição das Revoluções Inglesas do século XVII (Revolução Puritana e Revolução Gloriosa) e, ainda mais fortemente, da Independência dos Estados Unidos e

normativa. Assim, em um exemplo despretensioso, se a Constituição permite o instituto do divórcio, não cabe à legislação proibir essa forma de dissolução do casamento, uma vez que uma norma inferior (lei) não pode contrariar norma superior (Constituição). Mas, se as leis têm como fundamento o texto constitucional, qual seria o alicerce da Constituição?

A potência da Constituição advém de sua origem, ou seja, de seu nascimento como materialização de forças políticas e sociais que, em dado momento histórico, usando de sua soberania, resolvem fundar novel ordem para reger a vida de uma sociedade específica. A essas forças políticas e sociais inauguradas da ordem, o Direito chama poder constituinte originário. No dizer preciso de Mendes, Coelho e Branco (2007, p. 187), "poder constituinte originário, portanto, é a força política consciente de si que resolve disciplinar os fundamentos do modo de convivência na comunidade política". A titularidade desse poder não é de um monarca ou quaisquer outras ilustres figuras, é do povo[94], e o resultado dele é um texto constitucional (Constituição) que, a partir de sua promulgação, desenha as instituições e o exercício do poder político em um determinado território. Com o texto constitucional operativo, o poder constituído passa, na prática, a gerir o Estado. É até truísmo afirmar que, nas sociedades democráticas, o poder constituído é escolhido pelo povo, por intermédio de eleições livres e limpas, e que, em tese, esse mecanismo garantiria que o titular do poder originário exercesse forte controle sobre as decisões daqueles que administram, em seu nome, os destinos da coletividade. Todavia, é comum que o poder constituído acabe, com o tempo, lançando uma densa barreira que distancia os representantes do representado. Aqui, está um possível paradoxo: o titular da soberania, por meio do qual a ordem político-jurídica foi criada, vai ficando alheio à dinâmica do poder até o ponto em que apenas chancela nomes, periodicamente, na cabine eleitoral. Não só deixa de ter controle sobre o poder constituído como, na imensa maioria das vezes, mal tem influência sobre ele, sendo pouco efetivos — quando não inexistentes — os canais de comunicação com os representantes.

---

da Revolução Francesa. Aliás, um dos mais celebrados produtos da Revolução Francesa, a chamada Declaração dos Direitos do Homem e do Cidadão, afirmava — em seu Art. 16 — que não há Constituição num Estado que não possua separação dos poderes e nem assegura direitos e garantias fundamentais, *in verbis*: "art. 16º. Qualquer sociedade em que não esteja assegurada a garantia dos direitos, nem estabelecida a separação dos poderes não tem Constituição" (DECLARAÇÃO..., 2018).

[94] A Constituição Federal brasileira de 1988, atualmente vigente, escancara isso no parágrafo único de seu artigo 1º, ao proclamar que **"todo o poder emana do povo**, que o exerce por meio de representantes eleitos, ou diretamente, nos termos desta Constituição" (BRASIL, 1988, s/p, grifo nosso).

Isso tudo gera uma sensação de baixa representatividade dos sistemas políticos e, consequentemente, de perda de legitimidade do poder constituído, tido como indiferente à vontade popular. Muito intenso é o debate contemporâneo sobre a crise da democracia[95], em grande parte entendida como falha ou disfunção do sistema representativo, constituído por partidos políticos, eleições, parlamentos e formação de governos com maioria política para administrar, efetivamente, o ente estatal e providenciar entregas de natureza econômica ou social à população. De maneira bastante simplificada, pode-se dizer que a demora no atendimento às demandas da população por renda, saúde, educação, segurança pública e transporte, dentre outros objetivos relevantes, ou o seu atendimento de maneira insuficiente ou precária, provoca um descontentamento com os governos constituídos e, mais precisamente, com os representantes políticos que ocupam a posição governativa. Acresça-se a isso o insulamento das cúpulas partidárias, no geral, distantes de interações com os cidadãos, e a presença de algum nível de corrupção na gestão pública e ou no processo de financiamento eleitoral. Assim, forma-se um lento, mas preocupante, cenário de desgaste da democracia representativa, com a crescente perda de credibilidade do sistema político-partidário junto ao povo, que o enxerga como incompetente e insensível. Contudo, mesmo diante de tudo o que foi narrado, cabe uma advertência certeira: o titular do poder originário, mesmo aparentemente ignorado em decisões capitais, continua a ser o soberano e pode, a depender das circunstâncias, reivindicar tal soberania. Nunca é prudente pensar que o sono do soberano é perpétuo. Assim, fiquemos com a seguinte peroração:

> O poder constituinte originário não se esgota quando edita uma Constituição. Ele subsiste fora da Constituição e está apto para se manifestar a qualquer momento. Trata-se, por isso mesmo, de um poder permanente, e, como também incondicionado, não se sujeita a formas prefixadas para operar (MENDES; COELHO; BRANCO, 2007, p. 190).

É imperioso destacar que a análise da democracia e de suas eventuais agruras e potencialidades não pode se restringir ao complexo político-partidário e parlamentar, ainda que esse seja um eixo demasiadamente relevante para a compreensão do fenômeno democrático e o que, obviamente, mais atrai a atenção dos estudiosos do tema. Para além dos partidos políticos e das relações parlamentares e administrativas, há uma riqueza em outros

---

[95] De algum modo, retomaremos essa discussão no capítulo final deste trabalho.

arranjos tipicamente democráticos que podem permitir a participação política, o exercício da liberdade e a interlocução profícua entre diversos atores sociais, podendo tais práticas servir como concreta esperança do resgate dos preceitos republicanos (CELIKATES, 2021, p. 129). É precisamente nessa tensão entre o poder constituinte (que pertence ao povo) e o poder constituído (ocupado, temporariamente, pelas autoridades) que Celikates esboça o objetivo da essencialidade política da desobediência civil: ela é vista como instrumento de repactuação dos termos de exercício do poder, com um potencial, segundo o autor, muito superior a de seu congênere liberal. A desobediência civil seria um instrumento utilizado pelo soberano[96], o titular do poder constituinte, para redesenhar a sua relação com o poder constituído, não sendo tão somente protesto de minorias contra a violação de valores constitucionais, geralmente ligados à liberdade, como insinua a tese dos liberais. Dessa feita, Celikates afirma que:

> A desobediência civil, portanto, não é fundamentalmente uma forma de protesto consciencioso de portadores de direitos individuais contra governos e maiorias políticas. Ela não se limita a abordar as transgressões dos limites estabelecidos por princípios morais e valores constitucionalmente garantidos, conforme anuncia sua concepção liberal *mainstream* defensiva, moralista e legalista. Em vez disso, a desobediência civil deve ser considerada uma prática democrática de articulação e/ou exercício de poder constituinte ou reconstituinte, atuando como contrapartida dinamizadora da tendência enrijecedora de instituições estatais, em outras palavras, do poder constituído (CELIKATES, 2019, p. 36).

Em adição, no pensamento de Celikates, o povo como soberano não é um grupo coeso e unitário, que tem uma única e perpétua voz. Pelo contrário, o povo é polifônico e traz em si demandas e conflitos que, constantemente, precisam ser ponderados. Nesse sentido, é crucial entender a democracia como abertura para processar dissensos e encontrar novos consensos, sempre provisórios e sujeitos a novas contestações. Então, dentro dessa dinâmica, a desobediência civil é uma força de baixo (base da sociedade) para cima

---
[96] Ademais, o filósofo alemão não entende a soberania popular como a exercida apenas por aqueles que detêm a condição formal de cidadãos, embora essa seja a mais usual. Celikates vai defender que imigrantes, malgrado não tenham a condição de cidadania, podem praticar a desobediência civil. Recorrendo a um fio que liga os atuais imigrantes à história muito viva de imperialismo de nações consideradas desenvolvidas ("estamos aqui porque você estava/está lá"), ele defende que os imigrantes desobedientes, em articulação ou não com cidadãos dos países receptores, reivindicam a titularidade de direitos e a reconfiguração do aparato estatal, em uma autêntica repactuação constitucional, para além de fronteiras geográficas e culturais tradicionais (CELIKATES, 2019, p. 43-44).

(topo da sociedade) que inova ao exceder — ou tentar exceder — dualidades consagradas na teoria política, tais como reforma x revolução, legal x ilegal e violência x não violência (CELIKATES, 2021, p. 129-131).

Como anteriormente apontado, embora Celikates insista na lógica não militar dos ativistas e na autorrestrição dos militantes, não reputa como elemento essencial da desobediência civil a não violência. Para justificar o seu posicionamento, o professor da Universidade Livre de Berlim promove um amplo debate acerca desse aspecto. Primeiro, entende que a violência é uma palavra pouco exata, sempre em disputa, pois a afirmação da necessidade da não violência depende de qual é a extensão dada à violência. Seria classificada como violência apenas a praticada fisicamente, nas formas graves, contra as pessoas ou a exercida contra patrimônio público e privado também mereceria essa designação? E o dano infligido pelos ativistas contra si mesmos[97] seria violência? E a autodefesa de ativistas contra investidas policiais receberia a marca de violento? A formação de barreiras no trânsito, com o consequente impedimento da circulação de veículos ou o bloqueio à entrada e à saída de prédios públicos e privados, seria violência?

A depender das respostas a essas perguntas, podem ser criados obstáculos quase intransponíveis para a desobediência civil de cariz liberal, já que a não violência é uma de suas exigências[98]. Segundo, uma reação demasiadamente purista e restritiva contra a violência pode gerar dois inconvenientes: a) a desobediência seria encarada como meramente simbólica, um reles apelo que se faz ao Estado ou às maiorias, dependendo exclusivamente da sensibilidade do aparato político ou da abertura ao diálogo por parte dos atores sociais dessa maioria, o que enfraqueceria o instituto; e b) criar-se-ia uma espécie de selo a definir, previamente e sem o devido exame crítico, o bom e o mau questionamento às estruturas formais de poder, ou seja, seria erigido uma linha rígida e imediata entre o protesto aceitável e o descartado como ilegítimo, o que pode favorecer justificativas de ações mais rígidas, de apelo exclusivamente policial, por autoridades sem perfil de diálogo democrático (CELIKATES, 2019, p. 45-47).

---

[97] A greve de fome é o exemplo clássico desse tipo de prática. Outro caso bastante emblemático foi do ambientalista Francisco Anselmo que, no meio de um protesto em Campo Grande-MS, no ano de 2005, ateou fogo ao próprio corpo para protestar contra a possibilidade da instalação de usina de álcool no Pantanal. Sobre esse episódio, ver Corrêa (2005).

[98] Celikates cita Hugo Bedau, conhecido teórico liberal, como exemplo daqueles que têm uma visão problemática sobre a questão, considerando muitos atos comuns em protesto como violência e, como tal, inaceitáveis (CELIKATES, 2019, p. 46).

Celikates enxerga a desobediência civil como uma moeda, ou seja, como tendo face dupla: em uma delas está o simbolismo, com o apelo lançado ao Estado e à sociedade e, na outra, existe a confrontação real contra o arcabouço político e social que, na maioria dos casos, não quer ouvir as reclamações das minorias; essa confrontação, inclusive, pode significar o uso de algumas espécies de táticas vistas como violentas pelo governo ou pelas maiorias. O apelo — sem pelo menos a ameaça de práticas específicas de confrontação — é fogo que não queima. O uso de técnicas de confrontação sem a moderação adequada (autorrestrição) e sem o apelo e a disposição ao debate seria como o sal aplicado em excesso a um alimento que, em vez de dar sabor, estraga a iguaria. Em ambos os casos — apelo sem confrontação e confrontação excessiva, sem diálogo —, provavelmente, a desobediência civil seria inútil. Daí a conclusão do pensador alemão ao afirmar que:

> Civilidade, então, não parece ser incompatível com a violência em si, mas é incompatível, sim, com uma adoção irrefletida de meios violentos que negligenciam como a violência afeta e transforma tanto os temas abordados e os objetivos visados, quanto o contexto da ação política (além de potencialmente prejudicar os outros).
>
> Longe de ser clara, a relação entre desobediência civil e violência é, portanto, altamente ambivalente e aberta à interpretação e contestação. [...] Desprovida de momentos de confronto real (que em muitos casos serão vistos e categorizados como violentos), a desobediência civil [...] se transformaria em um mero apelo à consciência dos poderes estabelecidos e das maiorias, perdendo, desta forma, qualquer possibilidade de gerar efeitos práticos.
>
> [...] a simples oposição entre violência e não-violência, perde de vista justamente a complexidade da desobediência como prática de contestação genuinamente política e democrática. [...] Situada entre os polos da política simbólica e do confronto real, a desobediência civil expõe a tensão entre poder institucionalizado, constituído e constituinte[...] (CELIKATES, 2019, p. 54-56, 60-61).

Portanto, ao passo que o liberalismo reconhece a desobediência civil como prática que ajuda na estabilização das instituições, visto que pode levar o sistema jurídico-político a eventual reforma, sempre pontual, a visão democrático-radical dela se diferencia. Embora Celikates entenda a desobediência civil como capaz de chacoalhar o sistema jurídico-político, excessivamente voltado para si mesmo e reformá-lo, não vê essa prática como algo isolada e pontual em um sistema que, usualmente, apresenta boa funcionalidade. Na verdade, Celikates entende a democracia institucionalizada sempre como incompleta, plena de lacunas, com injustiças estruturais variadas e com permanente necessidade de ser debatida, aprimorada, adaptada e, até mesmo, reinventada. Por isso, a desobediência civil é vista como "prática democrática coletiva de autodeterminação" (CELIKATES, 2021, p. 139), existindo uma tensão entre democracia como sistema de instituições ou poder constituído e democracia como prática de cidadania ou poder constituinte (CELIKATES, 2021, p. 142). Assim, em conclusão, a definição e a justificação da desobediência civil precisam ser menos exigentes, mais abertas a novas práticas de libertação e de experimentação democrática; precisam ter menos deferência a um Estado liberal idealizado de quase justiça e estar mais atentas às lutas por empoderamento por parte da população, sobretudo de grupos historicamente fragilizados.

3.3 Candice Delmas e a Desobediência Incivil

Delmas[99] também formula crítica à teoria liberal da desobediência civil. Todavia, não propugna por uma ampliação do conceito de desobediência civil com o objetivo de nele incluir todo o complexo quadro atual de contestação à ordem. Na verdade, Delmas tece um panorama mais amplo — em que são destacadas as desobediências da lei baseadas em princípios —, que agruparia tanto a desobediência civil, quanto a chamada desobediência incivil. O diferencial do pensamento da autora é a construção de um conceito de desobediência incivil que seja capaz de trazer luz a muitos fenômenos recentes de enfrentamento à autoridade da lei, contribuindo para que a sociedade veja tais fenômenos com menos temor e, pois, mais compreensão. Os três principais textos da filósofa que serão aqui explorados são: a) *A Duty to Resist: When Disobedience Should Be Uncivil*, publicado em 2018, pela Oxford University Press; b) o capítulo 8, situado na parte II, da Coletânea *The Cambridge Companion to Civil Disobedience*, publicado em 2021, com o título "(In)Civility"; e c) o artigo intitulado *Civil Disobedience*, publicado pela revista *Philosophy Compass*, em 2016. Frise-se que a exposição que faremos

---

[99] É professora associada de Filosofia e Ciência Política na Northeastern University, em Boston, Massachusetts, Estados Unidos. Sua área de estudos envolve Filosofia Moral, Filosofia Social e Filosofia Política. Atualmente, desenvolve pesquisa sobre a ética da greve de fome. Informações retiradas do sítio eletrônico https://cssh.northeastern.edu/faculty/candice-delmas/. Acesso em: 29 out. 2021.

das ideias de Delmas, nas linhas a seguir, guardará a seguinte sequência: a) a importância dada pela autora, no conturbado contexto das décadas de 50-70 do século XX, à definição liberal da desobediência civil; b) a crítica, posteriormente, ao excessivo apego — de governos, grupos sociais conservadores e setores da imprensa — à definição clássica da desobediência civil e a um relato romanceado da luta pelos direitos civis nos Estados Unidos, conseguindo transmudar uma teoria elaborada contra o discurso "da lei e da ordem" em cláusula antiprotesto, manietada para negar, a grupos subalternizados, o direito de contestação efetiva; c) a apresentação do problema de, no afã de tentar abarcar novas formas de contestação, expandir-se em demasiado o conceito de civilidade, bem postado pelos teóricos liberais, a ponto de descaracterizá-lo por completo, o que poderia causar fundada confusão junto à opinião pública; d) a conceituação da desobediência incivil como prática tolerável mesmo em sociedades democráticas; e e) por fim, o relato de obrigação política da qual derivaria tanto a exigência geral de obedecer à lei quanto o dever de resistir, civil ou incivilmente, nos casos em que injustiças forem perpetradas.

Primeiramente, assim como Celikates, Delmas faz um relato do embate havido entre conservadores e liberais, na segunda metade do século XX, sobretudo entre as décadas de 50 e 70, acerca da desobediência civil, pontuando que, à época, a postura liberal poderia ser considerada um avanço. Para os conservadores, em apertado resumo, na democracia, a desobediência era inaceitável por três motivos básicos: a) o dever moral — imposto a todos — de obedecer a leis era transgredido por alguns; b) como a lei era fruto de debates democráticos[100], desrespeitá-la era menoscabar o próprio regime democrático e seus procedimentos; e c) ao enfraquecer a autoridade da lei, desestabilizava-se a sociedade (DELMAS, 2016, p. 686). Os liberais responderam às objeções conservadoras construindo um caminho em que, escudada em princípios social e juridicamente relevantes, a desobediência à lei significava não um desprezo pelo ordenamento legal, mas um respeito redobrado, ainda que exercido de maneira diferenciada e não convencional. Os desobedientes espelhavam o zelo pela legalidade ao utilizarem instrumentos públicos e não violentos de contestação, além de demonstrarem a seriedade de suas contestações ao não optarem, diante de eventual punição, pela evasão das consequências de seus atos.

---

[100] Como salienta Delmas, nas democracias, o soberano legislador, em tese, é o povo, não uma autoridade isolada ou uma força alienígena. Assim, desobedecer à lei em sociedades democráticas poderia soar, em um primeiro momento, como arrogante afronta à soberania popular (DELMAS, 2021, p. 207).

Assim, o que eles desejavam não era minar a autoridade da lei, mas a reformar diante de uma situação concreta de notável desequilíbrio. Tampouco a desobediência poderia ser taxada como desafeição aos mecanismos democráticos, pois essa só poderia ocorrer depois que os parâmetros constitucionalmente estabelecidos para a alteração legislativa fossem tentados sem sucesso ou quando, diante de fato urgente e grave, o longo itinerário para a reforma legislativa não fosse o recomendável. O grande mérito liberal foi neutralizar o discurso da lei e da ordem, que bradava o suposto poder deletério de desestabilização e anarquia que a desobediência traria, sustentando o exato contrário: sob certas circunstâncias, a desobediência poderia funcionar como dispositivo de estabilização do sistema democrático-legal. Todavia, e aí a autora censura o liberalismo, a neutralização da narrativa conservadora deu-se com a edificação de elementos bastante restritivos: o enfrentamento da ordem legal deveria ser público, rigorosamente não violento e não evasivo, além de ser utilizada como último recurso em situações em que as liberdades básicas estão de alguma forma ameaçadas (DELMAS, 2018, p. 24-26).

Paralelamente aos termos limitantes da teoria liberal, segundo a autora, houve uma tendência bastante significativa de idealizar as campanhas pelos direitos civis ocorridas nos Estados Unidos nas décadas de 50 e 60 do século passado, vistas como modelos irretocáveis de enfrentamento à ordem[101]. Para Delmas, com o passar do tempo, esses dois fatores (termos mais estreitos da definição liberal e a exaltação/idealização da luta contra a segregação racial havida nos anos 50 e 60), estrategicamente utilizados por grupos refratários a movimentos contestatórios, acabou transformando um arcabouço teórico e prático inicialmente contrário ao *establishment* e profundamente anticonservador em um comportado agente da lei e da ordem a serviço dos que detêm o poder político e econômico. Assim, diante de quaisquer críticas mais acerbas e de táticas mais ousadas de questionamento advindas de agrupamentos periféricos, lá estão os conservadores a admitir o movimento desde que ele imite o idealizado esquema de luta pelos direitos civis de décadas pretéritas e que cumpra os minuciosos requisitos da desobediência civil liberal. Obviamente que quase nunca os conservadores avaliam que os novos desobedientes são disciplinados o suficiente para merecer a elevada consideração atribuída a seus homólogos do passado (DELMAS, 2018, p. 29-34).

---

[101] Delmas aponta, inclusive, a contribuição esquecida para a causa dos direitos civis dada por grupos mais radicais como os Panteras Negras e a Nação do Islã (DELMAS, 2018, p. 29).

Portanto, na visão de Delmas, é preciso denunciar esse estado de coisas — a preponderância de um conjunto de ideias limitantes que, na prática, impede contestações mais incisivas contra o poder estabelecido — e voltar o pensamento para as ações mais recentes de não conformação à ordem. Embora simpática a crítica dos pensadores inclusivistas[102], como Celikates[103], a professora da *Northeastern University* entende que é mais útil abandonar a desobediência civil como fenômeno único a classificar as diversas práticas ilegais que, baseadas em princípios, atacam o *status quo*. A autora vê com desconfiança a estratégia inclusivista de catalogar como civil aquilo que, costumeiramente, não é enxergado como típico da civilidade. Os grupos desobedientes precisam, em algum sentido, expressar à sociedade, de forma sincera, seus ideários, objetivos e instrumentos de luta; e a fidúcia dessa comunicação ficaria irremediavelmente comprometida se tentassem vestir uma roupagem de civilidade que não condiz com os padrões aceitos, majoritariamente, pela opinião pública. Tal tentativa poderia ser contraproducente ou mesmo de franca hostilidade aos interesses dos que militam contra variadas formas de opressão presentes no meio social. Ademais, talvez cientes desses riscos, muitos movimentos de contestação não querem ser classificados como desobediência civil[104] (DELMAS, 2018, p. 37-38).

Nesse ponto, é preciso entender que, apesar das críticas direcionadas à definição clássica de desobediência civil, Delmas acredita que os teóricos liberais moldaram um conceito de civilidade com grande aceitação não só na academia como junto ao grande público. Ao discutir sobre civilidade, a autora faz uma pequena recapitulação histórica, comparando o conceito de civilidade na antiguidade e na modernidade. Naquela, a civilidade representava a qualidade do cidadão que se preocupava com o senso de comunidade e, por

---

[102] Inclusivistas são aqueles que querem flexibilizar a definição clássica de desobediência civil a ponto de nela encaixarem os diversos movimentos contemporâneos de defrontamento à ordem.

[103] Kimberley Brownlee, filósofa canadense e professora de Filosofia na *University of British Columbia*, crítica ao modelo liberal de desobediência civil, também é considerada como inclusivista. Para mais informações sobre as obras e opiniões da autora, consultar o sítio eletrônico https://philosophy.ubc.ca/profile/kimberley-brownlee/. Acesso em: 30 out. 2021.

[104] Delmas dá, como exemplo de movimento contestatório que não quer ser visto como desobediente civil, o coletivo *Femen*, que nasceu na Ucrânia e, depois, mudou sua sede para Paris, mas realizou ações em várias partes do mundo. O *Femen* luta, sobretudo, contra o machismo e chama as suas próprias ações de sextremismo (DELMAS, 2018, p. 38). Aqui, é preciso notar, há uma aparente discrepância entre a afirmação de Delmas – de que alguns dos novos movimentos não querem ter a marca "desobediência civil" – e a alegação de Scheuerman, já exposta neste trabalho, em sentido diametralmente oposto, asseverando os motivos pelos quais os novos movimentos desejam o reconhecimento como desobedientes civis. Entendemos, como mencionado acima, que a discrepância é aparente e pode ser resolvida: embora a maior parte dos novos ativistas queira a classificação de seus movimentos como "desobediência civil", alguns – por variadas razões ligadas à dinâmica de suas lutas – não querem tal epíteto.

meio de seu comportamento, demonstrava perseguir o bem geral, ainda que, na defesa da pólis, seus discursos fossem enérgicos e acutilantes. Nesta, em uma visão hobbesiana, a civilidade era encarada como instrumento da paz social, evitando-se demonstrações de raiva ou repulsa, buscando restringir discordâncias e alcançar consensos; em uma visão lockeana, a civilidade seria meio para atingir a concórdia, ou seja, existem divergências na sociedade política que devem ser coordenadas dentro de uma espírito de tolerância, já que os fundamentos que unem os cidadãos em comunidade são mais importantes que as diferenças que os opõem (DELMAS, 2021, p. 205-206). Os teóricos liberais da segunda metade do século XX, de certa maneira, amalgamaram essas características antigas (debates abertos à procura do interesse público) e modernas (tolerância nas divergências) ao postularem quatro características essenciais em sua definição de civilidade: a) publicidade; b) não violência; c) não evasão; e d) decoro[105].

Todas essas características estão relacionadas à comunicabilidade da desobediência e à tentativa de ganhar adesão da população aos objetivos dos desobedientes. A publicidade é a exigência de que o ato em desconformidade com a lei seja visto e ouvido por todos, a ponto de jogar luzes na mazela denunciada pelos contestadores, provocar reflexão na sociedade e nos agentes estatais e, preferencialmente, mudar a ação do governo em relação ao problema. A não violência veda o ataque a pessoas e a propriedades porque o desobediente quer antes convencer ou demonstrar que ameaçar e coagir; o uso de instrumentos violentos provocaria um maior distanciamento entre os grupos divergentes e o restante da sociedade. A não evasão indica que o desobediente pretende assumir as consequências de seu ato e, com isso, demonstrar ao restante da sociedade a profunda seriedade de seu proceder; assim, a desobediência envolve um risco que só correm aqueles que pretendem suscitar a reforma. O decoro, que na visão da autora francesa é menos privilegiado teoricamente, tem importância prática notória na expressão de discordância e está vinculado a não utilização de ultrajes e linguagem injuriosa. Por vezes, uma violação pública, não violenta e não evasiva à lei pode não ser considerado civil por não demonstrar respeitabilidade com a maioria da comunidade[106], como registra Delmas, ao mencionar a perfor-

---

[105] O decoro não costuma estar associado, explicitamente, às correntes liberais. Todavia, Delmas o coloca como característica cardeal da desobediência civil liberal.
[106] É claro que o conceito de decoro é, em certo sentido, contestado. O que pode ser decoroso para uns, certamente não o é para outros. A violência também é conceito contestado, o que uns reputam como violência pode não ser visto como violento por outros. Todavia, para além das problemáticas zonas cinzentas, existe clareza no julgamento, na média da população, sobre o decoro ou a violência de determinadas ações. Assim, para uma ampla

mance artística realizada pelo coletivo feminista russo *Pussy Riot* dentro da Catedral de Cristo Salvador, em Moscou.

    Enfim, esses atributos, socialmente arraigados, fazem parte da forma como a sociedade divisa a civilidade e, por mais estreitos que pareçam, é por eles que os atos de contestação à ordem são filtrados e julgados pelo grande público (DELMAS, 2021, p. 210-213). Delmas acredita ser muito difícil alterar esse dado e crê que tentar dilatar o conceito de desobediência civil para nela englobar atos encobertos, violentos, evasivos e sem decoro não demostra muita serventia na árdua luta por reconhecimento e direitos. Assim, ela propugna a necessidade de ir além da desobediência civil e construir o conceito de desobediência incivil, nos termos seguintes:

> Isso significa que a civilidade exige cumprir a lei ou desobedecê-la civilizadamente; e que, para desobedecer civilmente, deve-se seguir o roteiro estabelecido no manual de desobediência civil. No entanto, não decorre desse relato de civilidade na desobediência que qualquer ação desobediente que não esteja em conformidade com o manual de desobediência civil não possa ser justificada em sociedades "quase justas" (que muitas vezes são mais injustas do que quase justas, mas melhores do que as alternativas existentes). Incivilidade na desobediência às vezes também pode ser justificada. Precisamos abrir espaço conceitual e normativo para a desobediência incivil. Por "desobediência incivil", quero dizer uma violação de princípio da lei em resposta a erros percebidos (injustiça ou delito), na busca de qualquer um de uma variedade de objetivos (por exemplo, ajuda, prevenção de danos, educação, retaliação, expressão de descontentamento, *status quo*, reforma, revisão do sistema), e que falha em satisfazer as normas básicas de civilidade por ser: dissimulada, evasiva, violenta ou ofensiva (DELMAS, 2021, p. 217).

    Dessa forma, a filósofa descortina uma nova possibilidade de analisar os movimentos contemporâneos de contestação à ordem. Ela não mais os enxerga, necessariamente, pelas lentes da desobediência civil, ou seja, pela exigência da civilidade, com os seus requisitos de publicidade, não violência, não evasão e decoro. Na visão dela, o apego às normas de civilidade pode comprometer seriamente objetivos úteis de setores que estão na árdua batalha contra a marginalização a que estão submetidos. Na verdade, Delmas entende

---

maioria social adentrar em templo religioso e violar símbolos sacros não parece ser atitude respeitosa, assim como não serão classificados como gestos pacíficos atear fogo em propriedades ou ferir, deliberadamente, pessoas.

que, mesmo em sociedades com regimes democráticos consolidados e que gozem de liberdades públicas — como as ocidentais, mormente nas condições presentes nos Estados Unidos e na Europa —, a depender de circunstâncias concretas de opressão ou injustiça, justificam-se ações dissimuladas, violentas, evasivas ou ofensivas, ditas incivis, contra a ordem arbitrária[107]. Igualmente, ela não pontua como obrigatória a intenção de mudar a lei ou transformar política pública, nem tampouco da desobediência figurar, exclusivamente, como último recurso. Assim, os atos de desobediência incivil não precisam visar, necessariamente, a reformulação legislativa ou de políticas estatais, embora o caráter reformador também possa ser o propósito deles.

Com isso, há uma considerável ampliação de objetivos na desobediência incivil em relação à desobediência civil. Às vezes, a desobediência incivil pode ser intentada simplesmente para reafirmar a dignidade de um grupo vulnerável diante de um sistema administrativo e judicial ou de práticas sociais arraigadas que insistem em ignorar tal condição, sem esperar uma reversão, pelo menos não imediata, de tais condutas discriminatórias. Exemplos notáveis de corroboração de altivez são os protestos dirigidos à violência policial contra as comunidades negras nos Estados Unidos, bem como ao tratamento recebido por elas no sistema de justiça criminal estadunidense[108]. Digno de observação é que, nas hipóteses narradas, a lei não dá abrigo aos abusos policiais ou à discriminação nos aparelhos judiciais; a luta é contra uma "cultura" de desprezo e inferiorização de uma minoria racial e essa luta pode ser incivil. Os cantos com palavras pesadas e injuriosas entoados por alguns manifestantes do BLM contra as já mencionadas forças policiais, acusadas por eles de usar força letal desnecessária, estão inseridos nesse contexto. Há também outros comportamentos deliberadamente provocativos, usando *slogans* grosseiros ou satirizando com humor vulgar, para denunciar instituições que trilham ou apoiam, segundo os manifestantes, caminhos de restrição de direitos[109]. Outras vezes, a desobediência incivil pode funcionar como mecanismo de autodefesa de grupos historicamente oprimidos. *Gulabi Gang*[110], um grupo feminista, no norte da Índia, que diante da inação policial recorre à violência para proteger mulheres vítimas de abu-

---

[107] A ordem não precisa ser completamente arbitrária. Basta que seja particularmente desequilibrada em relação a alguns setores — meio ambiente — ou grupos, por exemplo, o machismo e o racismo, ainda que velados.
[108] No Brasil, lamentavelmente, existem práticas semelhantes em relação às comunidades negras.
[109] Os debochos ou insultos lançados pelas ativistas da *Pussy Riot* em face da Igreja Ortodoxa Russa, por elas acusada de sustentar práticas machistas e patriarcais, além de dar apoio ostensivo e incondicional ao governo russo, também são exemplos de comportamento deliberadamente provocativo como forma de denúncia social.
[110] Para mais informações, ver Gomes (2015).

sos variados, inclusive violência doméstica, pode ser citado como modelo. Ademais, dentro das fronteiras traçadas por Delmas, a desobediência incivil teria outra vantagem adicional em relação à desobediência civil: os desobedientes incivis não precisam mostrar fidelidade ou apreço excessivo a sistema que reputam demasiadamente injusto ou falho, ou seja, eles não dão certidão genérica de legitimidade das estruturas que duramente questionam (DELMAS, 2021, p. 218-221).

Contudo, a incivilidade não deve servir como cheque em branco nas mãos de grupelhos, pretextando indistintamente quaisquer ações violentas, evasivas, encobertas e sem decoro. Para verificar se uma ação de desobediência incivil é justificada, devem ser analisados os meios, os contextos e os fins a que se destinam. Movimentos que perseguem finalidades não compatíveis com os Direitos Humanos não devem ser tolerados. A autora giza as substanciais diferenças práticas entre a incivilidade aceitável do já anteriormente mencionado *Gulabi Gang*, que pode recorrer à força contra atos de violência perpetrados contra mulheres em uma localidade culturalmente machista e onde a polícia não costuma ser efetiva no combate a esse tipo de crime, e a incivilidade inaceitável do *Minuteman Project*, grupo que reúne norte-americanos para patrulhar a fronteira dos Estados Unidos com o México e impedir a entrada de imigrantes ilegais naquele país, embora ambos sejam exemplos de vigilantismo (DELMAS, 2021, p. 218). Vigilantismo, segundo o *Dicionário Priberam da Língua Portuguesa*, significa "prática que consiste em vigiar, denunciar e eventualmente punir comportamentos ilícitos ou criminosos, sem ter autoridade legal ou sem seguir os trâmites da justiça nem a conformidade com o direito"[111]. Outro exemplo que poderia ser citado como inaceitável, mesmo nos termos mais largos da desobediência incivil de Delmas, são os protestos ilegais de coletivos que objetivam encerrar a democracia brasileira[112], clamando por golpe de Estado que derribe certas garantias constitucionais e a independência do Poder Judiciário, com a consequente instalação de um regime autoritário. Assim, parece que são os valores em nome dos quais a desobediência incivil é praticada que a qualifica como justificável.

Portanto, atos que contenham algum nível de violência ou de outra incivilidade qualquer, praticados em defesa de parcela marginalizada da

---

[111] Consulta realizada no sítio eletrônico https://dicionario.priberam.org/vigilantismo. Acesso em: 15 nov. 2021.

[112] Atualmente, há investigação aberta no STF sobre atos ditos antidemocráticos e o *modus operandi*, sobretudo em redes sociais, de grupos radicais que pregam a adoção de um regime autoritário.

população e em nome do valor igualdade, são defensáveis no entender da filósofa francesa. Já desobediência incivil em desfavor de imigrantes fragilizados, em nome do exclusivismo ou superioridade nacionais, não seria sustentável, principiologicamente falando. Da mesma forma como não o seria classificado como desobediência incivil baseada em princípios, ato conclamando o sepultamento de um regime democrático, ainda que esse regime contivesse evidentes falhas e estivesse carecendo de reformas que lhe dessem mais efetividade.

Delmas considera como ato arquetípico de desobediência incivil baseada em princípios a revolta havida nos subúrbios de Paris (*Aulnay-sous-Bois*), em fevereiro de 2017. Em uma operação de segurança pública aparentemente rotineira, os policiais — com uma violência espantosa — prenderam um jovem negro sem qualquer antecedente criminal: injúrias raciais, espancamento e violação sexual foram cometidos. Todo o dantesco episódio foi filmado por um transeunte. Diante das fortes imagens — a Polícia, após a grande imprensa fazer a divulgação, chamou o ocorrido de "acidente" —, aconteceram protestos generalizados pelos repetidos abusos nas abordagens policiais nos subúrbios parisienses. Nesses protestos, houve incidentes violentos como paus e pedras jogados nas forças de segurança, além de alguns saques a lojas e ônibus e automóveis incendiados.

Tipicamente, o relato padrão de desobediência civil não aceitaria tais comportamentos dos manifestantes, mesmo concordando com o motivo pelo qual o protesto foi agendado: luta contra a violência policial. E a razão pelo qual a teoria liberal condenaria a forma de ação dos militantes também é clara: ao igualmente agirem com violência, eles rejeitam a civilidade. Todavia, para Delmas, isso poderia ser apontado como típico de desobediência incivil justificada. Os desobedientes, afinal, cansados de constantes humilhações, poderiam recorrer à alguma violência (autodefesa com lançamento de objetos e ataques a bens materiais) para consignar os seus direitos básicos diante de incessantes violações por parte do Estado ou de outros grupos sociais. É como se dissessem "basta!", nossas vidas ou integridades físicas e psicológicas correm riscos absurdamente altos por práticas restritivas e discriminatórias inaceitáveis em democracias plurais (DELMAS, 2018, p. 47-50). Portanto, Delmas entende que o direito que os protestantes dos subúrbios defendiam era superior aos bens que atacavam ou, pelo menos, deveras importante a justificar a incivilidade, sobretudo diante do contexto. Registre-se, por oportuno, as seguintes palavras da autora:

> É claro que os resistentes sempre agem em prol de alguns interesses - a questão é que tipo de interesses eles perseguem (são interesses humanos básicos ou interesses especiais de grupos privilegiados?) e como pesá-los contra outros interesses importantes quando eles entram em conflito. Assim, a desobediência pode afetar o interesse da maioria em um sistema legal estável, mas a violação de princípios às vezes pode ser necessária para proteger os interesses básicos das pessoas na vida e integridade corporal. Pode ser necessário usar a força para defender a si mesmo ou aos outros. E alguma violência, como a destruição bem direcionada de propriedade ou a remoção forçada de barreiras durante uma greve, pode ser justificada em uma ponderação para garantir o interesse fundamental das pessoas na não dominação - digamos, em ter algum controle sobre as decisões que as afetam (DELMAS, 2018, p. 49).

Delmas recorre ao dever natural de justiça, e a palavra natural é empregada, pois os humanos seriam seres morais por natureza, ou seja, um dever os uniria indistintamente, mesmo sem compromissos voluntários. Usando a fórmula descrita por Rawls, a filósofa pondera que o dever natural é composto de duas partes: imposição de contribuir com instituições justas quando elas existirem (1ª parte) e de ajudar na inauguração de instituições justas quando elas não existirem, a menos que isso tenha um custo bastante elevado em termos individuais (2ª parte). Enquanto a primeira parte do paradigma levaria à obediência às leis em sociedades justas ou quase justas, a segunda levaria ao dever de desafiar a ordem para reparar injustiças agudas, mesmo em sociedades quase justas (DELMAS, 2018, p. 73).

Então, trazendo a questão para as sociedades democráticas contemporâneas, Delmas aponta para a obrigação política, no geral, de obedecer às instituições, mas também desobedecê-las, quando houver injustiça acentuada e permanente, ainda que localizada. Citando David Lefkowitz, ela pondera que a obrigação política é via de mão dupla: tanto conduz ao dever de cumprir a legislação, quanto ao de transgredi-la na presença de situações de iniquidade ou opressão (DELMAS, 2018, p. 51). A diferença é que, enquanto para Lefkowitz — como para Rawls — o dever de desobedecer deve ser exercido dentro do cânone da civilidade, para Delmas o descumprimento pode ser, igualmente, realizado fora dos marcos da civilidade. Assim, Delmas retira da própria teoria liberal o potencial de transformação da realidade social, econômica e política, mas o multiplica ao ultrapassar, quando as circunstâncias autorizarem, as fronteiras da civilidade.

Todavia, como antes salientado, permitir a incivilidade em atos de desobediência não é salvo-conduto para se praticar ações desproporcionais, delirantes e sem lastro algum em valores. Portanto, Delmas desenha de forma mais nítida quando a desobediência incivil é justificável; e o faz indicando que só será aceitável se estiver baseada em princípios e os interesses que violar forem menos relevantes do que os interesses que quer proteger. Em adição, a autora identifica que estará baseada em princípio a desobediência incivil escudada na defesa de pilares como a justiça, a democracia, a dignidade humana e a igualdade. Ademais, no entender de Delmas, tal qual a desobediência civil, a desobediência incivil pode colaborar com o Estado de Direito e com a democracia (DELMAS, 2018, p. 53-56). Por exemplo, os vazamentos realizados por Snowden, ainda que efetuados de forma encoberta e evasiva, ao desnudar o desrespeito do Estado com informações privadas de cidadãos e uma vigilância estatal excessivamente invasiva, pode colaborar, ao suscitar debates sociais e intervenções legislativas, na preservação dos direitos individuais massivamente violados. Igualmente, em sua época, a denúncia e a luta das sufragistas, inclusive com recursos à violência, contra o machismo e a exclusão das mulheres do gozo de direitos políticos, abriram caminho para o aprimoramento da democracia. Concluindo, Delmas vai além da civilidade na desobediência, dá amplitude aos meios permitidos para a resistência ao legitimar, em certa medida, os atos sem publicidade, que violem o decoro, que escapem da responsabilização jurídica ou mesmo os violentos, mas sem abandonar o núcleo de justificativas sindicáveis para se contrapor à ordem.

Enfim, tanto Celikates — com a redução dos requisitos para que a desobediência possa ser considerada civil — como Delmas — com a sua conceituação de desobediência incivil — parecem ser mais generosos com os movimentos contemporâneos de contestação à ordem, fornecendo, em seus respectivos estudos, espaços maiores para que esses movimentos possam ser albergados. Mas será, realmente, que a versão liberal — de caráter rawlsiano ou dworkiano — perdeu relevância para leitura de fenômenos expostos neste capítulo, como *Los Indignados*, *Occupy*, hackativismo, BLM e desobedientes ambientais? No próximo capítulo, examinaremos os limites e a atualidade da teoria liberal na explicação da desobediência do tempo presente e tentaremos dar alguma resposta a seus críticos mais incisivos.

4

EM DEFESA DA TEORIA LIBERAL DA DESOBEDIÊNCIA CIVIL: UMA RELEITURA

Neste derradeiro capítulo, subdividido em 3 (três) tópicos, serão apresentados: i) o cerne do relato político liberal — buscando dar enfoque a seus fundamentos gerais —, os percalços do regime democrático contemporâneo e sua relação com a desobediência civil ("4.1. Narrativa liberal, crise da democracia e sua interface com a desobediência civil"); ii) a aplicação da teoria liberal da desobediência civil, nas versões rawlsiana e dworkiana, para examinar os novos movimentos contestatórios mencionados no Capítulo 3 ("4.2. A teoria liberal da desobediência civil e o exame dos fenômenos contemporâneos de contestação à ordem: movimentos 15-M e *Occupy*" e "4.3. A teoria liberal da desobediência civil e o exame dos fenômenos contemporâneos de contestação à ordem: *DREAMers*, técnicas digitais de desobediência, movimentos ambientais e BLM"), defendendo-se a posição que, apesar das limitações que qualquer teoria tem perante a realidade, a teoria liberal da desobediência civil, em uma releitura incorporadora de determinadas nuances que os novos tempos exigem (*aggiornamento*[113]), ainda tem razoável poder explicativo diante dos citados movimentos questionadores da ordem, podendo ser usada como útil farol a iluminar controversas questões políticas da atualidade.

4.1 Narrativa liberal, crise da democracia e sua interface com a desobediência civil

O escritor russo *Anton Tchékhov*, com seu estilo peculiar, apresenta no conto "A Palerma", um retrato cruel das relações de poder. Um patrão, após utilizar-se dos serviços de uma aia (Iúlia Vassílievna) durante certo período, chama-a a seu escritório para acertar o pagamento pelo labor exercido. Primeiramente, o patrão lembra que havia, previamente, combinado o

---

[113] Scheuerman (2018, p. 198) vai no mesmo sentido, quando afirma que *"tampoco sería correcto [...] rechazar la concepción de Rawls en su totalidad [...]. Si se reformulan de la manera adecuada, algunos de sus rasgos básicos siguen resultando pertinentes"*.

salário de 30 rublos por mês. A empregada diz que o valor acordado era de 40 rublos mensais. O patrão, rispidamente, afirma que ele tem, por escrito, que o valor é o de 30 rublos e que, a propósito, essa sempre fora a quantia paga para as governantas. Incontinenti, continua a conversa apontando que a aia trabalhou por dois meses. A aia, por sua vez, pondera que trabalhou dois meses e cinco dias. Novamente, o empregador diz que tem anotado o período e que esse corresponde a exatos dois meses. Dono do discurso e, pois, da ação, o patrão começa a fazer o cálculo que, inicialmente, é bem simples: dois meses trabalhados por 30 rublos cada, são devidos 60 rublos. Todavia, o senhor começa a fazer os descontos. Nove domingos seriam retirados do cálculo, uma vez que nesses dias a aia não ministrou aulas à criança assistida, limitando-se a passear e brincar com o pequeno. Igualmente, seriam retirados do cálculo três feriados. Sendo assim, 12 rublos deveriam ser diminuídos do valor a pagar. A empregada, desolada e nervosa, nada mais argumentava, aceitando passivamente as contas feitas pelo chefe.

Contudo, o patrão ainda não terminara o cálculo e novos descontos foram anunciados: a) quatro dias em que a criança esteve doente; e b) três dias em que a aia, incomodada com dor nos dentes, fora dispensada — pela dona da casa — de ministrar lições depois do almoço. Assim, somando 12 com 7, já se avultava um desconto de 19 rublos, totalizando 41 rublos devidos. Iúlia tinha os olhos marejados de lágrimas, mas não questionava. E o patrão, em tom grave, continuou a subtrair rublos da pobre empregada, pelos mais variados pretextos: a) dois rublos pela aia ter quebrado uma chávena de chá e um pires; b) cinco rublos por ter faltado com o dever de vigilância e, por sua falta de diligência, ter permitido que uma arrumadeira furtasse umas botinas infantis; c) 12 rublos pelo casaco que uma das crianças rasgou, também por falta de atenção da aia no cuidado do infante; e d) mais 10 rublos por, supostamente, ter sido essa quantia adiantada pelos empregadores à serviçal. Tudo bem calculado pelo patrão, dos 41 rublos deveria haver a diminuição de outros 27, o que fez com que o valor chegasse a 14 rublos.

Iúlia, brandamente, sussurra que o único adiantamento a ela realizado foi o de 3 rublos, não 10. O senhor, mais uma vez, refuta a fala da empregada, afirmando que está devidamente anotada a antecipação salarial de 10 rublos, mas que, então, devem ser subtraídos, ainda, mais 3 rublos que a empregada confessa ter pego e sobre os quais não havia registro. Portanto, o valor a ser pago caiu para 11 rublos. Dessa forma, o senhor entregou a aia o pagamento da "robusta" soma. A aviltada serviçal, trêmula, pegou o dinheiro e agradeceu ao chefe. O patrão perguntou o motivo do agradecimento e a empregada, mesmo visivelmente constrangida, responde que é pelo pagamento recebido. Nesse ponto, a historieta tem uma grande reviravolta, com o senhor revelando que aquilo é apenas um chiste maldoso e que ele honrará o contratualmente acertado de forma integral. Para ser mais exato, transcrevo parte do trecho final do conto:

> - Mas eu a roubei, com os diabos, eu a assaltei! Acabei de roubá-la! Por que *merci*?
>
> [...] Eu estava brincando com a senhora, estava lhe dando uma lição cruel. Vou lhe pagar todos os 80 rublos! Estão aqui preparados, neste envelope! Mas é possível ser assim tão pateta? Por que a senhora não protesta? Por que fica calada? Será que neste mundo é possível não ser atrevido?
>
> [...]
>
> Pedi desculpas pela cruel lição e, para sua grande surpresa, entreguei todos os 80 rublos [...]. Fiquei olhando quando ela se afastava e pensei: "Como é fácil ser poderoso neste mundo!" (TCHÉKHOV, 2012, p. 6).

Dessa forma, a pobre Iúlia parece ter tido um desfecho feliz. Contudo, a preocupação do escritor russo é, primeiramente, chamar a atenção para o poder despótico, aquele que só atende a seus próprios interesses, que despreza a dignidade do outro e que, no limite, acha que o mundo se resume às suas vontades. A segunda preocupação do contista é que os sujeitos ao poder, presumivelmente mais fracos, tomem para si a tarefa de questionar, de mostrar seus descontentamentos e seus anseios, sob pena de ficarem, perpetuamente, subalternos aos caprichos de terceiros. Sem uma posição mais altiva dos subordinados, a conclusão será sempre aquela expressa pelo patrão, em frase lapidar: "Como é fácil ser poderoso neste mundo". Sim, ao fim, o senhor demonstrou atilado senso de justiça. Por óbvio, aqui está o ponto: nem todo aquele que exerce o poder é tão conscencioso como o patrão do conto tchekhoviano. Pelo contrário, em uma relação de poder, o abuso é mais usual do que a contenção ou a justa ponderação.

O conto anterior nos serve como ponto inicial para um breve debate da narrativa política do liberalismo. A essência do relato liberal, desde o seu surgimento, é a luta para conter os excessos do poder ou, mais precisamente, dos poderosos, tomados inicialmente como sinônimos do Estado e do soberano. A história do liberalismo é uma tentativa sempre difícil e incompleta de domesticar o poder, de impor freios a seus exercentes, dotando os súditos de instrumentos garantidores de seus direitos basilares, querendo isso dizer um certo equilíbrio para uma relação — originalmente — muito assimétrica. Aqui, cabe a abertura de um longo parêntese explicativo. É preciso registrar, de pronto, que as expressões "liberal", "liberalismo" e "teoria liberal" são sempre de uso controverso. Isso se deve ao fato de o liberalismo não ser um bloco monolítico, sempre a designar a mesma e exata realidade e a trazer um significado unívoco. O liberalismo é fenômeno histórico, político e ideológico diverso, múltiplo e variável. Essa versatilidade da palavra "liberal" é lembrada por Matteucci — no *Dicionário de Política* que escreve junto com Bobbio e Pasquino —, quando identifica que, contemporaneamente, a palavra "liberal" tem três conotações distintas, a depender do país, indicando: a) uma postura tipicamente do centro político, tentando criar pontes entre forças políticas conservadores e progressistas, como ocorre no Reino Unido e na Alemanha; b) uma posição mais ligada à esquerda democrática, com a defesa de pautas progressistas, como ocorre nos Estados Unidos; e c) por fim, em um aspecto mais alinhado à direita, representa agenda ligada à liberdade econômica e à propriedade privada, destacando-se como exemplo desta última espécie a Itália[114] (BOBBIO; MATTEUCCI; PASQUINO, 1998, p. 688).

Apesar de estar ciente da heterogeneidade de significados trazida pelo termo liberal, quando aqui é afiançado que o liberalismo se conduziu — historicamente — por lutas e tentativas, nem sempre bem sucedidas, de abrandar o poder, é tomado como marco inicial a luta travada pelo Parlamento inglês para delimitação das prerrogativas da Coroa, que ficou conhecida como Revolução Gloriosa (1688). Evidentemente que, de forma mais externa e superficial, o conflito era motivado pela presença de rei católico (Jaime II) em um país protestante. Todavia, a questão substancial envolvia o efetivo poder do monarca e as prerrogativas parlamentares[115]. O confronto terminou com a deposição e exílio do rei e com a aceitação, pelo casal real

---

[114] No Brasil, o significado mais usual de liberal também está conectado à defesa da livre iniciativa e de medidas econômicas como corte de gastos e de impostos, abertura ao comércio internacional e privatização de empresas estatais, ou seja, entre nós o liberalismo é deveras associado com postulados econômicos das chamadas Escola Clássica e Escola Neoclássica.

[115] Para um ramo da historiografia, a Revolução Gloriosa foi a continuação e consolidação de um processo político mais longo iniciado com a Revolução Puritana, que é uma série de conflitos entre o rei Carlos I e os membros do Parlamento, e que, dentre outras coisas, redundou na execução do monarca. Nesse sentido, o seguinte escólio: "Em 1640 teve início a Revolução Puritana. Em 1688 ocorreu a Revolução Gloriosa. Ambas, contudo, fazem parte do mesmo processo revolucionário, o que nos levou a optar pela denominação de Revolução Inglesa e não Revoluções Inglesas, considerando-se que a verdadeira revolução se deu no transcurso da Revolução Puritana entre 1640 e 1649 e que a Revolução Gloriosa de 1688 foi apenas seu complemento natural" (ARRUDA, 1984, p. 121).

que subiu ao trono[116], da demarcação de seus poderes monárquicos pelo Parlamento, restrição (de poder) consubstanciada na publicação do *Bill of Rights* (1649), documento que é, até os dias atuais, um dos pilares do sistema constitucional inglês. Esse fato é tão marcante para a história do liberalismo que Merquior (2014, p. 41) afirma que, entre a Revolução Gloriosa e o advento da Revolução Francesa um século depois, ser liberal era estar identificado com as práticas políticas inglesas, ou seja, monarquia com prerrogativas bem delineadas (menos amplas, no geral, do que os regimes monárquicos continentais europeus), funcionamento parlamentar pleno e liberdades civis relativamente consolidadas. Matteucci, sobre o traço unificador dos múltiplos liberalismos, conclui que:

> [...] acerca das ideias ou filosofias liberais, é apenas possível afirmar que o único denominador comum entre posições tão diferentes consiste na defesa do Estado liberal, nascido antes de o termo liberal entrar no uso político: um Estado tem a finalidade de garantir os direitos do indivíduo contra o poder político e, para atingir esta finalidade, exige formas, mais ou menos amplas, de representação política (MATTEUCCI, 1998, p. 700).

Dessa forma e tomando a Revolução Gloriosa como marco, é necessário ponderar que a pretensão liberal de enquadrar o poder é seguida, de alguma maneira, por apresentação de documento escrito[117], onde a limitação do poder é formalmente estruturada e a atribuição de direitos básicos inalienáveis à população é garantida — a exemplo da *Bill of Rights*[118] de 1689 —, fenômeno conhecido como constitucionalismo[119], bem como a preocupação, em certo grau, com a institucionalização da representação política de um determinado povo, que passa a ser fator-chave na legitimidade de todo o sistema político-legal. Essa última característica liberal pode ser identificada,

---

[116] Jaime II exilou-se na França e foi substituído por sua filha (Maria II) e por seu genro (Guilherme de Orange), ambos protestantes.

[117] Aqui, cabe um esclarecimento: o constitucionalismo inglês, mesmo não tendo um documento escrito único, como normalmente ocorre hodiernamente (Constituição dos EUA, da França ou do Brasil são exemplos dessa prática), conta também com documentos escritos, não apenas com práticas meramente costumeiras, como muitos acreditam: "Não há uma Constituição Inglesa, nos moldes da brasileira e de tantas outras, mas há elementos escritos no constitucionalismo inglês [...]" (MARTINEZ, 2013).

[118] Carta de Direitos aprovada pelo Parlamento inglês. Outros exemplos clássicos são a Declaração dos Direitos do Homem e do Cidadão, durante a Revolução Francesa, e a Constituição dos Estados Unidos, alguns anos após a Independência, e suas ulteriores emendas.

[119] Matteucci (1998, p. 708), em expressão feliz, liga o constitucionalismo "ao princípio [...] da limitação do poder político mediante o direito".

não sem controvérsia, com a democracia. E por qual razão se diz "não sem controvérsia" a relação entre liberalismo e democracia? A democracia, em seus primórdios na antiga Atenas, era exercida diretamente pelos cidadãos[120], que debatiam e deliberavam os assuntos públicos. A escala da população, todavia, era demasiadamente pequena em comparação com o moderno Estado-nação.

Assim, dada a dimensão populacional das sociedades contemporâneas, impossível a deliberação direta dos assuntos públicos por cada um dos cidadãos. A forma encontrada foi a representação política, em que o conjunto de cidadãos votava e escolhia, entre seus pares, alguns que tomariam parte mais acentuada na direção dos negócios estatais. Esse conjunto de cidadãos com direito de votar e ser votado, inicialmente, era bem restrito. Todavia, com o passar dos anos, houve avanço significativo nesse contingente, até a configuração, praticamente, da universalização dos direitos políticos nas democracias ocidentais. Como lembra Medeiros (2016, p. 41), a participação "[...] se tornou mais inclusiva, chegando, em alguns países [...] ao sufrágio universal adulto, ou seja, ao fim dos obstáculos legais à participação de pobres, mulheres, analfabetos, minorias étnicas, entre outros perfis sociais excluídos do passado".

Dominique Rousseau qualifica a questão da representação política. O jurista francês menciona que é usual a afirmação de que a representação é, em si, uma burla a verdadeira democracia, que — em essência — seria direta; no máximo, a representação seria aceitável como uma imperfeição da democracia contemporânea. Assim, de acordo com essa ideia bastante difundida, haveria uma escala de prestígio bem pronunciada: a) em primeiro lugar, estaria a democracia direta; b) em segundo lugar, estaria a democracia semidireta, a combinar a representação política com mecanismos de decisão política diretamente atribuídas ao povo[121]; e c) por derradeiro, e em posição subalterna, a representação política por intermédio de políticos eleitos (ROUSSEAU, 2019, p. 33).

Todavia, Dominique Rousseau (2019, p. 34) discorda desse pensamento, uma vez que "a representação não é uma falta, um defeito ou um vício, mas sim a condição da democracia". E a representação seria a condição da democracia por dois principais motivos: i) ela permite a criação de um

---

[120] Obviamente, as mulheres e os escravos não estavam arrolados entre os cidadãos, o que limitava bastante o universo dos participantes no processo político.

[121] Plebiscitos e referendos são citados como decisão direta por parte do povo.

lugar onde as diferenças primárias na sociedade (por exemplo: sexo, religião, riqueza, profissão) são amortecidas e a igualdade política básica entre todos os cidadãos é realçada[122]; e ii) só pode haver responsabilidade política, um dos mais caros pilares da democracia, se houver a representação; por razões lógicas, as ações dos representantes apenas podem ser sindicáveis, porque devem ser justificadas perante os representados, que exercerão a fiscalização e o controle político das decisões tomadas em seu nome; por óbvio, o povo não poderia efetuar controle das decisões por si mesmo tomadas em uma democracia direta[123] (ROUSSEAU, 2019, p. 34-36). A importância capital dada ao princípio da representação política na democracia, contudo, não impede o autor francês de ser um crítico destacado do atual quadro da democracia representativa nos países ocidentais[124].

Para o que aqui nos é mais caro, ressalte-se que o liberalismo está centrado na delimitação do exercício de poder e na preservação da integridade dos indivíduos (direitos humanos), utilizando como instrumentos o constitucionalismo e a democracia, entendida esta como a institucionalização da participação do cidadão, por meio de representantes eleitos, na formação da vontade política do Estado e nos negócios públicos. Se assim o é, e se a participação nos mecanismos eleitorais teve notória ampliação, por qual razão é repetido, quase à exaustão, que a democracia representativa vive crise existencial? Embora não seja objetivo deste trabalho arrolar as causas da crise[125], tampouco examiná-las com profundidade, parece ser cediço que a mera ampliação das capacidades eleitorais ativa (poder votar) e passiva (poder ser votado)[126], ampliação que é por si importante, não garante a qua-

---

[122] "A representação é, precisamente, esse espaço que oferece aos indivíduos a possibilidade de "sair" de suas determinações sociais, de não mais se verem em suas diferenças sociais, mas de se representarem como seres de direito iguais entre si. [...] essa abstração, essa objetivação das figuras sociais, está no princípio da igualdade política. Se no espaço primário os indivíduos são desiguais, no espaço da representação eles são iguais. O momento "representação" está, portanto, na base da construção de uma democracia que possibilite que o indivíduo deixe sua comunidade elementar para então entrar na associação política como um indivíduo democrático" (ROUSSEAU, 2019, p. 35).

[123] Dominique Rousseau (2019, p. 36) cita, para comprovar sua afirmação, o *decisum* do Conselho Constitucional da França que "distinguiu entre as leis aprovadas pelos representantes do povo que podem ser submetidas ao seu controle e as leis adotadas pelo povo após um referendo as quais não podem ser controladas porque elas constituem a expressão direta da soberania nacional".

[124] "Princípio constitutivo da democracia, a representação é também o princípio trágico na medida em que é tanto quem pode permiti-la como quem pode sufocá-la. [...] Segundo a imagem de Marx, as instituições de representação tornam-se um animal que se volta contra a sociedade que o produziu e acaba por sufocar a democracia" (ROUSSEAU, 2019, p. 36-37).

[125] No Capítulo 3 deste livro, na parte em que comentávamos a teoria de Celikates sobre desobediência civil, mencionamos de forma mais específica, embora não minudente, as possíveis causas da crise da democracia representativa.

[126] O Glossário Eleitoral (BRASIL, [s. d.]), do Tribunal Superior Eleitoral (TSE), define como capacidade eleitoral ativa o "reconhecimento legal da qualidade de eleitor no tocante ao exercício do sufrágio" e, como capacidade

lidade da participação popular e nem salvaguarda uma melhor governança. A participação popular, muitas vezes, esgota-se no envolvimento durante o período eleitoral, às vezes, somente no ato de votar. Os mecanismos ligados à representação popular, como partidos políticos e parlamentos, demonstram pouca sintonia com as necessidades da população, em parte pela baixa capacidade de comunicação com o povo (dificuldade de ouvi-lo e de demonstrar — em linguagem acessível — as razões de determinadas decisões), em parte porque as estruturas burocráticas da democracia formal estão mais permeáveis a interesses de grupos com estrutura profissional de convencimento e pressão (atividades lobistas), ou seja, setores com maior poder econômico e político.

Ademais, a moldurar esse quadro pouco alentador, está a apatia de parcela não desprezível da população que, desalentada pelo não atendimento de demandas que considera legítimas, acaba por nem sequer comparecer no dia das eleições. Isso é ainda mais pronunciado onde o voto não é obrigatório. Na França, a abstenção eleitoral, no segundo turno das eleições presidenciais foi de 28,01%[127]. Em Portugal, nas últimas eleições gerais, a abstenção foi de 42%[128]. Mesmo no Brasil, onde há a obrigatoriedade do voto, a abstenção é crescente, tendo atingido 20,3% no primeiro turno das eleições gerais de 2018[129].

Essa situação geral de debilidade da democracia representativa é preocupante para o liberalismo, pois a descrença[130] generalizada nos governos abre caminho para a ação de aventureiros que podem, por maioria ocasional, derribar ou, pelo menos, avariar fortemente todo um sistema que, longe da perfeição, é caraterizado — como já exaustivamente destacado — por contenção de poder, reconhecimento de direitos básicos e algum mecanismo de aferição da vontade popular. Na ciência política, os schumpeterianos[131] caracterizam-se pela pergunta "quem governa?" e pela resposta "os políticos

---

eleitoral passiva, a "susceptibilidade de ser eleito".

[127] Foi a maior abstenção eleitoral desde as eleições presidenciais de 1969. Ver França... (2022).

[128] Ver Portugal... (2022).

[129] Ver Paixão (2022).

[130] "[...] não se pode afirmar que ela é representativa a menos que os cidadãos pensem que estão sendo representados. Porque a força e a estabilidade das instituições dependem de sua vivência na mente das pessoas. Se for rompido o vínculo subjetivo entre o que os cidadãos pensam e querem e as ações daqueles a quem elegemos e pagamos, produz-se o que denominamos crise de legitimidade política; a saber, sentimento majoritário de que os atores do sistema político não nos representam" (CASTELLS, 2018, p. 12).

[131] Adeptos das ideias políticas defendidas pelo teórico austríaco Joseph Schumpeter (1883-1950), que entendia a democracia ocidental como competição, dentro de condições gerais de liberdade, entre lideranças políticas que lutavam para ocupar o posto de principais tomadoras de decisões: "O papel verdadeiramente ativo no processo

eleitos e suas máquinas partidárias"; já alguns teóricos políticos não ortodoxos[132] estão a formular uma outra pergunta — "quem não governa?" —, dizendo que a resposta é uma ampla gama de setores populares, já que os governos tendem a ser dominados por interesses de classes econômicas e sociais mais abastadas (CUNNINGHAM, 2009, p. 31).

No espaço entre essas mencionadas perguntas e as suas respectivas respostas, talvez se possa enxergar com mais nitidez alguns traços da crise da democracia representativa e remédios para sua reforma e fortalecimento. Mas tal crise só é trazida à baila neste trabalho pela sua interface com a desobediência civil. Se a lei ou as políticas formalmente promulgadas por Estados democráticos são contestadas[133], por intermédio de desobediência aberta, por parcelas expressivas da comunidade, isso pode ser um sinal de alerta sobre a qualidade das instituições ou como o produto do trabalho realizado por essas instituições tem sido percebido pelo público. Pode, por outro lado, essa contestação servir como correção de rumo estatal, religação entre representados e representantes, reforço de confiança nas instituições e, portanto, como fator de estabilização política e social. Bem, de alguma forma, a teoria liberal da desobediência civil sempre defendeu, em maior ou menor grau, a postura que a desobediência, desde que exercida com parcimônia, seria meio de fortalecimento das instituições, embora sem dar ênfase ao binômio representante-representado ou ao reforço direto à democracia política. Evidente que, ao ser instrumento de correção jurídico-social e estabilização institucional, a desobediência robusteceria — indiretamente — a ordem democrática, mas sem ter como foco precípuo a discussão das relações entre governantes e governados, senão no ponto em que houvesse a violação de direitos constitucionais básicos destes por aqueles[134].

O que precisamos pensar é se, dadas as características dos movimentos contestatórios atuais, a versão liberal ainda se sustenta como base explicativa útil ou, ao contrário, já está datada e incapaz de elucidar os novos grupos desobedientes. Dessa forma, no próximo item, vamos examinar cada um

---

democrático, claro nessa definição, é exercido pelas diferentes elites políticas que competem entre si pelo consentimento e pelo apoio popular" (MEDEIROS, 2016, p. 99).

[132] Como, na ciência política, os ortodoxos são considerados schumpeterianos, os não ortodoxos estão ligados, sobretudo, a correntes socialistas, de democracia participativa e deliberativa.

[133] Em tese, "em uma democracia constitucional, a lei, democraticamente produzida, é o ato público que melhor representa os interesses do povo" (ABBOUD, 2021, p. 66).

[134] Retomaremos, mais adiante, como possível limitação ou deficiência da teoria liberal da desobediência civil a pequena discussão da relação representante/representado no campo político. Aliás, essa deficiência é bastante frisada pelos críticos do modelo liberal.

dos principais fenômenos contemporâneos de enfrentamento à ordem, já mencionados no Capítulo 3, e verificar a compatibilidade deles com a teoria liberal da desobediência civil.

4.2 A teoria liberal da desobediência civil e o exame dos fenômenos contemporâneos de contestação à ordem: movimentos 15-M e *Occupy*

A primeira e óbvia pontuação a se fazer é que, embora existam ideias comuns, não há uma identidade absoluta entre os autores liberais que teorizam sobre a desobediência civil. Entre os dois autores escolhidos neste trabalho como representantes do liberalismo — Rawls e Dworkin —, há algumas divergências não desprezíveis. Assim, precisamos trazer à baila essas semelhanças e dessemelhanças e o quanto elas podem afetar o exame dos movimentos contestatórios atuais.

Recapitulando, muito brevemente, existe uma fundamental semelhança entre os pensamentos de Dworkin e Rawls: ambos encaram a desobediência civil como forma legítima de expressão, ainda que revestida de ilegalidade imediata, em que os insurgentes, em nome de direitos fundamentais, geralmente ligados à liberdade, descumprem as normas jurídicas com o objetivo de alertar a sociedade para uma situação de manifesta injustiça que não pode ser olvidada. Os dissidentes, assim, em seu enfrentamento com o aparato estatal, cumprem tarefa de magnitude ao ajudarem as instituições de uma democracia na identificação de violações de direitos e liberdades e, com isso, na manutenção de sua funcionalidade e coesão. Enfim, ao realçarmos a proximidade entre as ideias de Dworkin e de Rawls, podemos dizer, com Santos e Lucas, que:

> [...] a desobediência civil pode e deve ser considerada como um fenômeno constitutivo da cultura cívica democrática capaz de contribuir com a criação e condições públicas de estabilidade constitucional, especialmente pela sua funcionalidade de indução e controle social dos processos públicos de tomada de decisões voltadas à organização e limitação do poder e à concessão de liberdades (SANTOS; LUCAS, 2015, p. 203).

Entre as diferenças, por sua vez, a mais facilmente identificável é que, enquanto a teoria de Rawls difere a objeção de consciência da desobediência civil, a de Dworkin concebe a objeção de consciência como parte constituinte da desobediência, mais precisamente como a desobediência civil "baseada na integridade". Assim, é factível afirmar que a visão de Dworkin é mais ampla, uma vez que abrange mais fenômenos que a de Rawls. Ademais, ainda no campo das distinções relevantes, é preciso notar que Rawls é mais descritivo, com um rol bastante detalhado de atributos que devem estar presentes para a caracterização da desobediência civil, ao passo que Dworkin, com sua ênfase em aspectos constitucionais da tradição jurídico-política dos Estados Unidos, é menos rigoroso e exaustivo nos requisitos especificadores da desobediência.

Outro ponto relacionado à diferença entre as teorias da desobediência de Rawls e Dworkin merece destaque. Para Rawls, a desobediência civil é especialmente propícia para atacar injustiças relacionadas com o primeiro princípio da justiça — princípio da igual liberdade, que indica que uma pessoa terá direito a mais ampla liberdade possível, desde que conciliável com a mais ampla liberdade dos demais indivíduos — e com a segunda parte do segundo princípio de justiça — prevendo que assimetrias econômico-sociais só seriam razoáveis se estiverem ligadas a cargos e posições com abertura a todos os cidadãos, de forma igualitária, chamado de princípio da igualdade equitativa de oportunidades. Dessa forma, a violação à primeira parte do segundo princípio de justiça, o princípio da diferença — as desigualdades socioeconômicas são toleráveis, desde que promovam vantagens aos menos aquinhoados —, é vista, no pensamento rawlsiano, como problemática para caracterizar a desobediência civil. E qual o motivo dessa dificuldade? Porque, nessa seara, são discutidas muitas das políticas econômicas e sociais e, para definição dessas, é preciso ter acesso a uma pletora de dados, fazendo a devida ponderação sobre eles. Sendo assim, à primeira vista, em questões desse tipo, que envolvem **juízo político**, é difícil recorrer ao conceito público de justiça.

Já na teoria dworkiana, a abertura para questionamento da ordem social e econômica, via desobediência civil, parece ser mais promissora. Para Dworkin, como anteriormente pontuado, a Constituição traz a junção de normas jurídicas e morais que conferem ao cidadão o direito — uma espécie de trunfo — de agir contra as ordens estatais se entender que garantias básicas estão sendo desrespeitadas. Muito embora essas garantias básicas estejam, primária e usualmente, ligadas a liberdades fundamentais (de crença, de expressão e de associação, por exemplo) e à igualdade política, é possível a desobediência baseada em razões políticas mais amplas e sem ligação direta e imediata com liberdades fundamentais ou igualdade política *stricto sensu*. Aqui, importante rememorar, parcialmente, a já descrita teoria operacional da desobediência dworkiana. Quando Dworkin faz a tipologia da desobediência civil, uma das classificações é a **desobediência civil baseada em política.** Esta ocorre quando o cidadão se mostra contrário à lei não por ela ser atentatória à integridade moral dos indivíduos ou mesmo injusta para com uma minoria, mas por perceber que a decisão é bastante equivocada e pode ter implicações significativamente ruins para toda a sociedade; ou seja, na desobediência civil baseada em política há conflito sobre juízo político.

Vamos agora exemplificar essa distinção usando um evento trivial como a tributação, a qual recorrem ordinariamente os Estados para o seu financiamento. E isso é importante porque a tributação, com a instituição, a majoração ou a forma de cobrança de tributos, constitui, todavia, uma das mais clássicas hipóteses geradoras de atrito social e político. Marcus Abraham, em artigo recente[135], depois de citar alguns exemplos de rebeliões que tiveram claras motivações tributárias — como a revolta dos nobres ingleses contra o Rei João Sem Terra, que redundou na Carta Magna de 1215, com a necessidade, a partir daquele momento, dos impostos terem o consentimento da nobreza e não contarem apenas com um ato volitivo do monarca; a Revolução Americana, com a separação das 13 (treze) colônias do Reino Unido da Grã-Bretanha; a Revolução Francesa, que teve como uma de suas relevantes causas a distribuição muito díspar dos encargos tributários entre o Primeiro Estado (clero), o Segundo Estado (nobreza) e o Terceiro Estado (restante da população); e, no caso brasileiro, a chamada Inconfidência Mineira, que estava profundamente associada à cobrança de pesados impostos, pela Coroa Portuguesa, na então aurífera Capitania das Minas Gerais —, cita frase lapidar de John Marshall, ex-presidente da Suprema Corte dos EUA, no caso judicial *McCulloch v. Maryland*: "o poder de tributar envolve o poder de destruir".

Ora, é evidente que a questão tributária envolve valores como liberdade e patrimônio, mas essa afirmação é um tanto quanto incompleta, pois tributar vai além disso. A questão é infinitamente mais candente se observamos que, ao contrário dos Estados do início das eras Moderna e Contemporânea, cujo papel governamental era, simplesmente, organizar a defesa nacional e o sistema de justiça e segurança internos e, eventualmente, investir em infraestrutura, os Estados Constitucionais de nosso tempo, usualmente, são responsáveis — ademais das clássicas atividades apontadas *supra* — por amplas tarefas na seara comunitária: prover serviços de saúde, educação, cultura, habitação, assistência social e previdência, dentre outros. Dessa

---

[135] "Receitas insuficientes, novos impostos e as revoluções tributárias" (ABRAHAM, 2019).

forma, hodiernamente, tributação está acoplada a funções redistributivas importantes, visando o (re)equilíbrio da sociedade.

A pergunta, então, é mais desafiadora: seria tolerável opor-se a leis ou atos governamentais, no campo tributário, promulgados ou editados em um Estado Constitucional, sujeito a uma série de controles e, por princípio, avesso ao despotismo, sobretudo quando tal Estado persegue, por intermédio da arrecadação tributária, para além de sua própria manutenção e da garantia da ordem pública, a elevação do nível de vida de seus habitantes, investindo e mantendo amplas políticas públicas de cunho social e de inegável perfil civilizatório? Para Rawls, como a matéria tributária engloba — como de resto todas as que estejam ligadas à violação da primeira parte do segundo princípio de justiça, o princípio da diferença — a análise minuciosa de informações variadas e juízo político sobre tais dados, ela não estaria no âmbito de possibilidade da desobediência civil, registrando expressamente que "[...] a não ser que as leis tributárias, por exemplo, sejam claramente elaboradas para atacar ou reduzir a liberdade igual fundamental, elas não devem, normalmente, ser contestadas por meio de desobediência civil" (RAWLS, 2016, p. 463).

Dworkin, por sua vez, embora nunca tenha se manifestado especificamente sobre o tema da desobediência no campo tributário, aparenta a possibilidade de acomodá-la com a tipologia da desobediência civil baseada em política, já que nesta há abrigo para o conflito sobre juízo político, independentemente da coarctação de liberdades fundamentais. Assim, e a tributação é apenas uma ilustração, a teoria de Dworkin aparenta ser mais flexível que a de Rawls, permitindo seu uso com maior amplitude em movimentos recentes de enfrentamento à ordem.

De posse dessas diferenças entre os autores liberais estudados neste trabalho, vamos analisar, de forma individualizada, cada um dos movimentos contestatórios mencionados no Capítulo 3 e verificar se as teorias dworkiana e rawlsiana são capazes ou não de explicá-los ou fundamentá-los ou, melhor dizendo, se ainda são proveitosas para o exame dos referidos fenômenos.

Comecemos a análise pelos movimentos 15-M (*Los Indignados*), na Espanha, e pelo *Occupy*, sobretudo nos Estados Unidos. Como já salientado no capítulo anterior, pelo menos em uma primeira mirada, ambos apresentam dificuldade de adequação ao modelo liberal, dentre outras razões, pois:
a) questionavam a ordem jurídico-política não pontual e lateralmente, mas de maneira mais abrangente, parecendo duvidar da justiça do sistema como

um todo e não de um ou outro aspecto isolado do aparelho estatal; e b) não estavam destinados a ser clamor de uma minoria direcionado a uma maioria para que essa revisitasse suas ações e mudasse de prática em relação ao ponto reivindicado, mas pretendiam — inequivocamente — falar em nome de uma maioria contra a insensibilidade da estrutura governativa. Vejamos que o incômodo não era, aparentemente, contra uma legislação ou ação estatal que suscitavam dúvidas constitucionais ou que ameaçavam liberdade fundamental de um dado grupo social, mas, sim, contra o suposto arremedo de democracia, preservada na forma e negada na substância. Recordemos que os desobedientes alegavam que o sistema político funcionava como um instrumento do capital financeiro, um agente dos muitos ricos e que não havia diferenciação real entre os grandes partidos, que administravam com a lógica neoliberal: em nome das grandes corporações e sendo guiados por interesses privatistas.

Todavia, se examinarmos mais detidamente tanto o 15-M, quanto o *Occupy*, perceberemos que aquilo que parecia ser uma crítica muito abrangente, contundente e sistêmica, era mais localizada e menos ambiciosa, mas nem por isso desimportante. Os manifestantes espanhóis e os estadunidenses, em seus respectivos contextos, não reclamavam contra todo o edifício político de seus países e tampouco retiravam dele o selo geral da legitimidade. A massa que protestava não o fazia contra os grandes valores constitucionais de suas ricas tradições jurídico-políticas, afinal, não queriam derribar: a) a separação de poderes; b) a autonomia do Judiciário; c) as liberdades públicas, que envolvem as liberdades de crença, de expressão, de associação e de imprensa, da qual faziam evidente uso em seus atos de desconformidade; e d) o princípio que prediz que os eleitos para representar o povo, exercendo a função governativa, são aqueles ungidos pelo voto popular. Assim, é forçoso reconhecer que tais movimentos não questionavam toda a ordem jurídico--política, nem a viam como completamente deslegitimada. No fundo, no auge do sofrimento com uma crise econômica inclemente, houve revolta contra as medidas urdidas pelos governos, vistas como economicamente ortodoxas e excessivamente duras em relação à parcela da população mais empobrecida. Foi o desgosto em relação às medidas de austeridade fiscal — com aumento de tributos e corte de gastos sociais —, em meio à corrosão generalizada da renda disponível que serviu como combustível ao questionamento subsequente da qualidade da representação política e do libelo lançado contra os governantes e os partidos políticos, tomados como demasiadamente longe dos representados, de suas necessidades e agruras.

O que aqui se deseja afirmar, portanto, é que longe de condenar todo o sistema constitucional e desprezá-lo como ilegítimo ou tirânico, como uma leitura mais açodada sugeriria, *"Los Indignados"* e os participantes do *Occupy* dirigiam-se, imediatamente, contra leis ou políticas públicas que permitiram, no passado recente, uma fiscalização laxista de setores como o bancário/financeiro — o que, para muitos, era a real causa do desarranjo econômico que vitimava a sociedade — e, sobretudo, contra ações de combate à crise econômica que exacerbavam a debilidade de grupos socialmente vulneráveis. A avaliação negativa do funcionamento dos mecanismos políticos, com seus arranjos partidários e parlamentares, derivava da inconformidade com essa situação muito específica de dor e frustração provocada pela crise econômica. Dessa forma, está preservada a máxima liberal que afirma ser a desobediência civil voltada contra um ou outro aspecto do ordenamento político-jurídico, e não contra o ordenamento de forma cabal e completa, intentando fundar ordem absolutamente distinta da anterior.

Percebe-se, também, que a reivindicação dos manifestantes de que eram a maioria protestando ou alertando contra a insensibilidade de uma minoria — e não uma minoria protestando ou alertando contra a insensibilidade de uma maioria, como é mais comum ocorrer —, por si mesma, não inviabiliza a caracterização desses movimentos como desobediência civil em uma visão liberal. Isso porque maioria e minoria podem ser empregados, estreitamente, em termos numéricos (é assim quando um partido político tem menor número de cadeiras em um parlamento, dizendo-se que ele constitui a minoria parlamentar ou quando uma parcela da população, com idioma diferente da maioria, é chamada de minoria linguística); mas podem, por igual, ser empregados para fazer referência a uma situação de vulnerabilidade econômico-social de um grupo, independentemente de constituir esse grupo uma maioria numérica[136] (por exemplo, as mulheres, ainda que sejam maioria quantitativa em muitos países, são, muitas vezes, um grupo vulnerável em face de sociedades machistas, constituindo-se socialmente em uma minoria).

---

[136] "A insuficiência do critério numérico fez com que vários teóricos empregassem a expressão grupos vulneráveis para definir com maior rigor a noção de minoria, pondo em relevo o elemento da não-dominância, da subjugação ou da vulnerabilidade, independentemente da quantidade de membros do grupo. Conforme enfatiza Wucher (2000, p. 46): "Grupos vulneráveis podem, mas não precisam necessariamente constituir-se em grupos numericamente pequenos: mulheres, crianças e idosos podem ser considerados 'grupos vulneráveis', sem, no entanto, se constituírem em minoria". A mutação da conceituação do termo minoria a partir da ideia de subjugação ou vulnerabilidade foi decisiva [...] para a implementação de políticas públicas protetivas" (RAMACCIOTTI; CALGARO, 2021, p. 8-9).

Não parece haver, assim, incompatibilidade peremptória entre a visão liberal de desobediência civil e os movimentos 15-M e *Occupy*, já que afastamos a rejeição total ao ordenamento jurídico-político por parte dos mencionados movimentos, bem como ponderamos que o fato deles se identificarem com a maioria numérica da sociedade não os descredenciam como desobedientes, nos termos liberais, pois ainda assim eles estão em defesa de parcela subalternizada socialmente, o que os ligam a minorias em termos de poder. Entretanto, apesar disso, ainda há dificuldades de amoldá-los à desobediência de feitio liberal. A razão disso é que, inegavelmente, os integrantes do 15-M e do *Occupy* reivindicavam: a) diretamente, a mudança de leis ou medidas nas áreas econômica e social; e b) indiretamente, reclamavam do funcionamento das instituições democráticas, denunciando que elas não estavam operando a contento, vez que pareciam ter sido sequestradas por grupos minoritários que acabavam ditando suas pautas específicas em detrimento dos interesses mais gerais da população.

E cabe aqui realçar essas são duas searas para as quais não há particular sensibilidade nas teorias liberais da desobediência civil. Primeiro, pois, entre os teóricos liberais, há maior defesa da desobediência civil nos casos em que existe infração às liberdades fundamentais, não a direitos econômicos e sociais. Segundo, vislumbram a desobediência como instrumento que aponta para transgressões a direitos básicos que, se corrigidos pela maioria política que dirige o Estado, pode contribuir para a estabilidade e vigor das instituições públicas e, portanto, obliquamente, da democracia constitucional; contudo, não discutem a melhoria da relação entre representantes e representados como função essencial da desobediência civil, ou seja, a qualidade da democracia representativa, suas eventuais deficiências e o preenchimento de suas lacunas não lhes interessa como fenômeno a ser combatido por intermédio da desobediência civil. Agora, nos próximos parágrafos, examinemos o 15-M e o *Occupy* pelas lentes específicas de Rawls e Dworkin.

Do ponto de vista rawlsiano, a desobediência civil é útil para questionar aspectos relacionados ao primeiro princípio da justiça — princípio da igual liberdade — e à segunda parte do segundo princípio de justiça — princípio da igualdade equitativa de oportunidades, ou seja, que cargos e posições devem ter abertura a todos os cidadãos, de forma igualitária. A violação à primeira parte do segundo princípio de justiça, o princípio da diferença, não é enxergada como apta a caracterizar a desobediência civil, já que políticas econômicas e sociais envolvem consideração sobre conveniência e oportunidade de escolher uma ou outra linha de ação dentre várias possíveis para a gestão do Estado, o que se constitui em juízo político por excelência. Ademais, a discussão sobre o déficit democrático da representação política — ou a qualidade governativa das instituições em auscultar o povo — é igualmente inapropriada para a desobediência civil rawlsiana pela mera razão de que, em democracias constitucionais genuínas, onde há liberdade de expressão e associação política, voto secreto e universal, colhido em eleições periódicas e limpas, o eleitor tem a oportunidade regular de trocar o governo e seus representantes quando verifica que estes não estão cumprindo suas funções com o mínimo de acuidade.

Se o sistema político não é responsivo em nenhum grau, impõe custos enormes para a entrada de novos atores na cena político-eleitoral, impede a circulação de críticas ao governo de turno, reprimindo a oposição, descumpre e sabota sistematicamente os valores constitucionais, dista do interesse público e as eleições não são realizadas com transparência necessária, na prática, não há democracia constitucional e está aberto o caminho para questionamento mais radical do que usualmente a desobediência civil permite, pelo menos em sua versão liberal. Assim, parece haver incompatibilidade entre a desobediência civil descrita por Rawls e movimentos como 15-M e *Occupy*, já que tanto o questionamento a aspectos econômico-sociais, quanto o preenchimento de lacunas da democracia representativa não estão agasalhadas pela teoria rawlsiana.

Já a perspectiva dworkiana afigura-se mais alvissareira, ainda que não devamos exagerar tais alvíssaras, para a análise dos referidos movimentos contestatórios espanhol e norte-americano. Isso porque Dworkin, apesar de ressaltar a desobediência civil como vetor de contestação à constitucionalidade de leis ou atos governamentais, quando estes estão a violar liberdades fundamentais, não fecha a possibilidade de a desobediência civil servir como arma de contestação de assuntos ligados ao juízo político, independentemente de desrespeito a liberdades básicas. Retomemos, ainda que brevemente, o conceito de desobediência civil baseada na política. Nos exatos termos de Dworkin (2019, p. 162), ela se dá "quando seus agentes buscam reverter uma política porque pensam que ela é perigosamente imprudente. Acreditam que a política a que se opõem é má para todos, não apenas para alguma minoria". Assim, nada obsta que os questionamentos a leis econômicas e sociais, bastante característica do 15-M e do *Occupy*, estejam agasalhadas pela teoria dworkiana da desobediência civil baseada na política.

É certo que Dworkin, em sua teoria operacional da desobediência civil, faz uma espécie de hierarquia entre os tipos de desobediência, em que a baseada na integridade seria a mais forte delas, a baseada na justiça viria logo em seguida na escala de robustez e a mais frágil seria a baseada em política. E isso ocorre porque é essa última que põe em xeque mais fortemente um princípio basilar dos regimes democráticos, que é o do governo da maioria[137]. Ora, se os representantes eleitos pela maioria tomam decisões, seguindo os padrões estabelecidos e socialmente aceitos para a deliberação política[138], e tais deliberações atingem direitos fundamentais, minorias podem contestar, indicando que há violação significativa de princípios constitucionais aceitos pela própria maioria, o que fica patente na desobediência baseada na integridade e ainda nítida na desobediência baseada na justiça; ou seja, o poder político, instrumento da maioria, pode fazer escolhas e decidir um amplo conjunto de assuntos, mas não pode vulnerabilizar as garantias básicas da minoria, já que isso atinge o próprio âmago da constituição democrática, pactuada — *ab ovo* — para respeitar as minorias e garantir a sua existência. Contudo, é menos denso o escopo da desobediência quando a decisão vergastada o é por razões de ordem mais prática e menos principiológica: o poder político, sufragado pela maioria, igualmente guardando os padrões estabelecidos e socialmente aceitos para a deliberação política, faz escolhas que os desobedientes consideram insensatas, mesmo que isso não atinja, direta e imediatamente, liberdades fundamentais de minorias.

Parece usual que é mais simples e eficaz a evocação de quebra de princípios constitucionais (por autoridades) do que o questionamento sobre o tirocínio do governo em conduzir determinadas políticas. O próprio Dworkin dá exemplo de que, pessoalmente, considerava as políticas econômicas de Reagan (EUA) e Thatcher (Reino Unido) — ditas neoliberais — inadequadas e potencialmente desastrosas a longo prazo, mas via com parcimônia a tentativa de questioná-las por intermédio da desobediência

---

[137] Para Dworkin, em quaisquer das formas de desobediência civil, há sempre o problema com o princípio [de governo] da maioria; esse problema, contudo, é ampliado na desobediência com base na política. Vejamos o seguinte trecho: "A maioria das pessoas aceita que o princípio do governo da maioria é essencial para a democracia; refiro-me ao princípio de que, uma vez estabelecida a lei pelo veredicto da maioria, ela deve ser obedecida também pela minoria. A desobediência civil, em todas as suas várias formas e estratégias, tem uma relação vasta e complexa com o governo da maioria. Ela não rejeita o princípio inteiramente [...]. Mas ela exige algum tipo de ressalva ou exceção, e poderíamos diferenciar e julgar os diferentes tipos e estratégias de desobediência combinados, perguntando que tipo de exceção cada um requer e se é coerente exigir essa exceção e, ainda assim, afirmar fidelidade ao princípio como um todo" (DWORKIN, 2019, p. 163).

[138] Queremos dizer, com isso, que as deliberações obedecem a forma prescrita em lei para a discussão parlamentar e para a votação de determinada matéria.

civil[139]. Portanto, na visão dworkiana, a desobediência baseada na política, por atacar duramente o princípio do governo da maioria, é relativamente mais débil do que outras tipologias da desobediência civil, mas ainda assim pode ser usada. Dessa forma, em legislação no campo social e econômico, no qual Rawls não vislumbra possibilidade de desobediência, Dworkin a admite, em que pese não a enxergar com cores tão vívidas. Compatível, pois o enfrentamento de decisões na alçada de política econômica e social com a teoria liberal da desobediência civil, mesmo que restrita às lições de Dworkin e com certas ressalvas, já que: a) há necessidade anterior de tentar provocar as alterações pretendidas na legislação ou política pública por intermédio dos canais institucionais padrões e, somente falhando tais tentativas, abrir-se-ia a via da desobediência[140]; e b) dar-se-ia essencialmente por estratégias persuasivas, ou seja, quando os desobedientes pretendem convencer, com seu arsenal de argumentos, que a maioria ou o governo que a representa estão equivocados[141], e não simplesmente aumentar absurdamente (para o governo) os custos de manutenção de determinada política, pouco importando eventual tentativa de convencimento da maioria sobre o tema em debate (estratégias não persuasivas).

No tocante à relação representante/representado ou, melhor dizendo, às lacunas da democracia representativa, a teoria dworkiana também se afigura menos estreita que a rawlsiana, já que permite questionamento de assuntos relacionados ao juízo ou à conveniência política, mesmo que não haja correlação com a vulnerabilidade direta e imediata de liberdades fundamentais, e isso, forçoso reconhecer, pode ajudar a diminuir o *gap* democrático do funcionamento dos aparatos políticos dos Estados constitucionais. Todavia, e por dois pontos a seguir apresentados, não se pode vislumbrar, na desobediência civil pensada por Dworkin, uma estrada muito promissora de contestação das múltiplas assimetrias na representação política e de estímulo à reconexão entre representantes e representados. No primeiro

---

[139] A opinião é referente à primeira metade da agora longínqua década de 1980 do século XX. Veja, para exemplificação, o seguinte trecho: "os governos dos Estados Unidos e da Grã-Bretanha estão seguindo políticas econômicas que julgo insensatas porque agirão contra o interesse geral a longo e a curto prazo. [...] muitas pessoas como eu acham a política monetarista errada para todos. O fato de acreditarmos nisso justificaria atos ilegais cujo objetivo fosse impor um preço tão alto, em inconveniência e segurança, que a maioria abandonasse sua política econômica mesmo que continuasse convencida de que essa seria a melhor política?" (DWORKIN, 2019, p. 166).
[140] De resto, essa é uma exigência padrão da desobediência civil liberal.
[141] Lembrando que, na estratégia não persuasiva, os desobedientes não querem convencer que os argumentos usados pela maioria (ou pelo governo que a representa) são falhos e necessitam ser alterados; desejam apenas aumentar os custos de manutenção das medidas adotadas pela maioria, na esperança de que dita maioria mude sua postura mesmo sem ter tido um apropriado convencimento sobre a adequação do pensamento dos desobedientes.

ponto, saliente-se que a principal função da desobediência no pensamento de Dworkin continua a ser bastante clara: trazer à luz liberdades fundamentais malbaratadas por maiorias, em desalinho com princípios constitucionais basilares que devem ser por todos respeitados. No segundo ponto — e isso é um desdobramento do primeiro ponto —, deve ser observado, como já apontado nas linhas anteriores, que os liberais entendem que sociedades constitucionalizadas, para discutir o mérito político, gozam de mecanismos regulares que balizam a vida democrática: imprensa livre, direito de crítica política, existência de partidos de oposição com capacidade de ação não coarctada, eleições periódicas e limpas.

Assim sendo, existe a possibilidade de eventuais minorias, na refrega política, tornarem-se maioria no futuro, dentro dos parâmetros da institucionalidade democrática; e questões de juízo político, no mais das vezes, devem ser tratadas no ambiente político convencional, tendo a desobediência civil (baseada na política), nesse ponto, função meramente suplementar. Ressalte-se outra vez: Dworkin não pensa a desobediência como mecanismo precípuo de reescrita da democracia representativa, ele a vislumbra, essencialmente, como defensora de liberdades constitucionais; apenas circunstancialmente ela pode ser arma de indagação de decisões políticas em áreas não ligadas às liberdades fundamentais e, com isso, ajudar a colmatar a enorme distância entre o povo e seus representantes. De qualquer maneira, seja na desobediência relacionada à principiologia constitucional (baseada na integridade ou na justiça), seja na desobediência concernente ao juízo político (baseada na política), Dworkin enxerga o fenômeno como apto ao aperfeiçoamento democrático[142], sem, contudo, apostar demasiado no redesenho do sistema de representação política.

Cabe aqui uma pequena digressão quanto à ênfase dada por Dworkin à desobediência como forma de questionamento de constitucionalidade de leis ou medidas tomadas por governos. Nas desobediências baseadas na integridade e na justiça, os desobedientes cumpririam tarefa relevante ao trazerem à tona visões diversas sobre a interpretação de valores constitucionais e seu possível descumprimento pelo governo. Isso não tisnaria o papel do Poder Judiciário como intérprete formalmente autorizado da Constituição, mas traria aos juízes o dever de escutar as múltiplas possibilidades interpretativas advindas de atores sociais diversos. Afinal, em uma

---

[142] "[...] os norte-americanos aceitam que a desobediência civil tem um lugar legítimo ainda que informal na cultura política de sua comunidade. [...] A desobediência civil não é mais uma ideia assustadora nos Estados Unidos" (DWORKIN, 2019, p. 155).

democracia constitucional, a todos interessa a melhor interpretação possível, aquela que dá mais força aos valores fundantes da ordem político-jurídica, e isso será tanto mais palpável quanto mais voz for dada aos destinatários das normas constitucionais. Nesse ponto, a visão dworkiana é bastante assemelhada à do jurista alemão Peter Häberle, que defende uma sociedade aberta dos intérpretes da Constituição, ou seja, uma interpretação constitucional pluralista. O mencionado autor germânico afirma que a dogmática jurídica tradicional se preocupa demasiadamente com os objetivos e métodos de interpretação, mas não valoriza o suficiente os participantes da interpretação, tomando esses como sinônimo de magistrados e de Corte Constitucional, reproduzindo um modelo de sociedade fechada. Ocorre que nossas sociedades contemporâneas ocidentais são sociedades abertas e requerem, em nome da legitimidade democrática, que novos intérpretes ganhem algum destaque na tarefa de dar cumprimento aos predicados constitucionais. Portanto, na preciosa lição de Häberle:

> O conceito de interpretação reclama um esclarecimento que pode ser assim formulado: quem vive a norma acaba por interpretá-la ou pelo menos co-interpretá-la [...]. Para uma pesquisa ou investigação realista do desenvolvimento da interpretação constitucional, pode ser exigível um conceito mais amplo de hermenêutica: cidadãos e grupos, órgãos estatais, o sistema público e a opinião pública [...] representam forças produtivas de interpretação (*interpretatorische produktivkräfte*); eles são intérpretes constitucionais em sentido lato, atuando nitidamente, pelo menos, como pré-intérpretes (*vorinterpreten*). Subsiste sempre a responsabilidade da jurisdição constitucional, que fornece, em geral, a última palavra sobre a interpretação constitucional [...]. Se se quiser, tem-se aqui uma democratização da interpretação constitucional. Isso significa que a teoria da interpretação deve ser garantida sob a influência da teoria democrática. Portanto, é impensável uma interpretação da Constituição sem o cidadão ativo e sem as potências públicas mencionadas (HÄBERLE, 1997, p. 13-14).

Retomando os termos de Dworkin, importante salientar que, para o mencionado autor, a desobediência é, em algum sentido, a reafirmação de valores constitucionais relevantes. Ora, essa afirmação de valores constitucionais, em culturas jurídicas ocidentais diversas da estadunidense, podem significar uma ampliação da finalidade da desobediência civil para além do usualmente defendido pelas correntes liberais tradicionais, o que se casaria com muitos dos movimentos contemporâneos de enfrentamento à ordem.

Expliquemos o ponto. Na tradição do constitucionalismo estadunidense, tradição na qual, obviamente, Dworkin estava inserido, a Constituição é instrumento mais abreviado que descreve os poderes estatais e traz elenco de direitos básicos, sobretudo ligados às liberdades fundamentais[143]. Assim, nessa tradição, é natural que se observe como típica a legitimar o questionamento constitucional e, eventualmente, a desobediência civil, apenas matérias que afetem tais liberdades. A Constituição dos Estados Unidos é exemplo lapidar daquilo que os teóricos constitucionalistas chamam, na classificação quanto à extensão (dos textos constitucionais), de carta sintética, em oposição às constituições analíticas, como a Constituição do Brasil, em que o texto constitucional debruça-se por áreas muito além da estrutura organizativa do Estado e do rol de direitos básicos. Nas constituições analíticas, os direitos atribuídos são mais extensos que a mera lista de liberdades essenciais; ademais, são descritas com certa riqueza de detalhes políticas públicas em setores tidos como de importância mais pronunciada, traçando as linhas gerais que devem ser seguidas pelos legisladores e gestores futuros. Mendes, Coelho e Branco defendem que a mera associação binária entre constituições sintéticas e mérito e constituições analíticas e demérito não é a melhor maneira de se entender o tema, assim lecionando:

> [...] é comum exaltarem-se as virtudes das constituições sintéticas – à frente a dos Estados Unidos, velha de mais de duzentos anos – e criticarem-se as constituições analíticas, como a nossa e tantas outras, cujos textos reputados volumosos, detalhistas e inchados, dificultariam as interpretações atualizadoras, obrigando o constituinte derivado a sucessivos esforços de revisão. Louvores e censuras à parte, convém não perdermos de vista que as constituições – assim como o direito, em geral, e as demais coisas do espírito – refletem as crenças e as tradições de cada povo, valores que não podem ser trocados por modelos alienígenas (MENDES; COELHO; BRANCO, 2007, p. 16).

Ainda dentro da teoria constitucional e continuando a explorar a classificação das Constituições, podemos associar, respectivamente, as constituições sintéticas e analíticas, quanto à extensão, com as constituições garantia e dirigentes, quanto à finalidade. A constituição garantia é aquela

---

[143] A Constituição dos EUA, originalmente, estava composta tão somente de 7 (sete) artigos, nos quais eram tratadas questões referentes aos Poderes Executivo, Legislativo e Judiciário, ao federalismo e aos procedimentos para a ratificação do próprio texto constitucional. Posteriormente, as emendas foram acrescentando um rol de direitos, nomeadamente os relacionados às liberdades fundamentais.

consorciada com a primeira dimensão (ou geração) dos direitos fundamentais, ou seja, ao valor liberdade; característica típica do Estado Liberal. Já a constituição dirigente, além do valor liberdade, traz a preocupação com a segunda dimensão dos direitos fundamentais, traduzida na atribuição de direitos econômicos e sociais (por exemplo, direito de greve, previdência social e garantia de salário-mínimo), bem como estabelece núcleo de objetivos que devem ser perseguidos pelo Estado. Fernandes (2011, p. 21) assim comenta sobre a constituição dirigente: "É uma constituição típica de Estado social e de seu pano de fundo paradigmático (democracias-socias, sobretudo do pós-Segunda Guerra Mundial). [...] visam a predefinir uma pauta de vida para a sociedade e estabelecer uma ordem concreta de valores para o Estado [...]".

Bem, o que aqui se pretende dizer é que a tradição jurídico-constitucional ao qual Dworkin pertencia era a da constituição garantia e sintética, lócus privilegiado das liberdades. Dessa forma, quando ele enfatizava a desobediência civil como instrumento de inquirição de constitucionalidade de leis ou medidas tomadas por governos e a vinculava, fundamentalmente, com a causa da liberdade ou valor da liberdade, ecoava a cultura jurídica distintiva de seu país. Todavia, na cultura jurídica de outros povos ocidentais, como espanhóis e brasileiros, por exemplo, o constitucionalismo adquiriu características dirigentes e analíticas muito mais amplas do que as da Constituição dos Estados Unidos. Assim, para além das liberdades fundamentais, nessas constituições dirigentes e analíticas há: a) amplo rol de direitos econômicos e sociais; e b) balizas ou princípios que devem ser seguidos nas políticas públicas consideradas importantes, como a educação, a saúde, a previdência e o meio ambiente, dentre outras. Portanto, é possível afirmar que numa leitura dworkiana da desobediência civil como questionamento de valores constitucionais ameaçados por governos ou maiorias ocasionais, mas a aplicando para tradições jurídicas que têm como bússola, além das liberdades básicas, direitos econômico-sociais e princípios ou vetores aplicáveis a determinadas políticas públicas consideradas essenciais, temos uma potencialização bastante significativa do alcance da desobediência.

Vamos aqui exemplificar com a Constituição da República Federativa do Brasil[144], que nos é mais familiar. Além da descrição dos Poderes Executivo,

---

[144] Promulgada em 5 de outubro de 1988. A conturbada história constitucional brasileira, contudo, já teve uma profusão de Cartas Magnas, a saber: a) a Constituição de 1824, conhecida como a "Carta Imperial"; b) a Constituição de 1891, tida como nossa primeira carta republicana; c) a Constituição de 1934, que inseriu garantias econômicas e sociais; d) a Constituição de 1937; e) a Constituição de 1946; e f) a Constituição de 1967, com a ampla reforma promovida pela Emenda Constitucional nº 1, de 1969, a ponto de certa escola historiográfica defender que tal

Legislativo e Judiciário e de seu tríplice federalismo (a envolver a União, os Estados e os Municípios), a Constituição traz: a) **os direitos de liberdade**, dos quais são exemplos marcantes, "ninguém será obrigado a fazer ou deixar de fazer alguma coisa senão em virtude de lei" (Art. 5º, II), "ninguém será submetido a tortura nem a tratamento desumano ou degradante" (Art. 5º, III), "é livre a manifestação do pensamento" (Art. 5º, IV), "é inviolável a liberdade de consciência e de crença, sendo assegurado o livre exercício dos cultos religiosos e garantida, na forma da lei, a proteção aos locais de culto e a suas liturgias" (Art. 5º, VI), "é livre a expressão da atividade intelectual, artística, científica e de comunicação, independentemente de censura ou licença" (Art. 5º, IX), "são invioláveis a intimidade, a vida privada, a honra e a imagem das pessoas, assegurado o direito a indenização pelo dano material ou moral decorrente de sua violação" (Art. 5º, X), "a casa é asilo inviolável do indivíduo" (Art. 5º, XI), "é inviolável o sigilo da correspondência e das comunicações telegráficas, de dados e das comunicações telefônicas, salvo, no último caso, por ordem judicial, nas hipóteses e na forma que a lei estabelecer para fins de investigação criminal ou instrução processual penal" (Art. 5º, XII), "é plena a liberdade de associação para fins lícitos" (Art. 5º, XVII), "a criação de associações e, na forma da lei, a de cooperativas independem de autorização, sendo vedada a interferência estatal em seu funcionamento" (Art. 5º, XVIII), "é garantido o direito de propriedade" (Art. 5º, XXII), "ninguém será preso senão em flagrante delito ou por ordem escrita e fundamentada de autoridade judiciária competente" (Art. 5º, LXI), "a prisão de qualquer pessoa e o local onde se encontre serão comunicados imediatamente ao juiz competente e à família do preso ou à pessoa por ele indicada" (Art. 5º, LXII), "a prisão ilegal será imediatamente relaxada pela autoridade judiciária" (Art. 5º, LXV), todos ligados ao Estado Liberal ou à primeira geração de direitos fundamentais; b) **os direitos econômicos e sociais**, destacando-se, dentre outros, "relação de emprego protegida contra despedida arbitrária ou sem justa causa, nos termos de lei complementar, que preverá indenização compensatória [...]" (Art. 7º, I), "seguro-desemprego, em caso de desemprego involuntário" (Art. 7, II), "salário mínimo, fixado em lei, nacionalmente unificado [...]" (Art. 7º, IV), "proteção do salário na forma da lei, constituindo crime sua retenção dolosa" (Art. 7º, X), "participação nos lucros, ou resultados, desvinculada da remuneração, e, excepcionalmente, participação na gestão da empresa, conforme definido em lei" (Art. 7º, XI), "licença à gestante, sem prejuízo do

---

Emenda era, na prática, outra Constituição. Assim, a depender da interpretação adotada, a atual Constituição é a sétima ou oitava de nosso constitucionalismo.

emprego e do salário" (Art. 7º, XVIII), "aposentadoria" (Art. 7º, XXIV); e c) o **desenho institucional**, com princípios e objetivos, **de políticas públicas** consideradas importantes, como a saúde (Art. 196 a 200), a educação (Art. 205 a 214), o meio ambiente (Art. 225), a política agrícola, fundiária e de reforma agrária (Art. 184 a 191) e a política urbana (Art. 182 e 183), entre outras.

Diante do quadro geral da Constituição brasileira exposto nos parágrafos anteriores, parece que o uso da desobediência civil para questionamento da constitucionalidade de leis ou atos do governo é possível para além das matérias relacionadas a liberdades fundamentais. Tomemos a sempre candente questão da reforma agrária. O texto constitucional, apesar de garantir o direito de propriedade, assevera que tal direito deve ser exercido cumprindo a sua função social. A função social, no caso da propriedade, sempre nos termos da Constituição Federal brasileira (Art. 186), é cumprida quando ela atende, simultaneamente, segundo critérios e graus de exigência estabelecidos em lei, aos seguintes requisitos: a) aproveitamento racional e adequado; b) utilização adequada dos recursos naturais disponíveis e preservação do meio ambiente; c) observância das disposições que regulam as relações de trabalho; e d) exploração que favoreça o bem-estar dos proprietários e dos trabalhadores.

Ademais, dada a concentração[145] de terras no Brasil, a Constituição prevê a possibilidade de desapropriação, por interesse social, para fins de reforma agrária, do imóvel rural que não esteja cumprindo sua função social, mediante indenização (Art. 184). Igualmente, é importante mencionar que são objetivos fundamentais da República Federativa do Brasil (Art. 3º), entre outros, construir uma sociedade livre, justa e solidária, garantir o desenvolvimento nacional e erradicar a pobreza e a marginalização, reduzindo as desigualdades sociais e regionais. Dessa forma, havendo, na prática, forte concentração fundiária, propriedades que não cumprem sua função social[146], grupos de trabalhadores rurais sem acesso à terra, mecanismos de desapropriação para fins de reforma agrária constitucionalmente previstos e claras diretrizes fixadas pelo texto constitucional para a promoção do desenvolvimento (urbano ou rural) e da redução de desigualdades (na cidade ou no campo), existe um valor constitucional inquestionável que impele o governo a agir em prol da reforma agrária.

---

[145] "[...] no que tange ao nível de concentração das terras no Brasil, [...] é explicitado que, menos de 1% de imóveis com inscrição no Incra converge mais de 30% de toda área ocupada [...], enquanto outros 31,6% dos imóveis ocupam 1,8% do âmbito total" (ALBUQUERQUE JUNIOR *et al.*, 2019, p. 15, 292).

[146] A propriedade produtiva, cumpridora, pois, de sua função social, é insuscetível de desapropriação para fins de reforma agrária (Art. 185, II, da Constituição Federal).

Se, todavia, o poder público, diante do quadro jurídico e fático narrado nas linhas anteriores, não se movimenta para a satisfação do valor constitucional, é possível, em tese, defender alguma espécie de desobediência civil para que o desiderato expresso na Constituição tenha cumprimento. Sem entrar em minúcias alheias ao objetivo deste trabalho, os desobedientes que lutassem pela implementação da reforma agrária, desde que tomassem algumas medidas prudenciais, não estariam muito longe do cânone liberal, com exceção do cunho social do direito pelo qual se levantariam: a) afrontariam à lei, com eventual ocupação temporária de espaços públicos ou privados, mas no espírito de respeito à realização de valores constitucionais; b) agiriam diante da omissão do poder público e da insensibilidade do sistema político após os apelos ordinários por reforma agrária; c) utilizariam, majoritariamente, meios não violentos para a sua ação, procurando evitar danos a propriedades públicas ou privadas temporariamente ocupadas e não atacando pessoas; d) o objetivo seria alterar a postura governamental (de descaso) com política pública relevante[147]; e) estariam dispostos a responder perante o aparato judicial pelos seus atos[148]; e f) pretenderiam convencer a maioria de que está havendo descumprimento de preceitos agasalhados constitucionalmente e que isso é malferir pacto que a própria maioria jurou defender.

Enfim, fechamos a digressão, apontando que a ênfase dada por Dworkin à desobediência como forma de questionamento de constitucionalidade de leis ou medidas tomadas por governos quando tais atos ofenderem a liberdades fundamentais pode ter abertura maior em países de tradição jurídica diversa da estadunidense, em que há valores constitucionais mais amplos do que aqueles propriamente ligados às liberdades, e que isso, se bem usado, pode ser um tonificador da desobediência civil. Contudo, mesmo em países de tradição constitucional sintética e com ênfase nas liberdades, há uma imensa rede de tratados internacionais prevendo direitos sociais e econômicos assinados, aprovados e incorporados ao acervo jurídico interno, que poderiam ser usados como base para ampliação de matérias submetidas à questionamento via desobediência civil.

---

[147] Veja que não se está a questionar o direito à propriedade privada, constitucionalmente garantido. O que se questiona é uma inação governamental, diante de um determinado quadro fático-social, para promover reforma agrária nos termos da legislação vigente.

[148] Obviamente que isso não implica a obrigatoriedade da punição. O aparato judicial analisaria, com a devida serenidade, o caso concreto, podendo punir, diminuir a punição ou mesmo deixar de aplicá-la, a depender da situação; mas não haveria a evasão por parte dos desobedientes, a tentativa de fugir – astuciosamente – das eventuais consequências legais de sua ação.

Aqui, poder-se-ia perguntar qual seria a diferença central entre a desobediência civil baseada na política, de Dworkin, e a ampliação, para além das liberdades fundamentais, da desobediência civil como forma de questionamento da constitucionalidade de leis ou medidas governamentais. A resposta é que aquela, a desobediência baseada na política, parece ser mais rarefeita, um alerta ou um brado relativamente vago contra decisões governamentais consideradas equivocadas, inadequadas ou estúpidas. Já esta, a desobediência com base em valores constitucionais ampliados, em países onde as constituições sejam analíticas e dirigentes — e mesmo nos países de constituição sintética, onde existem tratados internacionais que trazem novos valores para a seara jurídica interna —, parece ser mais consistente, uma vez que os desobedientes vão à luta não com espeque em conjecturas do que acreditam ser equivocado, mas com base em valores constitucionais — ou de Direito Internacional voluntariamente abraçados por um país soberano — compartilhados política e juridicamente por toda a sociedade. Tem peso diferente e menor, por exemplo, dizer que desobedeço a uma legislação ambiental, porque acredito que ela é estulta do que alegar que eu desobedeço à referida lei, pois ela é afrontosa em relação a princípios ou normas constitucionalmente estabelecidas para a área do meio ambiente.

A força da defesa de valores constitucionais comuns tem, no nosso entender, maior relevância política e tende a estabelecer conexões mais fortes com atores sociais diversos. Outrossim, a discussão das assimetrias entre representantes e representados políticos ganha contornos mais nítidos quando a desobediência encontra guarida em diretrizes constitucionais; há uma advertência clara aos representantes sobre o fato de, ao descumprirem valores constitucionais relevantes, estarem debilitando a fidúcia típica dos contratos políticos da qual a representação é a expressão mais acabada, pois, embora o representante tenha grande margem de liberdade de ação, não pode violar o âmago das concepções constitucionais relevantes, sob pena de caracterização de abuso de poder.

Afinal, o representante tem discricionariedade considerável, mas não para fulminar valores fundantes da ordem constitucional. Imaginemos, em um exercício meramente cerebral, que um governo de país com normas constitucionais que estabeleçam a educação como direito social fundamental e que desenhe os principais objetivos da política educacional no texto da Constituição, continuamente desestruture a área educacional com cortes orçamentários expressivos. Em caso assim, eventual desobediência civil não seria realizada com base na simples crença que tais medidas sejam estúpidas ou inadequadas, mas em nome de valores constitucionais relevantes. O representante político que age boicotando a educação o faz em afronta ao pacto constitucional e a desobediência civil poderia ajudar na correção dos rumos da própria democracia representativa, de sua qualidade operacional.

De qualquer sorte, resumindo o exame da utilidade da teoria liberal na explicação dos movimentos 15-M e *Occupy*, temos que: a) a teoria rawlsiana, por ser bastante restritiva quanto à reivindicação social e econômica por intermédio da desobediência civil, não consegue dilucidar tais movimentos, já que estes são voltados, preponderantemente, como salientado, para aspectos socioeconômicos; b) da mesma maneira, a teoria rawlsiana não se presta à crítica tão abrangente, na linha do 15-M e do *Occupy*, da relação representante-representado em democracias constitucionais, já que entende que, onde há liberdade política e periodicidade regular em eleições limpas, o povo pode renovar seus representantes, retirando do mandato aqueles que julga demasiadamente distanciados dos interesses gerais; c) embora a teoria dworkiana dê, igualmente, destaque para a desobediência civil como luta pela reafirmação do valor liberdade, abre alguma brecha de explicação para movimentos como o 15-M e o *Occupy*, uma vez que, na desobediência baseada na política, Dworkin alberga a possibilidade de vindicação de assuntos diversos daqueles relacionados às liberdades, como o são os de cunho social e econômico; d) se a teoria dworkiana permite a desobediência civil para problematizar o mérito político, de certa maneira, reconhece a possibilidade dos desobedientes colocarem em relevo a qualidade ou a ausência de qualidade, da representação política; não se deve exagerar, no entanto, esse aspecto, já que liberais supõem que, em democracias constitucionais maduras, o momento propício para chacoalhar a representação política é a eleição; e e) embora seja a teoria dworkiana mais promissora que a de Rawls para a análise dos movimentos 15-M e *Occupy*, não se pode olvidar que, no pensamento de Dworkin, a desobediência que ataca o mérito político (desobediência baseada na política) é menos robusta que a desobediência em razão da violação de princípios (desobediência baseada na integridade e na justiça) e, por isso, deve ser circunscrita a hipóteses mais restritas[149].

Assim, podemos afirmar que, de forma geral, as duas grandes limitações de teorias liberais da desobediência civil ao perscrutarem movimentos con-

---

[149] Além do tradicional esgotamento das formas institucionais de sensibilização do sistema político, a estratégia deve ser, preponderantemente, persuasiva, sendo difícil a justificação de estratégias não persuasivas, como dantes explicado.

temporâneos de enfrentamento à ordem como 15-M e *Occupy*, não obstante os realces distintos dos autores estudados, estão ligadas a menor abertura tanto à problemática socioeconômica, quanto à discussão da qualidade da democracia representativa. Como já destacado alhures, possível remoção desses obstáculos seria encarar, em culturas jurídicas distintas da anglo-americana, como valores constitucionais passíveis de defesa via desobediência civil — no que se poderia nominar de expansão da teoria de desobediência civil de Dworkin —, os relacionados a aspectos sociais e econômicos e aqueles que traçam diretrizes de destacadas políticas públicas[150], alargando o escopo da desobediência civil e, pois, de seu potencial emancipador. Mesmo em países com tradição constitucional sintética (como os EUA), conforme dito anteriormente, os valores trazidos por tratados internacionais livremente convencionado pelo Estado também poderiam fundamentar uma tonificação da desobediência civil.

4.3 A teoria liberal da desobediência civil e o exame dos fenômenos contemporâneos de contestação à ordem: *DREAMers*, técnicas digitais de desobediência, movimentos ambientais e BLM

Agora, passemos a examinar outros fenômenos contestatórios, citados no capítulo anterior, em face da teoria liberal da desobediência civil. Inicialmente, o movimento *DREAMers* e a transgressão digital na forma conhecida como DDoS[151]. O *DREAMers* era um coletivo formado por imigrantes, muitos deles irregulares nos Estados Unidos, que protestavam abertamente com o fito de provocar mudanças nas leis imigratórias daquele país. Já em relação aos protestos eletrônicos por intermédio do DDoS, foram mencionados os seguintes exemplos: a) o *Strato Net Italian*, grupo italiano em protesto contra o governo da França, por ocasião da realização de testes com armas nucleares (francesas) na região da Polinésia; b) o *Eletronic Disturbance Theater*, grupo estadunidense em protesto contra o governo mexicano pela alegada repressão que este fazia ao movimento zapatista; e c) o difuso protesto de alemães contra a empresa aérea Lufthansa, que servia como linha ancilar do governo alemão na expulsão de imigrantes irregulares do país. O que todos esses casos têm em comum é o fato de colocarem em xeque os conhecidos

---

[150] Geralmente, na constitucionalização de políticas públicas, há o detalhamento de direitos sociais e econômicos. Por exemplo, na Constituição brasileira, além de educação, saúde e assistência social serem citadas no catálogo de direitos sociais, são tratadas como políticas públicas, com uma série de princípios e normas próprios.

[151] Como visto no capítulo anterior, forma de ataque a sítios eletrônicos de internet, a ponto de sobrecarregá-los e fazer com que eles deixem de funcionar durante certo lapso temporal.

marcos de *Westphalia*[152], ou seja, a tradicional e rígida distinção entre o nacional e o internacional: aquilo que é interno, dizendo respeito aos nacionais de um determinado território e à soberania que os Estados exercem dentro de suas fronteiras; já o externo aludindo ao interesses de outros povos, a soberania de outros Estados em seus respectivos territórios ou, ainda, a fatos relacionados à coordenação dos Estados Nacionais em assuntos de natureza comum.

Assim, na lógica westfaliana, estrangeiros, mormente os que adentram ou permanecem de forma irregular em solo de Estado do qual não sejam nacionais, não deveriam protestar contra governos alienígenas. O protesto, dentro das fronteiras de um Estado soberano ou a ele direcionados, seria apanágio de seus próprios nacionais, pois assuntos internos não dizem respeito a forasteiros. Daí o estranhamento, para os parâmetros westfalianos clássicos, de movimentos como os *DREAMers* — em que terceiros agem como se nacionais fossem, na luta pela modificação de legislação de país com o qual não têm relação jurídica de nacionalidade — e os DDoS citados, em que italianos e estadunidenses insurgem-se contra autoridades francesas e mexicanas, respectivamente, ou que alemães brigam com empresa alemã, a serviço do governo teutônico, para fazer a defesa de estrangeiros.

De fato, a teoria liberal da desobediência civil foi pensada em um contexto de nacionais — cidadãos de um Estado específico —, dirigindo-se a seus governos ou a maiorias internas, com o objetivo de alterar determinada política ou legislação dentro de suas fronteiras, portanto, nos traçados westfalianos. Aliás, isso — ter como referência os marcos de Westphalia — também é verdadeiro em relação a outras teorias acerca da desobediência civil, mesmo as não liberais[153]. Contudo, é inegável que as transformações das Relações Internacionais das últimas décadas — com a ascensão da globalização (aumento expressivo do intercâmbio cultural, comercial e financeiro entre os vários países), florescimento da questão climática e ambiental, bem como a entronização dos direitos humanos — têm impacto em múltiplos aspectos, inclusive na teoria e prática da desobediência civil.

Ora, em um mundo que vê como fundamental o reconhecimento de direitos aos seres humanos, pelo simples fato de possuírem a natureza humana, independentemente de nacionalidade, religião, etnia ou filiação

---

[152] Como já citado antes, ver Scheuerman (2018, p. 200).

[153] Por exemplo, a teoria religiosa da desobediência civil, capitaneada por King Jr., foi articulada no contexto westfaliano, assim como as chamadas teorias democráticas da desobediência civil, das quais são exemplos o pensamento de Arendt e Habermas.

político-ideológica, a soberania dos Estados não deve ser exercida como o era pré-2ª Guerra Mundial, sem levar em conta razões humanitárias ou sem se importar com lesão a direitos básicos, seja de sua própria população, seja de nacionais de outros Estados. Países que menoscabam os direitos basilares, seja de seus cidadãos, seja de cidadãos estrangeiros, podem ser submetidos, inclusive, a sanções internacionais[154] e, no campo simbólico, à perda de prestígio na arena externa (diplomacia). E, sem dúvida, o liberalismo — por essa razão, na primeira parte deste capítulo, fizemos uma recapitulação geral das diretrizes liberais — possui profunda ligação com dois pilares que implicaram na reversão da vetusta forma de exercício da soberania: limitação do poder estatal e fortalecimento dos Direitos Humanos. Aliás, essa é uma das potencialidades da teoria liberal no campo da desobediência: ela endossa a limitação de poder e o reconhecimento de direitos fundamentais, o que lhe dá capacidade de incorporar, sem grandes traumas, a flexibilização da razão do Estado, tão típica da era westfaliana.

Dessa forma, não parece ser tormentoso para a teoria liberal da desobediência civil seja na versão de Rawls ou na interpretação de Dworkin considerar os integrantes do movimento dos *DREAMers* como desobedientes civis[155]: seus membros, embora não tenham a cidadania estadunidense, falam como seres humanos e, pois, titulares de direitos fundamentais, reconhecidos por tratados internacionais diversos, manifestando-se perante o governo dos Estados Unidos e a maioria que este representa, alegando que suas políticas de expulsão de imigrantes são contrárias aos valores essenciais de liberdade e dignidade humana, fortemente presentes na tradição da sociedade norte-americana e nos tratados internacionais assinados pelo governo estadunidense, pedindo, assim, a mudança da legislação interna. Percebam que os *DREAMers* não usam de violência, não fazem ações clandestinas e, por óbvio, não pretendem a evasão das consequências de seus atos de desobediência, sujeitando-se aos rigores da lei do país[156], inclusive à expulsão do território estadunidense.

---

[154] São os famosos regimes internacionais dos Direitos Humanos, por exemplo, no continente americano, temos o Sistema Interamericano dos Direitos Humanos; na Europa, o Sistema Europeu de Direitos Humanos. O fato comum a todos os regimes internacionais dos Direitos Humanos é a existência de tratados internacionais, monitoramento de cumprimento das obrigações assumidas e, eventualmente, aplicação de sanções aos Estados violadores das normas.

[155] Scheuerman (2018, p. 289) defende que os *DREAMers* empregam a linguagem conceitual comum da desobediência civil.

[156] Por óbvio, o fato de não se evadirem das consequências legais de seus atos de enfrentamento à ordem jurídico-política não implica, geralmente, o desejo de punição; de resto, o que pretendem é convencer Estado e sociedade da razoabilidade de sua argumentação, contribuindo para a mudança legislativa.

Igualmente, não é difícil para a teoria liberal aceitar que alemães protestem contra a dura forma de tratamento de estrangeiros por parte de seu governo. Os desobedientes o fazem em nome dos valores constitucionais da dignidade da pessoa humana presentes na Constituição da República Federal da Alemanha, mesmo que aqueles por quem eles protestam não sejam cidadãos germânicos (mais uma vez, ficam obliteradas as antigas balizas westfalianas do interno x externo) e pretendem a alteração de parte da política governamental de imigração. Da mesma forma, os protestos cruzados, de grupo italiano em face do governo francês e de grupo americano contrariamente ao governo mexicano, também podem estar inseridos em uma teoria liberal que leve em conta o derribamento gradual de uma ordem westfaliana fechada; assim, em uma comunidade internacional mais integrada, é possível que nacionais de um país afrontem a ordem jurídico-política de um outro Estado, em nome de princípios que o país afrontado diz respeitar, em tese, mas que, na prática, viola, ou mesmo diante de normas de direito internacional a que o país questionado formalmente tenha aderido. Ora, tanto a França, quanto o México, embora com níveis diferentes de desenvolvimento social e econômico, são democracias constitucionais; os grupos que os confrontam não o fazem por motivos egoísticos (lucrar por intermédio da delinquência ou sabotar para favorecer outros Estados), mas pretendem pressionar para modificar ações desses governos, com base em valores constitucionais franceses e mexicanos, ou com fundamento em normas internacionais a que esses países voluntariamente aderiram.

Nesse ponto, a dúvida é se, nos casos apontados (*Strato Net Italian*, França, e *Eletronic Disturbance Theater*, México), os valores em que se estribam os confrontantes estão ligados às liberdades fundamentais ou ao mérito político das condutas seguidas pelos governos francês e mexicano. Se firmados na liberdade, a teoria rawlsiana oferece suporte; caso contrário, teremos que usar a teoria dworkiana (desobediência baseada na política) ou fazer o giro de que valores constitucionais além da liberdade podem servir de apoio à desobediência. Parece que os protestos contra o governo francês não tiveram como suporte a violação da liberdade, o que os distanciaria, nesse aspecto, do modelo de Rawls; já no que atine à oposição ao governo mexicano, há um misto de violação de liberdades com apelos de ordem econômica e social, o que, pelo menos parcialmente, poderia ser explicado pela teoria rawlsiana.

De qualquer maneira, como já dito, tanto em um, como em outro caso, o modelo de desobediência civil baseada na política de Dworkin conseguiria explicar. Ademais, é curial mencionar que tanto a França como o México são países com constituições analíticas e dirigentes, oferecendo valores além daqueles ligados às liberdades, se quisermos fazer uma leitura ampliada da desobediência como reafirmação de princípios constitucionais. Contudo, em relação aos critérios de não violência, não evasão e de publicidade dos ataques DDoS, precisamos de um exame mais detido, sobretudo no que se refere aos últimos dois últimos requisitos, o que faremos em breve, alguns parágrafos a seguir, em conjunto com os casos de desobediência digital na modalidade hackativismo.

Outro movimento contemporâneo de enfrentamento à ordem, tratado no capítulo anterior, é o hackativismo. Nele, por intermédio de técnicas de infiltração em sistemas ou redes alheias, informações são captadas e, posteriormente, divulgadas ao grande público, com objetivos políticos. Primeiramente, de um ponto de vista liberal, a revelação de informações (cobertas pelo sigilo) deve ter algum objetivo nobre e envolver a defesa de um valor social e juridicamente relevante, jamais pode estar voltado a atender a mera cupidez do denunciante. Tomemos o caso Snowden como exemplo. É defensável que a exposição de documentos governamentais tinha como desiderato mostrar à sociedade dos Estados Unidos que suas liberdades básicas estavam a ser violadas por ações estatais de espionagem, supostamente em defesa da segurança nacional.

Assim, nessa linha, em nome do valor liberdade, valor este que constitui um dos pilares político-constitucionais dos Estados Unidos, o denunciante buscava um reposicionamento dos serviços de inteligência para evitar violações em massa de garantias fundamentais da população; ao trazer à luz os abusos, pretendia discutir os termos de ação governamental em área onde o escrutínio público é, tradicionalmente, baixo. Assim, quando o hackativismo viola a lei, mas promove os valores constitucionais da liberdade, com objetivo de modificar ação estatal que se entende não consentânea com princípios que o Estado se comprometeu a defender, aparenta estar em conformidade com a teoria liberal da desobediência civil[157]. É óbvio que a ação de Snowden, por envolver a plena publicização de documentos variados, em temáticas complexas que poderiam vulnerabilizar a segurança do Estado e da sociedade norte-americanos, sempre estará sujeita a uma extensa lista de controvérsias. Mas sem entrar em grandes polêmicas sobre

---

[157] Para Scheuerman (2018, p. 236), Manning e Snowden *"compartían una preocupación característicamente liberal por la sacralidad de los derechos individuales básicos [...]"*.

casos específicos, o que se pretende afirmar é que o hackativismo, quando fala em nome das liberdades públicas, não é incompatível, em tese, com a visão liberal de desobediência civil.

No entanto, no enfrentamento digital à ordem, resta ainda discutir, tanto no hackativismo, quanto no DDoS, três características tão caras ao modelo liberal, sobretudo o de raiz rawlsiana: a não violência, a publicidade e a não evasão. Sensato anotar a advertência de *Calabrese*[158], mencionando *Lessig*, que é sempre árduo o exercício de transpor conteúdos ou fórmulas do "mundo real" para o espaço virtual[159] (CALABRESE, 2004, p. 326). Os casos de DDoS e hackativismo narrados não trazem o elemento violência, a menos que violência patrimonial seja entendida de forma amplíssima, como algo que traga algum prejuízo à imagem[160]; violência contra pessoas simplesmente não ocorre por qualquer critério crível que se queira utilizar. Quanto à publicidade, é curial esclarecer um ponto: se publicidade for entendida em termos muito restritivos, como aviso prévio do ato desobediente, obviamente ela não estará presente no enfrentamento digital, como os exemplos descritos no capítulo anterior deixam claro; contudo, se ela não for compreendida como mero aviso anterior, mas como aquilo que não se pretende esconder do público nem ocultar do debate coletivo, entendemos que ela exista, embora tal publicidade não seja anterior ou simultânea ao evento em que se dá o ato ilegal, como o "raqueamento", mas posterior.

Neste último ponto, é preciso dizer que a tecnologia e sua relativa alteração da noção espaço-tempo, deve ser considerada. Em outras épocas, um protesto como o DDoS necessitaria de muitas pessoas nas praças e ruas próximas das repartições públicas ou da sede da empresa (no caso, a Lufthansa), com eventual bloqueio de vias, em um caráter público autoevidente. Todavia, em tempos presentes, usando de técnicas digitais, a publicidade sofre um deslocamento: o ato de enfrentamento, em um primeiro e fulminante momento, é silencioso; em um segundo momento, vem à luz com toda a força, desnudando-se perante toda a sociedade. Aliás, como parece evidente, sem essa publicidade, o ato não se tornaria símbolo de protesto apto a provocar as

---

[158] Professor da Universidade do Colorado, nos Estados Unidos.
[159] "American cyberlaw theorist Lessig has highlighted the challenge of translating legal concepts from the 'real' world into cyberspace" (CALABRESE, 2004, p. 326).
[160] Em relação à Lufthansa, é claro que o ataque virtual, ao impedir a venda de passagens, pode afetar, temporariamente, o fluxo de ingresso financeiro à empresa. Todavia, não é crível que toda pessoa que tentou comprar passagens — quando o serviço estava indisponível — tenha migrado para as empresas concorrentes. O mais provável é que boa parte das compras tenha sido, apenas, adiada.

mudanças desejadas pelos desobedientes. No hackativismo, então, inexistente a tecnologia, provavelmente nem seria possível a divulgação de determinadas realidades recônditas à população. Novamente, a publicidade é posterior ao ato de "hackear", mas é inegável a sua presença. De fato, se primeiro fossem avisados os alvos do DDoS e do "raqueamento", possivelmente seria facilitada a defesa cibernética e o objetivo dos manifestantes digitais teria malogrado. Assim, é preciso não ficar preso apenas ao modelo de publicidade das décadas de 50 e 60 do século XX, quando publicidade era quase sinônimo de ocupar praças, ruas e repartições estatais; deve-se enxergar a característica da publicidade por outras lentes, mais consentâneas com as novas técnicas disponíveis no presente. Ademais, o antônimo de publicidade é o sigilo, e os desobedientes digitais não querem a confidencialidade, muito embora a primeira fase de seus estratagemas seja clandestina[161].

Já quanto à não evasão, a situação é mais complicada. Comumente, entende-se por não evasão o ato do desobediente de não fugir à ação da justiça, ou seja, diante da ilegalidade do ato cometido, o desobediente não tenta evadir-se de eventual responsabilização perante o Poder Judiciário; isso é tomado, inclusive, como prova de que seu proceder não é marcado pela frivolidade[162], mas antes por um meditado esforço de convencer a sociedade a mudar de posicionamento em tema relevante, uma vez que o desobediente está disposto a perder, em alguns casos, a própria liberdade. É sabido que a não evasão como dogma da desobediência civil é muito criticada por teóricos não ligados ao liberalismo; entretanto, de qualquer sorte, repita-se o que já se disse em outras partes deste trabalho quanto à teoria liberal: a) não é que o desobediente deseja a punição, mas assume que isso pode acontecer e não teme a responsabilização a ponto de buscar a burla aos procedimentos judiciários; e b) não é que o desobediente deva, necessariamente, ser processado, condenado e punido, mas isso é uma opção óbvia à disposição do aparato policial-judiciário.

No que diz respeito aos que realizam ações de DDoS, é possível que esses voluntariamente se identifiquem como autores e se apresentem à sociedade e ao Estado, respondendo de peito aberto perante o sistema penal e, pois, cumprindo à risca a exigência liberal da não evasão. Há, igualmente, a possibilidade de identificação voluntária dos autores perante as autoridades, mas, posteriormente, a fuga ou a tentativa de fuga dos procedimentos

---

[161] Scheuerman (2018, 220) bem assinala que o *"compromiso normativo con la publicidad es a veces objeto de una interpretación demasiado estrecha [...]. Los movimientos políticos siempre requieren una cierta medida de confidencialidad [...]"*.

[162] Esse pensamento é bastante significativo em Rawls.

penais a que ordinariamente responderiam; nesse caso, a evasão estaria caraterizada. É imprudente olvidar, também, a hipótese de não haver apresentação voluntária de autoria ou participação; contudo, em semelhantes situações, ainda que haja uma dificuldade inicial de determinar quais pessoas, individualmente, praticaram o DDoS, é crível que com alguma investigação policial poder-se-ia chegar aos IPs — *internet protocol* — das máquinas de onde partiram os ataques cibernéticos, abrindo a real possibilidade de responsabilização dos autores.

Assim, aquele que foi identificado em operação policial como participante de DDoS e, posteriormente, não tenha fugido dos atos processuais a que fora submetido, também estaria sob o manto da não evasão, ou, por não ter agido, inicialmente, de maneira voluntária, perderia tal atributo? As mesmas hipóteses poderiam ocorrer quanto aos hackativistas: a) o hacker voluntariamente se apresenta como autor e se submete aos procedimentos judiciais, caracterizando-se a não evasão; b) o hacker voluntariamente se apresenta como autor[163], mas, posteriormente, foge da persecução penal a que estaria submetido, ficando patente a evasão; c) o hacker não se identifica espontaneamente; contudo, descoberto por investigação policial, responde, sem tentar qualquer espécie de fuga, aos termos processuais regulares, abrindo alguma dúvida sobre o cumprimento do requisito da não evasão.

Enfim, é impossível determinar, *a priori*, se todos os atos de enfrentamento à ordem por vias digitais cumprem a exigência liberal da não evasão; há necessidade de analisar as especificidades do caso, concretamente, sopesando todas as suas nuances. Ademais, e tomando como exemplo o rumoroso evento dos documentos vazados por *Snowden*, é controverso afirmar — mesmo tendo ele, até o presente momento, conseguido escapar do julgamento pelas autoridades dos Estados Unidos —, que ele não tenha sido submetido a sanções de várias outras ordens além da criminal, com sacrifícios pessoais hercúleos[164].

A questão dos desobedientes por razões ambientais, em seus múltiplos movimentos, é desafiadora para a teoria liberal da desobediência civil. Isso pela simples razão de a empreitada ambiental, tema relativamente recente no debate público, não estar diretamente associada às liberdades fundamentais.

---

[163] É o caso de Snowden. Embora tenha se apresentado como autor, evadiu-se para não responder perante as autoridades judiciárias norte-americanas.

[164] Talvez, não devamos considerar como sanções, exclusivamente, as de natureza criminal. Tanto Snowden, quanto Assange demonstram coragem significativa, mesmo ambos procurando fugir da persecução penal. Scheuerman (2018, p. 247) aponta essa questão ao constatar que "al renunciar a um trabajo bien pagado y a una agradable vida en Hawai, y estar ahora en um limbo legal [...] também Snowden ha pagado un alto precio personal por sus acciones".

Sob a ótica rawlsiana, como já suficientemente mencionado antes, o papel da desobediência é lutar contra desrespeitos correlacionados ao primeiro princípio de justiça — princípio da igual liberdade, que indica que uma pessoa terá direito a mais ampla liberdade possível, desde que conciliável com a mais ampla liberdade dos demais indivíduos — e com a segunda parte do segundo princípio de justiça — prevendo que assimetrias econômico-sociais só seriam razoáveis se estiverem ligadas a cargos e posições com abertura a todos os cidadãos, de forma igualitária, chamado de princípio da igualdade equitativa de oportunidades.

Ora, a luta ambiental não parece estar consistentemente conectada a essa pauta algo clássica exposta por Rawls e, pois, a teoria da desobediência civil por ele defendida não é útil para analisar a "rebeldia verde". Quanto à teoria dworkiana, temos que a causa ambientalista só poderia ser enquadrada na desobediência civil baseada na política, já que para se enquadrar na desobediência baseada na integridade ou baseada na justiça, deveria haver demonstração de que existe violação de liberdades fundamentais constitucionalmente asseguradas, o que não é o caso. Dessa forma, a desobediência civil baseada na política, de Dworkin, seria a única de cariz liberal proveitosa no exame da desobediência ambiental e, mesmo assim, com as já conhecidas condicionantes próprias dessa categoria: a) primeiramente, deveria ser tentada, pelos meios ordinários, a reforma da legislação ou de políticas públicas na área do meio ambiente — o que é usual na desobediência civil liberal; e b) malograda a tentativa ordinária de correção de rumo, apelar-se-ia à desobediência civil por intermédio de estratégias de persuasão, mui dificilmente sendo aceitável recorrer a estratégias não persuasivas. Aqui, novamente, aparece com clareza uma limitação anteriormente pontuada sobre a teoria liberal da desobediência civil: ela tem dificuldade de dialogar com causas sociais e econômicas, nas quais se situa, por excelência, o movimento ambientalista. É lógico que existe essa possibilidade de diálogo em Dworkin, mas sem a mesma força dada ao valor constitucional da liberdade.

Mais uma vez realçamos que, caso fosse ampliada — para além da liberdade, nos países com tradição constitucional analítica e dirigente — a visão de Dworkin da desobediência civil como estratégia de realce de valores constitucionais e, portanto, do questionamento sobre a aplicação prática de ditos valores em leis ou políticas públicas, teríamos um robustecimento da desobediência, o que cairia como uma luva no enfrentamento à ordem por razões ecológicas. Ainda que em países de tradição constitucional sintética e garantista, voltada quase que exclusivamente à defesa de liberdades fundamentais, poderia haver um robustecimento da desobediência civil, se fossem aceitos como âncora (para atos desobedientes) os valores trazidos ao sistema jurídico interno por normas internacionais voluntariamente aceitas pelos governos nacionais[165].

Uma ilustração de como é essencial, mesmo em países cuja tradição constitucional gira apenas em torno de liberdades fundamentais, haver uma abertura para que valores jurídico-políticos advindos de tratados internacionais possam ser defendidos por intermédio da desobediência civil — na verdade, o questionamento da legalidade da ação ou omissão governamental em face de compromissos internacionais assumidos pelo país — ocorre, presentemente, nos Países Baixos. O governo neerlandês decidiu por apoiar projeto que adota normas ambientais mais rigorosas, com redução de emissões de nitrogênio até 2030, o que afetará, caso o projeto seja aprovado, parcela considerável da agropecuária daquele país. Indignados, os agricultores batavos ocuparam as ruas, bloquearam estradas e cercaram algumas agências governamentais, exigindo diálogo com as autoridades e uma mudança no projeto de lei, indicando que a pauta ambiental não deve ser imposta sem ampla discussão com os vários setores econômicos atingidos e com a sociedade[166].

Veja que, aparentemente, os agricultores, baseando-se no direito de liberdade econômica, fizeram uma ação de desobediência civil albergada pela teoria liberal: eles evidenciaram que a imposição não negociada, a um setor econômico, de regras demasiadamente rígidas, e em um curto espaço de tempo, poderá aniquilá-lo, o que mexe com valores constitucionais da livre iniciativa. Sem fazer qualquer juízo sobre o mérito da ação dos agricultores, pensemos em um movimento em sentido contrário, com ambientalistas que quisessem patrocinar atos de desobediência civil em face de políticas adotadas pelo governo, com exigência de alteração em leis de exploração agropecuária. Tal atitude de defesa da pauta ambientalista via desobediência civil, em um país de constituição sintética — o que não é o caso dos Países Baixos que, após reformas constitucionais amplas, ocorridas ao longo do século XX, contam com direitos sociais constitucionalmente assegurados

---

[165] Tomemos como exemplo os Estados Unidos. Em sua Constituição, há defesa intransigente de liberdades fundamentais (nas chamadas Emendas), mas não se fala sobre garantias sociais ou econômicas, tampouco sobre meio ambiente. Todavia, esse país aderiu a tratados internacionais sobre clima e meio ambiente. Se esses valores jurídicos trazidos pelos tratados internacionais pudessem servir de base à desobediência civil questionadora de leis ou políticas públicas internas, seria um reforço bastante grande de contestação.

[166] Ver Scardoelli (2022).

e mesmo com dispositivo constitucional que traz o meio ambiente como valor relevante[167] — teria dificuldade de se enquadrar no cânone liberal (Estados Unidos, por exemplo). A ilustração é rica, demonstrando o desafio que demandas legítimas conflitantes representam ao poder político, que é obrigado a justificar suas medidas e debater à exaustão, buscando um ponto de equilíbrio, bem como o grande peso que a desobediência civil tem de mobilizar a opinião pública e de se fazer ouvir pelas autoridades.

No tocante aos requisitos de não violência, publicidade e não evasão dos desobedientes ambientais, a cena é demasiadamente variada, a ponto de não ser possível generalizar a respeito do cumprimento ou incumprimento dessas condições por parte dos militantes verdes. Quanto à violência, como narrado no capítulo anterior, há de tudo: desde grupos que não utilizam de ações violentas — seja direcionada ao patrimônio, seja direcionada a pessoas —, passando por movimentos que só usam de violência contra o patrimônio, até aqueles cuja agressão está destinada tanto ao patrimônio, quanto a pessoas (técnica do *tree-spiking*, por exemplo). Quanto à publicidade, se esta for caracterizada como aviso prévio ao protesto, muitos grupos não a cumprem; se, contudo, for entendida como ação desdobrável em pelo menos dois atos, em que o primeiro é mais silencioso, enquanto o segundo é divulgado exaustivamente para a sociedade, no intuito de provocar as mudanças desejadas pelos desobedientes, há o cumprimento do requisito[168], no que se poderia chamar de publicidade diferida no tempo[169]. Quanto a não evasão, embora isso possa ocorrer em situações isoladas, não há relatos exaustivos de desobedientes ambientais que buscam fugir de eventual responsabilização diante do sistema judiciário, de forma que isso não constitui um problema sério ao implemento da condição imposta pela teoria liberal.

Em relação ao movimento BLM, podemos dizer que a teoria liberal da desobediência civil é aplicável, no mais das vezes, de forma confortável. A matéria-prima da revolta expressada pelo BLM é a maneira pela qual os afro-americanos são tratados, na prática, pelo aparato policial e pelo sistema de justiça dos Estados Unidos. Assim, fundamentalmente, reclamam que não estão recebendo a igualdade de tratamento e nem as garantias processuais

---

[167] "Art. 21 – Caberá às autoridades manter o país habitável e defender o meio ambiente" (OLIVEIRA, 2022).
[168] Acontece, por exemplo, quando há invasão de locais onde há maus tratos de animais. A primeira parte da ação não é divulgada, pois, caso o fosse, a tarefa seria fadada ao insucesso. Todavia, na segunda parte da ação, a ocupação do ambiente, há ampla divulgação pública. Assim, a publicidade é diferida no tempo.
[169] Scheuerman (2018, p. 270), ao comentar a obra de Brownlee, diz que a autora assinala que ato inaugural secreto pode, posteriormente, revelar-se público.

básicas asseguradas, em tese, para todo cidadão. Expliquemos. Os afro-americanos entendem que o modo como negros e brancos são tratados pelos órgãos policiais difere demasiadamente: negros sofrem constantemente com a ação indevida ou desproporcional dos agentes de segurança, padecendo de toda sorte de abusos. Por sua vez, o sistema de justiça criminal dá continuidade ao desequilíbrio, principalmente na comparação racial entre réu x vítima, em uma equação perversa: a) é muito duro quando os réus são negros e as vítimas brancas; e b) é mais branda quando os réus são brancos e as vítimas negras. Ademais, o BLM acusa o sistema de justiça criminal de não respeitar a solenidade dos ritos processuais quando os acusados são negros, em um arco que vai das prisões cautelares sem maiores embasamentos até a desconformidade, com a legislação, da valoração das provas.

Exemplo muito vívido dessa prática está narrada na série "Olhos que condenam"[170], estreada em 2019. A produção conta a história real daquilo que ficou conhecido, na crônica policial estadunidense, como "O Caso dos Cinco do Central Park" (1989), em que quatro jovens afro-americanos e um latino, Antron McCray, Kevin Richardson, Yusef Salaam, Korey Wise e Raymond Santana, foram inadequadamente acusados e condenados por crime de estrupo que não cometeram. Segundo a narrativa do documentário, alguns incidentes de vandalismo ocorreram no Central Park durante a noite e, chamada a polícia, foram realizadas batidas na localidade. Em uma dessas batidas, alguns dos jovens acima mencionados foram abordados e recolhidos para averiguação; outros deles, só no outro dia foram convocados à delegacia. Posteriormente, a polícia fora avisada de um caso grave, ocorrido no parque, tendo uma mulher como vítima.

Repleta de falhas, sempre segundo os documentaristas, a investigação foi marcada por pressão descomunal direcionada aos jovens — ouvidos sem a presença de advogados ou dos seus pais ou responsáveis legais e instados a se posicionarem uns contra os outros — para que confessassem o delito. Havia comoção social com o crime — além do estupro, que já é violência extremada, a jovem mulher que se exercitava no logradouro fora cruelmente agredida e ficou em estado grave durante muito tempo, não se recordando dos detalhes que aconteceram no fatídico dia —, cobertura sensacionalista de parte da imprensa escrita e televisiva e vontade das autoridades em "resolver" a questão rapidamente, mostrando reação dura e inclemente contra a criminalidade. Ainda que diante de parcas evidências materiais de autoria,

---

[170] O título original da série, em inglês, é *"When They See Us"*.

os jovens foram condenados e recolhidos à prisão. É obvio que o fato arruinou a vida dos rapazes e causou, também, devastação no cotidiano de seus familiares. Mesmo após o cumprimento da pena, e a série relata muito bem o drama pessoal de cada um deles, houve grandes dificuldades de reinserção dos condenados no convívio público. A condenação só foi revogada, em 2002, depois que um assaltante confessou o estupro. Colhido o DNA do assaltante, houve confirmação de que era compatível com o DNA presente na cena do crime de 1989. Mais tarde, em 2014, os injustamente condenados receberam uma indenização do poder público de Nova York.

Enfim, a breve narrativa sobre o documentário que relata episódio tristemente verídico serve de contexto para explicitar a principal reclamação que o BLM direciona ao Estado norte-americano[171]: o racismo latente tanto nas ações policiais, quanto no Poder Judiciário avilta o direito de uma parcela expressiva da população, diminuindo, concretamente, as garantias de defesa, entre as quais está o de não ser acusado de forma irresponsável e o de obter um julgamento imparcial. Michele Alexander, em seu contundente *A Nova Segregação: racismo e encarceramento em massa*, expõe a situação dos afro-americanos diante do aparato policial e judiciário de seu país, relatando que é errôneo pensar que o índice de encarceramento de negros está ligado aos indicadores de prática delituosa[172], tendo conexão muito mais forte com "gigantescas disparidades em cada estágio do processo da justiça criminal – da abordagem, investigação e prisão até negociação abusiva e as fases da sentença" (ALEXANDER, 2018, p. 64). A autora entende que negros são alvos prioritários de rigor ou mesmo abuso policiais, sendo arrastados

---

[171] Infelizmente, esse problema de tratamento desigual perante o sistema policial e judiciário também está presente no Brasil. O sociólogo Sérgio Adorno, em estudo realizado com foco na realidade paulista, concluiu que os afro-brasileiros sofrem discriminação do aparato repressivo do Estado. O resumo do artigo em que divulga sua pesquisa está assim descrito: "Este texto se baseia em pesquisa cujos principais objetivos foram identificar, caracterizar e explicar as causas do acesso diferencial de brancos e negros à justiça criminal em São Paulo, mediante análise da distribuição das sentenças judiciais para crimes de idêntica natureza cometidos por ambas as categorias de réus. Foram pesquisados os crimes violentos julgados no município de São Paulo, no ano de 1990, caracterizando-se as ocorrências criminais, o perfil social de vítimas e de agressores e o desfecho processual. Os principais resultados indicaram que brancos e negros cometem crimes violentos em idênticas proporções, mas os réus negros tendem a ser mais perseguidos pela vigilância policial, enfrentam maiores obstáculos de acesso à justiça criminal e revelam maiores dificuldades de usufruir do direito de ampla defesa assegurado pelas normas constitucionais. Em decorrência, tendem a receber um tratamento penal mais rigoroso, representado pela maior probabilidade de serem punidos comparativamente aos réus brancos. Tudo indica, por conseguinte, que a cor é poderoso instrumento de discriminação na distribuição da justiça" (ADORNO, 1995, p. 45).

[172] "Um exemplo notável é a bem-sucedida denúncia realizada pelo Fundo de Defesa Jurídica da NAACP contra uma ação policial antidrogas racista em Tulia, no Texas. A apreensão de drogas de 1999 encarcerou quase 15% da população negra da cidade, baseado unicamente em falsos testemunhos de um único informante contratado pelo xerife de Tulia" (ALEXANDER, 2018, p. 54).

para o processo criminal e, sem defesa apropriada, muitos são induzidos a fazer acordo de reconhecimento de culpabilidade, adentrando no sistema penitenciário. Após isso, mesmo cumprindo as condições impostas, transformam-se em cidadãos de segunda classe, já que existe, formalmente, em inúmeros estados dos Estados Unidos, restrições consideráveis a ex-condenados, renovando-se, assim, uma segregação legalizada. Observemos as exatas palavras de Alexander para entendermos o problema:

> As chances de uma pessoa sair totalmente livre, uma vez arrastada para dentro do sistema, são muito pequenas. É comum que se negue aos réus uma representação jurídica adequada. Eles são ameaçados com longas penas para fazerem um acordo de culpabilidade e então são postos sob controle formal – na prisão ou na cadeia, na condicional ou na assistida. Após serem libertados, esses infratores são vítimas de discriminação, legalmente, pelo resto de suas vidas [...]
>
> [...]
>
> Inúmeras leis, regras e regulamentos discriminam ex-infratores e impedem sua reintegração efetiva à economia e à sociedade (ALEXANDER, 2018, p. 63-64).

Dessa forma, o estigma racial parece ser peça-chave na denúncia do BLM contra a polícia e o sistema de justiça criminal, a ponto de a igualdade dos cidadãos perante o poder público sofrer avarias intoleráveis em um Estado Democrático de Direito. Portanto, a justificativa para a desobediência civil, nesse caso, encontra abrigo na teoria liberal, tanto a rawlsiana (os militantes do BLM lutam contra desrespeitos correlacionados ao primeiro princípio de justiça — princípio da igual liberdade), quanto a dworkiana (as ações do BLM poderiam ser caracterizadas como desobediência civil baseada na justiça, já que há agressão a garantias ou liberdades fundamentais — valores constitucionais relevantes — de parcela da população).

Embora, como já mostrado no Capítulo 3, existam críticas de antigos militantes afro-americanos (do movimento pelos direitos civis da segunda metade do século XX), em relação a um certo discurso dúbio do BLM quanto à tolerância ao uso de métodos violentos e na insuficiência da defesa da legitimidade geral do sistema, isso não constitui obstáculo intransponível à concepção liberal por dois motivos: a) primeiro, a violência não constitui elemento intrínseco à atuação do grupo, ocorrendo ocasionalmente — sobretudo a de natureza patrimonial — em alguns enfrentamentos com as forças de segurança, mas não é algo desejado ou estimulado pelo movimento[173]; e b) segundo, a defesa geral da legitimidade do sistema não pode ser vista como deferência aos produtos amargos eventualmente por ele gerados[174]; o que importa, de fato, é a defesa dos grandes pilares político-jurídicos, ou seja, dos princípios cardeais da constituição, o que, *data venia*, é realizado pelo BLM, que quer igual liberdade e imparcialidade na aplicação da lei, valores esculpidos no constitucionalismo estadunidense, alertando que as autoridades públicas estão a desprestigiar aquilo que juraram solenemente cumprir. Por sua vez, os requisitos da não evasão e da publicidade geralmente acompanham a militância do BLM — não havendo relatos substanciais de militantes que tentam escapar de eventual responsabilização por atos de enfrentamento à ordem, nem de ações exaustivamente clandestinas —, estando, pois, de acordo com os cânones liberais.

O que aparentemente distanciaria a teoria liberal da desobediência civil do BLM é o fato deste não ter como objetivo pontual a mudança de uma lei específica ou de determinada política pública (por óbvio, não há lei processual criminal que desassemelhe brancos e negros, nem política pública que direcione à desigualdade na aplicação de penas para crimes com a mesma gravidade em função da raça do infrator ou do agredido), mas, sim, a transformação de uma cultura institucional arraigada de preconceitos e discriminações. Contudo, o distanciamento mencionado é só aparente. Defendemos, pois, que a teoria liberal pode, sem fugir a sua essência de limitar o poder estatal e adensar a proteção de direitos básicos do ser humano, deslocar-se para um desafio maior que é agir para mudar práticas sociais resistentes e contrárias aos comandos constitucionais, (práticas) inalteradas mesmo diante de leis ou políticas públicas que não as embasam. Assim, não vislumbramos inconsistência, com espeque nos próprios fundamentos do liberalismo político, em alargar os objetivos da

---

[173] Como já discutido alhures, a violência sempre envolve um conceito em disputa. Se for considerado violento o mero bloqueio momentâneo de alguns espaços públicos, fica praticamente inviável, na maioria dos casos, a prática da desobediência civil. Haveria tolerância a alguns expedientes de violência patrimonial e a vitupérios contra forças policiais? De qualquer forma, não se pode olvidar que, no mais das vezes, o desobediente quer convencer o governo ou a sociedade do acerto daquilo que defende e, para tal, a violência deve ser a menor possível, dentro de um contexto de luta e de restrições de direitos; caso contrário, a prática do movimento contestatório pode criar ojeriza na sociedade e obstaculizar o avanço da própria pauta que ostenta. Nos dizeres de Scheuerman (2018, p. 253-254): "Por supuesto, aún quedan por resolver cuestiones complejas respecto a cuál és la mejor manera de entender la no-violencia [...]. Obviamente, cualquier que se plantee con seriedad la posibilidad de llevar a cabo una infracción política de lalegalidad, [...], tiene que hacer una valoración cabal de los peligros y riesgos inherentes a esta práctica".

[174] Scheuerman (2018, p. 265-266, 272) diz que, de forma geral, o respeito pelo ordenamento jurídico nas tradições da desobediência civil religiosa, liberal e democrática não pode ser interpretado como lealdade ao *status quo*.

desobediência civil para constar, ao lado da mudança da lei ou de políticas públicas, a alteração de práxis atentatórias aos valores constitucionais que alicerçam o Estado e a sociedade.

Da mesma forma que o BLM, os movimentos feministas parecem se coadunar com a justificativa da teoria liberal da desobediência civil, uma vez que buscam a igual liberdade das mulheres em sociedades atavicamente dominadas por práticas machistas, ainda que as leis e as políticas públicas não alberguem mais a discriminação do sexo feminino. Mesmo nas ditas sociedades democráticas ocidentais, sem leis abertamente atentatórias aos direitos das mulheres, remanesce o ranço patriarcal. Daí ser importante, em dadas situações, recorrer à desobediência civil para tentar mostrar que a maioria não está se pautando por valores (igualdade de gênero, *in casu*) que diz defender, desnudando a hipocrisia e exigindo prática social mais consentânea com os fundamentos de um Estado Democrático de Direito.

De maneira geral, igualmente, os movimentos feministas não parecem ostentar grande problema no cumprimento de requisitos ligados a não violência[175], à publicidade e a não evasão. Também se aplica ao movimento feminista — mais voltado à modificação de uma cultura machista do que à reforma de uma dada legislação ou de certa política pública, embora esses possam ser objetivos imediatos a alcançar[176] — o raciocínio usado para o BLM: na teoria liberal e em defesa de valores constitucionais como a igualdade (no caso, igualdade de gênero), nada obsta que a desobediência civil seja manejada, estratégica e inteligentemente, contra práticas sociais discriminatórias dirigidas às mulheres, independentemente dessas práticas não estarem relacionadas a leis específicas[177].

---

[175] Possível exceção é o *Gulabi Gang*, indiano, que algumas vezes utiliza de violência contra agressores em uma região marcada por desrespeito aos direitos das mulheres. Práticas violentas, todavia, não são constantes e o grupo se presta a muitas atividades que não têm qualquer laivo de violência.

[176] Podem ser citados como exemplos a luta por cotas femininas na política e a questão da descriminalização do aborto.

[177] Um exemplo brasileiro de prática discriminatória contra as mulheres, sem embasamento na lei, era a famosa tese, muitas vezes usada e aceita em tribunais, da legítima defesa da honra. Maridos que praticaram agressão física ou mesmo homicídios contra suas esposas eram inocentados com a alegação de que o comportamento supostamente inadequado da vítima provocou um dano à imagem do homem, que, afinal, foi "lavada" com a prática do ato violento; assim, a culpada pela ofensiva criminosa era a mulher tristemente vitimada. Repita-se, isso não era albergado pela legislação penal pátria, era uma prática social e juridicamente acatada pelo Poder Judiciário. Felizmente, nas últimas décadas, tal argumentação está sendo rejeitada judicialmente, a ponto de o próprio STF, em medida cautelar na ADPF n.º 779, fixar que a legítima defesa da honra é "[...] tese violadora da dignidade da pessoa humana, dos direitos à vida e à igualdade entre homens e mulheres (art. 1º, inciso III, e art. 5º, caput e inciso I, da CF/88), pilares da ordem constitucional brasileira. A ofensa a esses direitos concretiza-se, sobretudo, no estímulo à perpetuação da violência contra a mulher e do feminicídio. O acolhimento da tese tem

De tudo o que se disse neste item e no item anterior, fica claro que as duas grandes limitações da teoria liberal da desobediência civil são: a) estar essencialmente vinculada aos questionamentos quanto a eventuais violações de liberdades fundamentais, não dando especial atenção a violações de ordem social e econômica; e b) não abrir demasiado espaço para a discussão da qualidade da democracia representativa[178]. Ainda assim, com restrições, a abertura dworkiana à desobediência baseada na política dá a teoria liberal potencial de explicação para movimentos como o 15-M, o *Occupy* e os de natureza ambiental. Em relação aos movimentos de reafirmação da dignidade dos imigrantes, entendemos que, mesmo sem a qualidade de cidadãos, já que estrangeiros, o que contrariaria a tradição westfaliana, a teoria liberal, bebendo em suas origens que privilegiam os direitos humanos, é capaz de explicá-los.

No tocante às desobediências digitais, muito variáveis em objetivos e formas, a teoria liberal parece conseguir explicá-las quando voltadas a levantar temas ligados às liberdades fundamentais, mas há certa dificuldade, quanto aos critérios de publicidade e com a não evasão. Quanto ao exame do BLM e das reivindicações feministas, a teoria liberal da desobediência civil é muito útil, por estarem ambas as lutas correlacionadas com a igual liberdade, ponderando-se, contudo, que a desobediência, nos citados casos, voltam-se, sobretudo, não para reformas de leis ou medidas governamentais, mas para a transformação de práticas sociais arraigadas, sejam elas racistas ou misóginas.

Quanto à exigência liberal da não violência na desobediência civil, que sempre recebe muitas críticas de correntes não liberais, não a entendemos como um problema. Em verdade, evitar meios violentos não é um fetiche liberal, dissociado da realidade prática; antes, é um corolário de sua postura mais ampla que entende a desobediência civil, habitualmente, como forma de a minoria, em sociedades democráticas e constitucionais, recolocar temas em debate, reivindicar direitos e tentar convencer a maioria do acerto da tese dissidente. É claro que, a depender das circunstâncias, pode ocorrer o uso da força pelos desobedientes, mas isso, tanto quanto possível, deve ser evitado e, quando inevitável, não pode ultrapassar largamente os limites de tratamento entre pares em uma sociedade fundada no respeito pela dignidade humana.

---

a potencialidade de estimular práticas violentas contra as mulheres ao exonerar seus perpetradores da devida sanção" (STF, ADPF 779 MC-REF/DF, Rel. Min. Dias Toffoli, DJE, 20/05/2021)

[178] Mais uma vez, contudo, precisamos afirmar que, ao apontar problemas relacionados às liberdades fundamentais, indiretamente, a desobediência liberal ajuda a melhorar a democracia representativa, mas o enfoque não é a discussão da qualidade da representação política.

Assim, o uso constante e imoderado de violência transforma, certamente, o ato de desobediência em espetáculo de truculência, o que pode criar hiatos ainda mais fortes entre minoria e maioria, desestabilizando a sociedade. Aqui, é importante dizer que, mesmo autores críticos aos termos da desobediência liberal — Celikates e Delmas, por exemplo, como visto no Capítulo 3 — e que procuram examinar com maior tolerância algumas práticas que poderiam ser enxergadas como não pacíficas, têm dificuldade de aceitar níveis mais pesados de violência em reivindicações de grupos descontentes com aspectos da ordem em países democráticos[179], fixando que o limite é não tratar o outro, o antípoda, como inimigo a ser exterminado e que os meios devem guardar proporção com os fins. No fundo, a questão da violência aceitável envolve, necessariamente, a conjuntura; em nenhum caso, todavia, é possível tolerar a *hybris*[180], o descomedimento, o excesso, a demasia; e isso não se alterou nos movimentos contestatórios do século XXI.

Outro ponto que costuma suscitar controvérsia, na teoria liberal da desobediência civil, é o atinente à necessidade de se esgotar as vias ordinárias de manifestação de descontentamento e de tentativa de mudança de legislação ou política governamental atacadas, embora, em casos urgentes, tal exigência seja deixada de lado. Contudo pareça, inicialmente, um procedimento que burocratiza as demandas sociais e dificulta as lutas por mudanças, isso não é verdadeiro. A dinâmica nas sociedades constitucionais tende a ser intensa: grupos fazem, constantemente, demandas ao sistema político. Dessa forma, é natural que, por intermédio de pressões legais ou por mecanismos de contato entre a população e os representantes políticos[181], alguns requerimentos sejam processados e outros não sejam atendidos ou nem mesmo deliberados; mas o reclamo chegou ao coração do sistema decisório, que o aceitou, rejeitou ou, simplesmente, não o considerou.

Portanto, não é tão difícil provar que as demandas foram ordinariamente apresentadas e rejeitadas — sem motivação plausível com a ordem constitucional — ou ignoradas. Ademais, o sistema constitucional-democrático, por imperfeito que seja, traz instrumentos de participação popular

---

[179] Isso não passou despercebido por Scheuerman (2018, p. 266), que ao se referir a Celikates mencionou que o autor alemão "se muestra escéptico en lo tocante a las nociones convencionales de no-violencia, aunque probablemente mantenga de algún modo el principio de no-violencia hacia personas, al igual que sus oponentes liberales".

[180] "Polissêmico, [...], o termo *hybris*, contudo, remete a um núcleo semântico e filosófico – a noção de desmedida – que amarra e organiza todos as versões do fenômeno [...]" (SANTOS, 2019, p. 15).

[181] Em tese, os parlamentares, em democracias, estão em contato com a população, que lhes cobra ou sugere pautas. As ouvidorias do Poder Executivo também recebem mensagens, com críticas ou exortações. No Brasil, por exemplo, existe a possibilidade de iniciativa popular de leis (Art. 14, III, da CF/88).

que devem ser testados, criticados e melhorados; só assim ele pode ser robustecido. Se toda demanda nascesse à margem do regramento institucional e se desenvolvesse independentemente das normas postas pelo Estado constitucional, este sofreria forte impacto, o que não interessa à cidadania. Uma das grandes diferenças entre um Estado democrático, que por óbvio tem defeitos, e um Estado autoritário é que este não possibilita vias confiáveis de colaboração por parte da população. Sendo assim, não devem ser menosprezadas as regras de abertura do ordenamento democrático. Falhando, todavia, os ritos ordinários postos pela democracia constitucional, a desobediência civil poderia exercer sua função provocadora e transformadora. Não vislumbramos, pois, o porquê dessa exigência de endereçar as demandas, primeiramente, pelo aparato legal, possa inviabilizar ou atrapalhar os desobedientes do século XXI. A questão subjacente é a clássica relação sistema x antissistema. Convém, efetivamente, ser antissistema em democracias que permitem ser reformadas? Boaventura de Sousa Santos, analisando a modificação das forças de esquerda nos países da Europa Ocidental durante o século passado, inicialmente antissistema, escreve que:

> [...] os antigos movimentos revolucionários converteram-se em partidos democráticos e reformistas. A luta anticapitalista converteu-se na luta por amplos direitos econômicos, sociais e culturais, e a luta antidemocracia liberal converteu-se na luta pela radicalização da democracia: a luta contra a degradação da democracia liberal, a articulação entre democracia representativa e democracia participativa, a defesa da diversidade cultural, a luta contra o racismo, o sexismo e o novo/velho colonialismo. Esses partidos deixaram, pois, de ser antissistêmicos e passaram a lutar pelas transformações progressistas do sistema democrático liberal (SANTOS; KRENAK; SILVESTRE, 2021, p. 25).

Outro prisma pelo qual vem sendo criticada a teoria liberal da desobediência civil é a sua suposta inaptidão para tratar sobre as reivindicações e protestos dirigidos ao setor privado, que a cada dia tornam-se mais comuns[182]. Nesse sentido, pesa o fato de a desobediência civil liberal ter sido construída, basicamente, em torno de postulações endereçadas contra o Estado. Mas quais das teorias concorrentes (da desobediência civil liberal) não foram, igualmente, forjadas nessa luta, preponderantemente, em face do Estado? Conquanto

---

[182] Exemplos recentes foram os protestos dos trabalhadores autônomos contra aplicativos de transporte e de entregas, realizadas no primeiro semestre do ano de 2022, em algumas cidades brasileiras. Ver matéria em Entregadores... (2022). No caso dessas manifestações, elas se deram dentro da legalidade, não havendo configuração de episódios de desobediência civil; todavia, há possibilidade de que protestos como esses transmudem-se, em futuro próximo, para atos de desobediência civil. Movimentos parecidos têm ocorrido em outros lugares do mundo.

seja correta a afirmação de que o liberalismo se preocupa, particularmente, com a limitação do poder do Estado, visto — potencialmente — como o grande opressor, não é verdade que na corrente liberal não há preocupação com opressões privadas ou não estatais.

Ademais, como já dito em outra parte deste trabalho, a maioria dos protestos dirigidos imediatamente contra o setor privado tem como destinatário final o Estado, do qual é exigido uma ação reguladora ou fiscalizadora mais decisiva. Vários grupos ambientais contendem, primariamente, com poderosos grupos privados, mas desejam fomentar o debate e influenciar na mudança da legislação (função reguladora estatal) ou, já existindo lei ambiental mais restritiva, que o Estado exerça a devida função fiscalizadora. Para citar outro exemplo, em protestos contra a precarização das condições de trabalho no "capitalismo de aplicativos", primariamente, a briga é com empresas, mas, ao fim, há um grito de socorro para que o Estado discipline o setor e a desproteção da mão de obra não seja tão absurda como atualmente. Portanto, certa tendência atual de encaminhar desobediência ao setor privado não é particularmente desconcertante para a teoria liberal da desobediência civil[183].

Assim, diante do que se sustentou anteriormente, em um balanço geral, podemos afirmar que a teoria liberal da desobediência civil — ora apenas em sua versão dworkiana, ora tanto em sua versão rawlsiana, quanto dworkiana —, feitas algumas adaptações modernizantes, é capaz de dialogar e ajudar a interpretar muitos dos principais movimentos contestatórios contemporâneos, sendo ainda bastante útil.

---

[183] Desse modo, a maior dificuldade para a teoria liberal da desobediência civil é menos o endereçamento inicial se dar ao setor privado e mais o fato de, no geral, essas questões envolverem, indiretamente, direitos econômicos e sociais, dificuldade já sobejamente apontada nas linhas anteriores.

CONSIDERAÇÕES FINAIS

Podemos realçar, nessas derradeiras considerações, que a hipótese aventada na Introdução deste livro, qual seja, de que a teoria liberal da desobediência civil, mesmo que apresentando algumas limitações, ainda conserva poder explicativo em relação a muitos dos movimentos contemporâneos de contestação à ordem, foi confirmada ao longo do trabalho. De fato, os fortes alicerces liberais de limitação ao poder, reafirmação de liberdades fundamentais e promoção dos Direitos Humanos coadunam-se com movimentos como o *DREAMers*, apesar de (os alicerces) terem sido originalmente pensados nos marcos westfalianos, BLM e lutas femininas, bem como com a questão de fundo tratada por alguns movimentos de contestação digital, mormente a relacionada com a massiva invasão governamental na vida privada da população. Os demais fenômenos de afronta à ordem examinados, como o 15-M, o *Occupy* e os ambientais, mais difíceis de enquadramento em uma visão liberal ortodoxa, podem, todavia, ser traduzidos pela abertura dworkiana a outros temas que são alheios à violação das liberdades básicas, com o uso da tipologia "desobediência civil baseada em política", que permite, em algum grau, o processamento de matérias ligadas a problemas sociais e econômicos.

Contudo, ainda que mais aberta que a teoria rawlsiana — excessivamente apegada à igual liberdade —, a teoria dworkiana também encontra restrições, pois a desobediência baseada na política — ao contrário das desobediências baseadas na integridade e na justiça, em que os desobedientes argumentam com valores constitucionais ligados às liberdades fundamentais — é vislumbrada como mero protesto de uma parte da sociedade contra o que considera uma condução imprudente ou mesmo estúpida de determinadas políticas públicas de importância mais pronunciada. Defende-se que essa limitação da desobediência baseada na política pode estar relacionada à tradição jurídica a qual esteve vinculado Dworkin, uma vez que, nos Estados Unidos, a Constituição é sintética e garantista, limitada a fazer o desenho institucional do Estado e a atribuir direitos básicos, sobretudo associados às liberdades fundamentais.

Todavia, em outras tradições jurídicas ocidentais, como a brasileira, de constituições extensas e programáticas, trazendo como valores constitucionais relevantes, além daqueles relacionados às liberdades, os ligados a temáticas econômicas e sociais, essa insuficiência ficaria atenuada. Assim, pelo menos

nos países de constituições extensas e programáticas, a desobediência civil poderia ser manejada como arma de contestação de políticas, práticas ou legislações orientadas por valores não condizentes com aqueles presentes na Carta Maior, mesmo em assuntos com tônica econômico-social. A vantagem de tal solução é que a minoria contestante não estaria apenas firmada em suas convicções de inadequação da medida adotada pelo governo/maioria, mas teria como base valores vinculantes pactuados no contrato político (Constituição) vigente em dada sociedade.

Ainda em países de constituição sintética, como os Estados Unidos, para além das questões atinentes às liberdades fundamentais, seria possível defender a desobediência civil para a defesa de valores constantes de tratados internacionais livremente pactuados pelo Estado, uma vez que os acordos internacionais contam com a participação, em diferentes fases, dos Poderes Executivo e Legislativo da nação, vinculando o Estado tanto no plano internacional, quanto na esfera interna. Novamente, o maior proveito desse estratagema é fundamentar o descontentamento em valores vinculantes desrespeitados pelo Estado, e não só no sentimento de desacerto que a minoria tem acerca de políticas engendradas pela maioria.

De qualquer maneira, como é clássico na teoria liberal da desobediência civil, não se pode olvidar necessidade de se esgotar as vias ordinárias de manifestação de descontentamento e de tentativa de mudança para, só depois, partir para a desobediência aberta. O sistema constitucional-democrático, por imperfeito que seja, traz instrumentos de participação popular que devem ser testados, criticados e melhorados. Portanto, não devem ser menoscabadas as regras de abertura do ordenamento democrático; falhando, todavia, os ritos ordinários postos pela democracia constitucional, a desobediência civil poderia exercer sua função provocadora e transformadora.

REFERÊNCIAS

ABBOUD, Georges. *Democracia para quem não acredita*. Belo Horizonte: Editora Letramento, 2021.

ABRAHAM, Marcus. Receitas insuficientes, novos impostos e as revoluções tributárias. *GenJurídico*, [s. l.], 2019. Disponível em: http://genjuridico.com.br/2019/08/05/novos-impostos-revolucoes-tributarias/. Acesso em: 20 maio 2022.

ADORNO, Sérgio. Discriminação racial e justiça criminal em São Paulo. *Revista Novos Estudos*, São Paulo, n. 43, p. 45-63, nov. 1995.

ALBUQUERQUE JUNIOR, Ailton Batista de *et al.* Análise da concentração de terras no Brasil a partir de uma visão crítica. *Brazilian Journal of Development*, Curitiba, v. 5, n. 9, p. 15291-15300, set. 2019.

ALEXANDER, Michelle. *A nova segregação*: racismo e encarceramento em massa. Tradução: Pedro Davoglio. São Paulo: Editora Boitempo, 2018.

ANDERSON, Jack; VAN ATTA, Dale. Tree spiking and 'eco-terrorist' tatic. *Washington Post*, Washington, 5 Mar. 1990. Disponível em: https://www.washingtonpost.com/archive/local/1990/03/05/tree-spiking-an-eco-terrorist-tactic/a400944c-a3a0-4c03-ab99-afada6f44e7a/. Acesso em: 18 set. 2021.

AQUINO, Tomás de. Suma teológica. *Suma Teológica*, [S. l.], 2017. Disponível em: https://sumateologica.files.wordpress.com/2017/04/suma-teolc3b3gica.pdf. Acesso em: 20 jul. 2020.

ARENDT, Hannah. *Crises da república*. Tradução: José Volkmann. 3. ed. São Paulo: Perspectiva, 2015.

ARISTÓTELES. *Retórica*. Tradução: Manuel Alexandre Júnior, Paulo Farmhouse Alberto e Alberto do Nascimento Pena. 3. ed. Lisboa: Imprensa Nacional: Casa da Moeda, 2006.

ARRUDA, José Jobson de Andrade. Perspectivas da revolução inglesa. *Revista Brasileira de História*, São Paulo, v. 4, n. 7, p. 121-131, 1984.

ASSUMPÇÃO, Erik; SCHRAMM, Fermin. A ética da sabotagem da Animal Liberation Front. *Revista Brasileira De Bioética*, Brasília, v. 4, n. 3-4, p. 198-221, 2008. Disponível em: https://doi.org/10.26512/rbb.v4i3-4.7887. Acesso em: 19 set. 2021.

BÍBLIA SAGRADA. Traduzida por João Ferreira de Almeida. Revista e Atualizada no Brasil. 2. ed. Barueri: Sociedade Bíblica do Brasil, 2015.

BLACK LIVES MATTER. *Black Lives Matter*, [20--]. About. Disponível em: https://blacklivesmatter.com/about/. Acesso em: 19 set. 2021.

BOBBIO, Norberto; MATTEUCCI, Nicola; PASQUINO, Gianfranco. *Dicionário de Política*; trad. Carmen C, Varriale et al.; coord. trad. João Ferreira; rev. geral João Ferreira e Luis Guerreiro Pinto Cacais. Brasília: Editora UnB, 1998.

BRASIL. *Constituição da República Federativa do Brasil de 1988*. Brasília, DF, 1988. Disponível em: http://www.planalto.gov.br/ccivil_03/constituicao/constituicao-compilado.htm. Acesso em: 19 jun. 2022.

BRASIL. *Glossário Eleitoral do Superior Tribunal Eleitoral*. Brasília, [s. d.]. Disponível em: https://www.tse.jus.br/eleitor/glossario/glossario-eleitoral. Acesso em: 22 maio 2022.

BRASIL. Supremo Tribunal Federal. *ADPF nº 779-MC-Ref*. Brasília, DF, 2021. Disponível em: https://redir.stf.jus.br/paginadorpub/paginador.jsp?docTP=TP&docID=755906373. Acesso em: 10 jul. 2022.

BROWNLEE, Kimberley. *Dados biográficos*. University of British Columbia, Vancouver, [s. d.]. Disponível em: https://philosophy.ubc.ca/profile/kimberley-brownlee/. Acesso em: 30 out. 2021.

CALABRESE, Andrew. Virtual non violence? civil disobedience and political violence in the information age. *Info*: Emerald Insight, [S. l.], v. 6, n. 5, p. 326-338, 2004. Disponível em: https://spot.colorado.edu/~calabres/Calabrese%20(civl%20dis).pdf. Acesso em: 12 jul. 2022.

CALIXTO, Angela Jank; CARVALHO, Luciani Coimbra de. O direito social à desobediência civil: uma análise a partir da teoria de Ronald Dworkin. *Revista Jurídica Direito & Paz*, São Paulo e Lorena, ano IX, n. 36, p. 62-82, 2017.

CASTELLS, Manuel. *Ruptura*: a crise da democracia liberal. Tradução: Joana Angélica D'Ávila Melo. Rio de Janeiro: Zahar, 2018.

CELIKATES, Robin. Civilidade radical? Desobediência civil e a ideologia da não-violência. Tradução: Marianna Poyares. *Dissonância*: Revista de Teoria Crítica da Universidade Estadual de Campinas – Unicamp, Campinas, v. 3, n. 1, p. 23-69, jun. 2019.

CELIKATES, Robin. *Dados biográficos*. São Paulo, 2020. Disponível em: http://www.iea.usp.br/pessoas/pasta-pessoar/robin-celikates. Acesso em: 24 set. 2021.

CELIKATES, Robin. Radical democratic disobedience. In: *The Cambridge Companion to the Civil Disobedience*. Cambridge: Cambridge University Press, 2021.

CHELSEA MANNING. In: *Encyclopaedia Britannica*. 2021. Disponível em: https://www.britannica.com/biography/Chelsea-Manning. Acesso em: 17 set. 2021.

COITINHO, Denis. *Justiça e coerência*: ensaios sobre John Rawls. São Paulo: Loyola, 2014.

COMO três mulheres criaram o movimento global Black Lives Matter a partir de uma hashtag. *Portal G1*, Rio de Janeiro, 20 dez. 2020. Disponível em: https://g1.globo.com/mundo/noticia/2020/12/20/como-tres-mulheres-criaram-o-movimento-global-black-lives-matter-a-partir-de-uma-hashtag.ghtml. Acesso em: 19 set. 2021.

CONSIGLIO FILHO, Edison. Martin Luther King Jr. e a desobediência civil como um apelo às emoções políticas do público. *Dissonância*: Revista de Teoria Crítica, AOP (Advance Online Publication), Campinas, v. 3, n. 1, p. 1-45, maio 2020.

CORRÊA, Hudson. Morte pela natureza. *Folha de São Paulo*, São Paulo, 14 nov. 2005. Disponível em: https://www1.folha.uol.com.br/fsp/cotidian/ff1411200502.htm. Acesso em: 3 out. 2021.

CRUZ, Joana Menezes Araújo da. *Desobediência civil nos interstícios do Estado de Direito*. Rio de Janeiro: Editora Lumen Juris, 2017.

CUNNINGHAM, Frank. *Teorias da democracia*: uma introdução crítica. Tradução: Delamar José Volpato Dutra. Porto Alegre: Editora Artmed, 2009.

DECLARAÇÃO dos Direitos do Homem e do Cidadão. 2018. Disponível em: https://www.ufsm.br/app/uploads/sites/414/2018/10/1789.pdf. Acesso em: 25 set. 2021.

DELMAS, Candice. *A duty to resist*: when disobedience should be uncivil. Oxford: Oxford University Press, 2018.

DELMAS, Candice. Civil disobedience. *Philosophy Compass*, [S. l.], v. 11, n. 11, p. 681-691, nov. 2016.

DELMAS, Candice. *Dados biográficos*. Northeastern University, Boston, [20--]. Disponível em: https://cssh.northeastern.edu/faculty/candice-delmas/. Acesso em: 29 out. 2021.

DELMAS, Candice. (In)civility. *In*: *The Cambridge Companion to the Civil Disobedience*. Cambridge: Cambridge University Press, 2021.

DWORKIN, Ronald. *Levando os direitos a sério*. Tradução: Nelson Boeira. 3. ed. São Paulo: Martins Fontes, 2010.

DWORKIN, Ronald. *Uma questão de princípio*. Tradução: Luís Carlos Borges. 3. ed. São Paulo: Martins Fontes, 2019.

ENTREGADORES por aplicativo fazem ato em pelo menos cinco estados. *Uol*, São Paulo, 1 abr. 2022. Disponível em: https://economia.uol.com.br/noticias/redacao/2022/04/01/greve-emtregadores-aplicativo-ifood-uber-apps.htm. Acesso em: 8 ago. 2022.

ESTADOS UNIDOS DA AMÉRICA. *A Declaração de Independência dos Estados Unidos da América*. Filadéfia, 1776. Disponível em: http://www.uel.br/pessoal/jneto/gradua/historia/recdida/declaraindepeEUAHISJNeto.pdf. Acesso em: 2 jul. 2020.

EURÍPIDES. *As fenícias*. Tradução: Donaldo Schüler. Porto Alegre: L&PM, 2005.

FERNANDES, Bernardo Gonçalves. *Curso de direito constitucional*. 3. ed. Rio de Janeiro: Lumen Juris, 2011.

FOIX, Alain. *Martin Luther King*. Tradução: Dorothée de Bruchard. Porto Alegre: L&PM, 2016.

FÓRUM social mundial. *Folha de São Paulo*, São Paulo, 25 jan. 2002. Disponível em: https://www1.folha.uol.com.br/fsp/brasil/fc2501200219.htm. Acesso em: 19 set. 2021.

FRANÇA registra maior abstenção eleitoral desde 1969. *Poder 360*, Brasília, 24 abr. 2022. Disponível em: https://www.poder360.com.br/internacional/franca-registra-maior-abstencao-eleitoral-desde-1969/. Acesso em: 11 maio 2022.

GOMES, Luís A. Empunhando bastões e vestidas de rosa, indianas criam grupo de autodefesa contra machismo. *Opera Mundi*, [S. l.], 10 jul. 2015. Disponível em: https://operamundi.uol.com.br/politica-e-economia/40968/empunhando-bastoes-e-vestidas-de-rosa-indianas-criam-grupo-de-autodefesa-contra-machismo. Acesso em: 12 nov. 2021.

GRANT, Susan-Mary. *História concisa dos Estados Unidos da América*. Tradução: José Ignacio Coelho Mendes Neto. São Paulo: Edipro, 2014.

HÄBERLE, Peter. *Hermenêutica constitucional*: a sociedade aberta dos intérpretes da Constituição – contribuição para a interpretação pluralista e "procedimental" da Constituição. Tradução: Gilmar Ferreira Mendes. Porto Alegre: Sergio Antonio Fabris Editor, 1997.

HABERMAS, Jürgen. *A nova obscuridade*: pequenos escritos políticos V. Tradução: Luiz Repa. São Paulo: Editora Unesp, 2015.

HESSEL, Stéphane. *Indignai-vos!* Lisboa: Leya, 2012.

JULIAN ASSANGE. *In: Encyclopaedia Britannica*. 2021. Disponível em: https://www.britannica.com/biography/Julian-Assange. Acesso em: 17 set. 2021.

JULIAN Assange: por que a Justiça britânica decidiu não extraditar o fundador da Wikileaks para os EUA. *BBC News Brasil*, [S. l.], 2021. Disponível em: https://www.bbc.com/portuguese/internacional-55531281. Acesso em: 17 set. 2021.

KAUFMAN, Alexander. Liberalism: John Rawls and Ronald Dworkin. *In: The Cambridge Companion to the Civil Disobedience*. Cambridge: Cambridge University Press, 2021.

KING JR., Martin Luther. *Carta de uma Prisão em Birmingham*. 1963. Disponível em: https://reparacao.salvador.ba.gov.br/sp-1745380961/. Acesso em: 10 ago. 2020.

BOÉTIE, Etienne de la. *Discurso da servidão voluntária*. Tradução: Casemiro Linarth. São Paulo: Martin Claret, 2009.

LELYVELD, Joseph. *Mahatma Gandhi*: e sua luta com a Índia. Tradução: Donaldson M. Garschagen. 1. ed. São Paulo: Companhia das Letras, 2012.

LEVITSKY, Steven; ZIBLATT, Daniel. *Como as democracias morrem*. Tradução: Renato Aguiar. Rio de Janeiro: Zahar, 2018.

LIVINGSTON, Alexander. Against Civil Disobedience: on Candice Delma's A Duty to Resist – When Disobedience be Uncivil. *Res Publica 25*, [S. l.], p. 591-597, 2019. Disponível em: https://doi.org/10.1007/s11158-019-09434-3. Acesso em: 23 nov. 2021.

LUCAS, Doglas Cesar; MACHADO, Nadabe. A Desobediência Civil na Teoria Jurídica de Ronald Dworkin. *Revista de Estudos Jurídicos da UNESP*, Franca, v. 18, n. 27, jan./jun. 2014.

MADIGAN, Nick. Cries of activism and terrorismin S.U.V. torching. *New York Times*, New York, 31 Aug. 2003. Disponível em: https://www.nytimes.com/2003/08/31/us/cries-of-activism-and-terrorism-in-suv-torching.html. Acesso em: 19 set. 2021.

MANCILLA, Alejandra. *Dados biográficos*. [s. d.]. Disponível em: https://alejandra-mancilla.info/. Acesso em: 25 set. 2021.

MARTIN, Michael. Ecosabotage and civil disobedience. *Environmental Ethics*, [S. l.], v. 12, n. 4, p. 291-310, 1990.

MARTÍNEZ, Mario López. *Noviolencia*: teoría, acción política y experiencias. Granada: Educatori, 2012.

MARTINEZ, Vinício Carrilho. Constituição Inglesa. *Jus Navigandi*, Teresina, nov. 2013. Disponível em: https://jus.com.br/artigos/25841/constituicao-inglesa. Acesso em: 6 mar. 2022.

MATTOS, Paulo Ayres. A trajetória de Martin Luther King Jr: uma obra inacabada. *Revista Caminhando*, Universidade Metodista de São Paulo, v. 11, n. 18, p. 69-80, jul./dez. 2006.

MEDEIROS, Eduardo Vicentini de. Thoreau: resistência ou desobediência? *Dissonância*: Revista de Teoria Crítica, AOP (Advance Online Publication), Campinas, v. 3, n. 1, p. 1-29, 2020. Disponível em: https://www.ifch.unicamp.br/ojs/index.php/teoriacritica/article/view/3577. Acesso em: jul. 2020.

MEDEIROS, Pedro. *Uma introdução à teoria da democracia*. Curitiba: Editora InterSaberes, 2016.

MEIRELES, Cecília Benevides de Carvalho. *Romanceiro da inconfidência*. São Paulo: Global, 2015.

MENDES, Gilmar Ferreira; COELHO, Inocêncio Mártires; BRANCO, Paulo Gustavo. *Curso de direito constitucional*. São Paulo: Saraiva, 2007.

MERQUIOR, José Guilherme. *O liberalismo antigo e moderno*. Tradução: Henrique de Araújo Mesquita. 3. ed. São Paulo: Editora É Realizações, 2014.

MIGUEL, Sinuê Neckel. Gandhi e a verdade: reflexões entre autobiografia e história. *AEDOS*: Revista do Corpo Discente do PPG-História da UFRGS, [S. l.], v. 3, n. 8, p. 87-110, jan./jun. 2011.

MOLINA, Ignacio; TOYGÜR, Ilke. *O futuro da Espanha e o futuro da Europa*: sonho ou pesadelo? Lisboa: D. Quixote, 2015.

NEWMAN, Saul. A servidão voluntária revisitada: a política radical e o problema da auto-dominação. *Verve* (Revista do Núcleo de Sociabilidade Libertária do Programa de Estudos Pós-Graduados em Ciências Sociais da PUC-SP), n. 20, p. 23-48, 2011.

NICHOLLS, Walter J. *The DREAMers*: how the undocumented youth movement transformed the immigrant rights debate. Palo Alto: Stanford University Press, 2013.

NUMMI, Jozie; JENNINGS, Carl; FEAGIN, Joe. #BlackLivesMatter: innovative black resistance. *Sociological Forum*, [S. l.], v. 34, n. 1, p. 1042-64, Dec. 2019.

OLIVEIRA, Ícaro Aron Paulino Soares. Constituição dos Países Baixos (Holanda) de 1814 (revisada em 2008). *Jus Navigandi*, Teresina, maio 2022. Disponível em: https://jus.com.br/artigos/98101/constituicao-dos-paises-baixos-holanda-de-1814-revisada. Acesso em: 22 jul. 2022.

OLIVEIRA, Juliana Magalhães Fernandes. *A urgência de uma legislação whistleblowing no Brasil*. Brasília: Núcleo de Estudos e Pesquisas/CONLEG/Senado, maio 2015. (Texto para Discussão nº 175). Disponível em: https://www12.senado.leg.br/publicacoes/estudos-legislativos/tipos-de-estudos/textos-para-discussao/td175. Acesso em: 18 set. 2021.

ORGANIZAÇÕES anti-racistas planejam ataque a site de companhia aérea. *Folha de São Paulo*, São Paulo, 19 jun. 2001. Disponível em: https://www1.folha.uol.com.br/folha/informatica/ult124u6423.shtml. Acesso em: 16 set. 2021.

PAIXÃO, André. Abstenção atinge 20,3%, maior percentual desde 1998. *Portal G1*, Rio de Janeiro, 8 out. 2022. Disponível em: https://g1.globo.com/politica/eleicoes/2018/eleicao-em-numeros/noticia/2018/10/08/abstencao-atinge-203-maior-percentual-desde-1998.ghtml. Acesso em: 11 maio 2022.

PILATI, José Isaac; OLIVO, Mikhail Vieira Cancelier de. Um novo olhar sobre o direito à privacidade: caso Snowden e pós-modernidade jurídica. *Revista Sequência*, Florianópolis, v. 35, n. 69, p. 281-300, dez. 2014.

PORTO, Tiago. Devemos obedecer a leis injustas? O direito à desobediência civil em John Rawls. *PERI* – Revista de Filosofia da UFSC, Florianópolis, v. 7, n. 1, p. 314-331, 2015.

PORTUGAL: abstenção cai, mas ainda supera 40% dos eleitores. *Poder 360*, Brasília, 31 jan. 2022. Disponível em: https://www.poder360.com.br/internacional/portugal-abstencao-cai-mas-ainda-supera-40-dos-eleitores/. Acesso em: 11 maio 2022.

RAMACCIOTTI, Barbara Lucchesi; CALGARO, Gerson Amauri. Construção do conceito de minorias e o debate teórico no campo do Direito. *Sequência*: Estudos Jurídicos e Políticos, Florianópolis, v. 42, n. 89, p. 1-30, 2021.

RAWLS, John. The justification of civil disobedience. *In*: FREEMAN, Samuel (ed.). *John Rawls*: Collected Papers. Cambridge: Harvard University Press, 1999.

RAWLS, John. *Uma teoria da justiça*. Tradução: Jussara Simões. Revisão técnica e de tradução por Álvaro de Vita. 4. ed. rev. São Paulo: Martins Fontes, 2016.

REPOLÊS, Maria Fernanda Salcedo. *Habermas e a desobediência civil*. Belo Horizonte: Mandamentos, 2003.

RIVERA, Grethel Yessenia Pinzón. *La incidencia del movimiento de Los Indignados de España em el surgimiento de Occupy Wall Street de Estados Unidos como movimientos transnacionales*. Universidad del Rosario, Bogotá, 2016. Disponível em: https://repository.urosario.edu.co/bitstream/handle/10336/13202/PinzonRivera-GrethelYessenia-2016.pdf?sequence=4&isAllowed=y. Acesso em: 12 set. 2021.

ROHLING, Marcos. A justificação moral da desobediência civil em Rawls. *Revista de Estudos Jurídicos* – UNESP, Franca, v. 18, n. 27, 2014.

ROUSSEAU, Dominique. *Radicalizar a democracia*: proposições para uma refundação. Tradução: Anderson Vichinkeski Teixeira. São Leopoldo: Editora UNISINOS, 2019.

ROYO, Sebástian. *O percurso para a austeridade em Espanha*: crônica de uma crise anunciada. Tradução: Diana Soller. Lisboa: D. Quixote, 2015.

SALT MARCH. *In*: *Encyclopaedia Britannica*, 2020. Disponível em: https://www.britannica.com/event/Salt-March. Acesso em: 30 jul. 2020.

SANTOS, André Leonardo Copetti; LUCAS, Doglas Cesar. Desobediência civil e controle social da democracia. *Revista Brasileira de Estudos Políticos*, Belo Horizonte, n. 110, p. 179-215, jan./jun. 2015.

SANTOS, Boaventura de Sousa; KRENAK, Ailton; SILVESTRE, Helena. *O sistema e o antissistema*: três ensaios, três mundos no mesmo mundo. Belo Horizonte: Autêntica, 2021.

SANTOS, Fábio Candido dos. O problema da hybris na filosofia grega antiga. *Principia*, Rio de Janeiro, n. 39, jul./dez. 2019.

SCARDOELLI, Anderson. Produtores europeus fazem protesto contra redução de emissões. *Canal Rural*, São Paulo, 13 jul. 2022. Disponível em: https://www.canalrural.com.br/noticias/internacional/produtores-fazem-protesto-contra-reducao-de-emissoes/. Acesso em: 22 jul. 2022.

SCHEUERMAN, William E. *Desobediencia civil*. Madrid: Alianza Editorial, 2018.

SCHEUERMAN, William E. Whistleblowing as civil disobedience. *In: The Cambridge Companion to the Civil Disobedience.* Cambridge: Cambridge University Press, 2021.

SILVA, Nara Roberta. Considerações sobre as estruturas de um movimento sem estruturas: o caso do Occupy Wall Street. *In:* ENCONTRO ANUAL DA ANPOCS, 42., 2018, Caxambu. *Anais* [...]. Caxambu: Associação Nacional de Pós-Graduação e Pesquisa em Ciências Sociais, 2018. Disponível em: https://www.anpocs.com/index.php/papers-40-encontro-3/spg-5/spg04-5/11437-consideracoes-sobre-as-estruturas-de-um-movimento-sem-estruturas-o-caso-do-occupy-wall-street/file. Acesso em: 20 ago. 2021.

SÓFOCLES. *Antígona.* Tradução: Donaldo Schüller. Porto Alegre: L&PM, 2015.

SÓFOCLES. *Édipo Rei.* Tradução: Paulo Neves. Porto Alegre: L&PM, 2016.

SOUSA JR., Waldir Moreira de. Etéocles golpista? uma comparação entre Os Sete Contra Tebas de Ésquilo e As Fenícias de Eurípides. *Revista Hélade*, Niterói: UFF, v. 3, n. 1, p. 117-134, 2017.

SUNRISE MOVEMENT. *Sunrise Movement*, [20--]a. Principles. Disponível em: https://www.sunrisemovement.org/principles/?ms=Sunrise%27sPrinciples. Acesso em: 27 jul. 2022.

SUNRISE MOVEMENT. *Sunrise Movement*, [20--]b. Actions. Disponível em: https://www.sunrisemovement.org/actions/. Acesso em: 27 jul. 2022.

TCHÉKHOV, Anton Pavlovitch. *A corista & outras histórias.* Tradução: Maria Aparecida Botelho Pereira Soares e Tatiana Belinky. Porto Alegre: L&PM Pocket, 2012.

TREE-SPIKING. *Green Politics*, Oct. 2008. Disponível em: https://greenpolitics.fandom.com/wiki/Tree_spiking. Acesso em: 18 set. 2021.

THOMAS, Dominique. Black Lives Matter as resistance to systemic anti-black violence. *Journal of Critical Thought and Praxis*, Iowa State University Digital Press & School of Education, v. 8, n. 1, Jan. 2019.

THOREAU, Henry David. *Desobediência civil.* São Paulo: Edipro, 2016.

TOMÉ, Julio. *Rawls e a desobediência civil.* 2018. Dissertação (Mestrado em Filosofia) – Universidade Federal de Santa Catarina, Florianópolis, 2018.

VIGILANTISMO. *In: Dicionário Priberam de Língua Portuguesa.* Disponível em: https://dicionario.priberam.org/vigilantismo. Acesso em: 15 nov. 2021.

WALZER, Michael. *Das obrigações políticas*: ensaios sobre desobediência, guerra e cidadania. Tradução: Maria Helena Camacho Martins Pereira. Rio de Janeiro: Zahar, 1977.

WIVIURKA, Eduardo Seino. Antígona de Sófocles e a questão jurídica fundamental: a eterna tensão entre segurança jurídica e correção. *ANAMORPHOSIS*: Revista Internacional de Direito e Literatura, Porto Alegre, v. 4, n. 1, p. 77-104, jan./jun. 2018.

ZÜGER, Theresa. *Coding resistance*: digital strategies of civil disobedience. *In*: The Cambridge Companion to the Civil Disobedience. Cambridge: Cambridge University Press, 2021.